ESTUDIOS DE DERECHO PENAL ECONÓMICO CHILENO (2019)

EDICIONES UNIVERSIDAD CATÓLICA DE CHILE
Vicerrectoría de Comunicaciones
Av. Libertador Bernardo O'Higgins 390, Santiago, Chile

editorialedicionesuc@uc.cl
www.ediciones.uc.cl

ESTUDIOS DE DERECHO PENAL ECONÓMICO CHILENO (2019)

Jaime Náquira R.
Verónica Rosenblut G.
(Editores)

© Inscripción Nº 2021-A-8919
Derechos reservados
Septiembre 2021
ISBN 978-956-14-2873-7
ISBN digital 978-956-14-2874-4

Diseño:
Salvador Verdejo Vicencio
versión productora gráfica SpA

CIP – Pontificia Universidad Católica de Chile

Estudios de derecho penal económico chileno (2019) / Jaime Náquira R.,
Verónica Rosenblut G. (editores).
Incluye notas bibliográficas.

1. Delitos económico – Chile.
2. Derecho penal – Chile.
3. Responsabilidad penal de personas jurídicas – Chile.
I. Náquira Riveros, Jaime, editor.
II. Rosenblut G., Verónica, editor.

2021   345.830268 + DDC 23   RDA

ESTUDIOS DE DERECHO PENAL ECONÓMICO CHILENO (2019)

JAIME NÁQUIRA R.
VERÓNICA ROSENBLUT G.
(Editores)

EDICIONES UC

ÍNDICE

DEDICATORIA

La Facultad de Derecho de la Pontificia Universidad Católica de Chile, en señal de reconocimiento y gratitud, dedica la presente publicación al **Prof. Dr. Miguel Polaino Navarrete**, destacado catedrático español de Derecho Penal y Criminología, vinculado a la Universidad de Sevilla (España), quien en reiteradas oportunidades ha colaborado con especial afecto y sacrificio personal ante inquietudes universitarias de nuestra casa de estudios. Dentro de los múltiples méritos de su vida académica y profesional, podemos destacar:

Grados académicos:
- *Licenciado* en Derecho por la Universidad de Sevilla, con la calificación de *Sobresaliente* en el examen global para obtención del Grado (1967)
- *Doctor* en Derecho por la Universidad de Sevilla, con calificación de *Sobresaliente* '*cum laude*' por unanimidad (1971)
- *Premio extraordinario* de Doctorado en Derecho (1973)
  (*Primer Premio Extraordinario* de entre los otorgados en el conjunto de tesis doctorales leídas en la Facultad de Derecho de la Universidad de Sevilla en los cursos de 1971/72 y 1972/73)

Actividad docente:
- Profesor de Derecho Penal en la Universidad de Sevilla (de 1967 a 1981)
- Catedrático de Derecho Penal en la Facultad de Derecho de Cáceres de la Universidad de Extremadura (curso 1982/83)
- Catedrático de Derecho Penal en la Universidad de Córdoba (cursos 1983/88)
- Catedrático de Derecho Penal en Universidad de Sevilla (de octubre de 1988 a 30 de septiembre de 2015, fecha de su jubilación administrativa)
- Profesor emérito de la Universidad de Sevilla (único nombramiento vitalicio existente en la Universidad de Sevilla; con efectos económicos de octubre 2015 a septiembre 2018)
- Colaborador externo docente de la Universidad de Sevilla (de octubre 2018 a septiembre 2019)

– Investigador honorario con docencia en la Universidad de Sevilla (octubre de 2019, continúa)

Actividad investigadora:
– Becario del *Deutscher Akademischer Austausch Dienst* (DAAD) en el *Max-Planck-Institut für ausländisches und internationales Strafrecht* in Freiburg im Breisgau, República Federal de Alemania (junio a agosto de 1969)
– Becario en la *Universität Wien*, Austria (septiembre de 1969)
– Becario en la *Università degli Studi La Sapienza* di Roma (marzo a septiembre de 1971)
– Becario del DAAD en el *Max-Planck-Institut* de Freiburg i.Br. (*Sommersemester* 1972)
– Becario de la *Alexander von Humboldt-Stiftung* en el *Max-Planck-Institut* in Freiburg i.Br. (de noviembre de 1972 a febrero de 1974)
– Becario de la *Alexander von Humboldt-Stiftung* en el *Max-Planck-Institut* in Freiburg i.Br. (verano de 1974)
– Becario de la *Alexander von Humboldt-Stiftung* en la *Ludwig-Maximilians-Universität München* (*Sommersemester* de 1976)
– Becario de la Alexander *von Humboldt-Stiftung* en el *Max-Planck-Institut* in Freiburg i.Br. (*Sommersemester* de 1988)

Cargos académicos:
– Vicedecano de la Facultad de Derecho de la Universidad de Córdoba (1984)
– Vicerrector de Ordenación Académica y Profesorado de Universidad de Córdoba (1984-1986)
– Presidente del Claustro de la Universidad de Córdoba y rector en funciones (abril 1986)
– Director-fundador del Instituto de Criminología de la Universidad de Córdoba (1986-1988)
– Miembro de Comisión Gestora Decanal (con las atribuciones de decano) de la Facultad de Derecho de la Universidad de Sevilla (1990-1991)
– Secretario del Departamento de Derecho Penal y Procesal de Universidad de Sevilla (2000-2009)
– Director del Departamento de Derecho Penal y Procesal de Universidad de Sevilla (2009-2015)

Doctorados 'Honoris Causa':
- Ha sido investido como *"Doctor honoris causa"* por catorce universidades extranjeras.

Creemos que dedicar esta obra al Prof. Dr. Polaino Navarrete es una forma universitaria idónea para expresarle nuestro reconocimiento y gratitud.

Prof. Jaime Náquira R.
*Director del Diplomado en Derecho
Penal Económico de la Pontificia
Universidad Católica de Chile*

Prof. Verónica Rosenblut G.
*Coordinadora del Diplomado en Derecho
Penal Económico de la Pontificia
Universidad Católica de Chile*

PRESENTACIÓN

En la segunda entrega de esta publicación, que con mucha satisfacción ponemos nuevamente a disposición de la comunidad jurídica, se retoman, en primer lugar, aspectos de la parte general del derecho penal económico que ya fueron abordados en la primera edición en relación con la Ley 20.393, enfocándose ahora el análisis en aspectos que, a más de diez años de la dictación de dicha norma legal, podríamos considerar de segunda generación y que se refieren a la intervención delictiva como fundamento de la imputación de responsabilidad penal que se efectúa a las personas jurídicas.

Como problemática transversal a la delincuencia económica y a la criminalidad organizada, se efectúa, además, una interesante y pormenorizada revisión de la regulación nacional e internacional que resulta aplicable en nuestro sistema, para obtener la recuperación transnacional de activos en investigaciones penales.

Se plantea también, en esta parte general, una interesante reflexión en torno a los principios constitucionales que rigen y se ven comprometidos en la regulación y sanción del lavado de activos.

Abordando temas de la parte especial de esta disciplina, en esta ocasión los autores profundizan en el análisis de figuras que forman parte esencial de lo que hoy podríamos denominar como "moderno derecho penal económico chileno", gracias a su introducción mediante la Ley 21.121, en tiempos en que comienzan a ser judicializadas recién en nuestro país las primeras investigaciones que, desde su dictación, se han iniciado para perseguir la sanción de dichos delitos.

Así, se efectúa un profundo examen del delito de negociación incompatible de directores y gerentes de sociedades anónimas, que vino a criminalizar los conflictos de interés a que están expuestos los miembros de la más alta administración de estas sociedades.

Por último, abordando temáticas vinculadas tradicionalmente al mundo de las defraudaciones, este ejemplar contiene, en primer lugar, una novedosa propuesta que plantea uno de los autores en orden a establecer una delimitación entre las dos figuras fundamentales de estafa que se encuentran reguladas en el Código Penal, esto es, entre el denominado tipo base o residual del artículo 473 y el considerado como tipo calificado del artículo 468. En segundo término, partiendo de la tradicional atención a la víctima que en la configuración del delito se ha estudiado a partir de los desarrollos del delito de estafa, se analiza además, por parte de otro autor, la posible imputación en otros delitos que guardan relación con el aspecto patrimonial, al ámbito de responsabilidad de la víctima, efectuando una propuesta de aplicación de la victimodogmática para los delitos de insolvencia.

Se trata, en suma, de una valiosa colección de trabajos que, abordando distintos aspectos del derecho penal económico, pretende contribuir a su desarrollo y difusión.

PARTE GENERAL

§ 1. CONCEPCIONES DOCTRINARIAS SOBRE AUTORÍA Y PARTICIPACIÓN PARA LA IMPUTACIÓN PENAL DE UN HECHO DELICTIVO A LAS PERSONAS JURÍDICAS

Prof. Dr. Jaime Náquira R.*

RESUMEN: El artículo ofrece una visión resumida de las principales instituciones, ideas y criterios gestados en la dogmática penal comparada de Alemania y España en relación a cómo configurar, diferenciadamente, la responsabilidad de las personas jurídicas, la de sus dueños, directivos o autoridades, y la de sus empleados o subordinados que cometen los delitos que se pueden imputar a la responsabilidad de aquellas.

ABSTRACT: The article offers a summary vision of the main institutions, ideas and criteria developed in the comparative criminal dogmatics of Germany and Spain in relation to how to configure, differently, the responsibility of legal persons, that of their owners, managers or authorities and that of its employees or subordinates who commit crimes that can be attributed to their responsibility.

Palabras clave: Persona jurídica; autor; partícipe; delitos de dominio; delitos de infracción de deber; ámbito de competencia.

Keywords: Law person; principal; accessory; domain crimes; crimes of breach of duty; scope of competence.

---

* Doctor en Derecho por la Universidad de Granada (España). Profesor titular de Derecho Penal y director del Diplomado en Derecho Penal Económico de la Pontificia Universidad Católica de Chile.

I. INTRODUCCIÓN

1. Consideraciones generales

La dictación de la Ley N° 20.393, que crea la responsabilidad penal de las personas jurídicas en Chile, establece la necesidad de abordar el tema de la autoría y la participación en ese ámbito.

Una primera idea para comenzar, en calidad de presupuesto dogmático, viene dada por afirmar que el concepto y contenido de quién es autor y quién es partícipe supone la vinculación abstracta o genérica de los artículos 14, 15, 16 y 17 del Código Penal con los respectivos tipos penales que describen los hechos delictivos en concreto[1]. Lo recién señalado tiene fundamento legal positivo expreso en el inciso segundo del Art. 1° de la Ley N° 20.393: "En lo no previsto por esta ley, serán aplicables, supletoriamente, las disposiciones contenidas en el Libro I del Código Penal y el Código Procesal Penal, y en las leyes especiales señaladas en el inciso anterior, en lo que resultare pertinente". No es factible determinar quién es autor y quién es partícipe considerando, únicamente, los artículos de la parte general antes citados; es indispensable vincularlos con los tipos penales en concreto (*v.gr.*, autor de homicidio, de cohecho, de lavado de activo, de contaminación ambiental o cómplice de cualquiera de estos delitos). La relación señalada es semejante a la que es preciso realizar entre el concepto de tentativa y el tipo penal concreto con el que se lo quiere vincular (*v.gr.*, tentativa de homicidio o de cualquier delito que admita dicho grado de desarrollo).

Una segunda idea marco es que partimos de la base de que una persona jurídica, por tener una existencia normativa no puede, por sí misma, realizar un hecho delictivo, por ejemplo, lavado de activo, cohecho, financiamiento del terrorismo o receptación, pues necesariamente las conductas de aquellos delitos deben ser ejecutadas por personas físicas. Consecuente con esto último, el título de este artículo hay que entenderlo como la responsabilidad penal de

---

1 Martínez-Buján Pérez, C.: (2016) p. 502; Vives Antón, T.: (2011) p. 790.

la(s) persona(s) física(s) de aquellos delitos que, según lo dispuesto en la Ley N° 20.393[2], se pueden imputar a una persona jurídica[3].

---

2   Ley N° 20.393, Art. 1°: "Contenido de la ley. La presente ley regula la responsabilidad penal de las personas jurídicas respecto de los delitos previstos en los Art. 136, 139, 139 bis y 139 ter de la Ley General de Pesca y Acuicultura, en el Art. 27 de la Ley N° 19.913, en el Art. 8° de la Ley N° 18.314 y en los artículos 240, 250, 251 bis, 287 bis, 287 ter, 318 ter, 456 bis A y 470, numerales 1° y 11, del Código Penal; el procedimiento para la investigación y establecimiento de dicha responsabilidad penal, la determinación de las sanciones procedentes y la ejecución de estas.

En lo no previsto por esta ley, serán aplicables, supletoriamente, las disposiciones contenidas en el Libro I del Código Penal y el Código Procesal Penal y en las leyes especiales señaladas en el inciso anterior, en lo que resultare pertinente.

Para los efectos de esta ley, no será aplicable lo dispuesto en el inciso segundo del Art. 58 del Código Procesal penal.

3   En la doctrina nacional, destacados investigadores han reflexionado fundamentalmente sobre la procedencia o improcedencia de la responsabilidad penal de las personas jurídicas y, en forma tangencial, algunos se han ocupado de la autoría y participación. A favor, p. ej., POLITOFF, S., "El 'autor detrás del autor'. De la autoría funcional a la responsabilidad penal de las personas jurídicas", en POLITOFF, S./ MATUS, Jean Pierre (coordinadores), *Gran criminalidad organizada y tráfico ilícito de estupefacientes*, Santiago: ConoSur, 2000, pp. 333-414.; MAÑALICH, J. P., referido a la organización delictiva, que realiza una categorización en tres niveles, refiriéndose a la RPPJ en el de sujeto https://scielo. conicyt.cl/scielo.php script=sci_arttext&pid=S0718-34372011000200005; PIÑA, J. I., (2013), "Algunas consideraciones acerca de los modelos de prevención de delitos (MPD) establecidos en la Ley N° 20.393 sobre responsabilidad penal de las personas jurídicas", en *Doctrina y Jurisprudencia Penal*, Edición Especial «Del fraude a la responsabilidad penal de las empresas», Tomo I, pp. 7; SEGOVIA, A. (2010): "Modelos de atribución de responsabilidad penal a las personas jurídicas en la Ley N° 20.393", *Revista Jurídica del Ministerio Público* 43, pp. 218-233; en contra, VAN WEEZEL, A. (2010): "Contra la responsabilidad penal de las personas jurídicas", *Política Criminal* 9, pp. 114-142, disponible en http:// www.politicacriminal.cl/Vol_05/-n_09/Vol5N9A3.pdf; o bien formulando comentarios u observaciones a la ley HERNÁNDEZ, H., referido a la introducción de la responsabilidad penal de las personas jurídicas en Chile, particularmente, en lo que se refiere a las explicaciones respecto a que la autonomía de esta responsabilidad es meramente procesal. https://scielo. conicyt.cl/scielo.php script=sci_arttext&pid=S0718-33992010000100005#n67; PIÑA, J. I., (2013), "Algunas consideraciones acerca de los modelos de prevención de delitos (MPD) establecidos en la Ley N° 20.393 sobre responsabilidad penal de las personas jurídicas", en *Doctrina y jurisprudencia penal*, Edición Especial «Del fraude a la responsabilidad penal de las empresas», Tomo I, pp. 7; ORTIZ, L., "Delincuencia económica", en: AA. VV., *Problemas actuales de Derecho penal*, Temuco: Universidad Católica de Temuco, 2003, pp. 191-226; MATUS, J. P., "Informe sobre el proyecto de ley que establece la responsabilidad legal de las personas jurídicas en los delitos de lavado de activos, financiamiento del terrorismo y delitos de cohecho que indica, Mensaje 018-357", *Ius et Praxis*, año 15, N° 2 (2009), pp. 285-306.

2. Los delitos socioeconómicos como delitos de empresa

Una parte de los delitos socioeconómicos se realizan en una empresa y para dicha empresa. En efecto, son delitos que se sustentan, en un plano vertical, en un "principio de jerarquía" y, en un plano horizontal, en la "división del trabajo" entre sus miembros. Lo anterior determina una especie de "separación y distanciamiento" entre el o los directivos que adoptan la decisión delictiva y los empleados subordinados que ejecutan la conducta típica prohibida. La división funcional del trabajo en una empresa lleva a que algunos de sus miembros sean protagonistas de algunos elementos del tipo (*v.gr.*, condiciones subjetivas u objetivas de autoría) y otros, en cambio, lo sean de otros elementos típicos (*v.gr.*, la ejecución material de la conducta prohibida)[4].

Una segunda característica que suelen presentar los delitos socioeconómicos es que están construidos como tipos especiales en los que el autor debe tener una determinada calidad o condición objetiva, v.gr., ser comerciante, fabricante o administrador o "tener autoridad"[5]. Esta especial característica objetiva plantea un problema porque, normalmente, la persona que ejecuta la acción típica prohibida no posee esa especial cualidad o condición, y quien en la realidad la posee, no es quien actúa.

Dentro de los delitos económicos que se pueden imputar a las empresas, en Derecho penal comparado, están los delitos ambientales[6] y los de responsabilidad

---

4   Gracia Martín, L.: (2010) pp.88 y ss.; Silva Sánchez, J.m.: (2013) pp. 37-38. Feijoo Sánchez, B.: (2017-2) pp. 48 y ss.; Gallego Soler, J-I.: (2006) p. 4.

5   El Art. 1° de la Ley 20.393 establece, dentro de los delitos que se pueden imputar a una persona jurídica, el contemplado en el Art. 318 ter del CP: "El que, a sabiendas y teniendo autoridad para disponer el trabajo de un subordinado, le ordene concurrir al lugar de desempeño de sus labores cuando este sea distinto de su domicilio o residencia, y el trabajador se encuentre en cuarentena o aislamiento sanitario obligatorio decretado por la autoridad sanitaria, será castigado con presidio menor en sus grados mínimo a medio y una multa de diez a doscientas unidades tributarias mensuales por cada trabajador al que se le hubiere ordenado concurrir".

6   El Art. 1° de la Ley N° 20.393 establece en la Ley General de Pesca y Acuicultura como hechos delictivos ambientales que se pueden imputar a una persona jurídica los siguientes:
Artículo 136: "El que, sin autorización, o contraviniendo sus condiciones o infringiendo la normativa aplicable introdujere o mandare introducir en el mar, ríos, lagos o cualquier otro cuerpo de agua, agentes contaminantes químicos, biológicos o físicos que causen daño a los recursos hidrobiológicos, será sancionado con presidio menor en su grado medio a máximo y multa de 100 a 10.000 unidades tributarias mensuales, sin perjuicio de las sanciones administrativas correspondientes.

por el producto, especialmente graves, al poner en riesgo o peligro bienes jurídicos personalísimos tales como la vida o la salud de las personas, lo cual, ha llevado al Derecho penal comparado a sancionarlos en ciertos casos en modalidad

---

El que, por imprudencia o mera negligencia, ejecutare las conductas descritas en el inciso anterior será sancionado con presidio menor en su grado mínimo y multa de 50 a 5.000 unidades tributarias mensuales, sin perjuicio de las sanciones administrativas correspondientes.

Si el responsable ejecuta medidas destinadas a evitar o reparar los daños, el tribunal podrá rebajar la pena privativa de libertad en un grado y la multa hasta en el cincuenta por ciento, sin perjuicio de las indemnizaciones que correspondan. En el caso del inciso segundo, podrá darse lugar a la suspensión condicional del procedimiento que sea procedente conforme al Art. 237 del Código Procesal Penal, siempre que se hayan adoptado las medidas indicadas y se haya pagado la multa".

Artículo 139: "El procesamiento, el apozamiento, la transformación, el transporte, la comercialización y el almacenamiento de recursos hidrobiológicos vedados, y la elaboración, comercialización y el almacenamiento de productos derivados de estos, serán sancionados con presidio menor en sus grados mínimo a medio, sin perjuicio de las sanciones administrativas correspondientes.

Para determinar la pena se tendrá en consideración el volumen de los recursos hidrobiológicos producto de la conducta penalizada".

Artículo 139 BIS: "El que realice actividades extractivas en áreas de manejo y explotación de recursos bentónicos, sin ser titular de los derechos a que se refiere el inciso final del Art. 55 B, será sancionado con la pena de presidio menor en su grado mínimo a máximo. En caso de que hubiere capturas, se impondrá el grado superior de la pena.

El tribunal ordenará el comiso de los equipos de buceo, de las embarcaciones y de los vehículos utilizados en la perpetración del delito.

Las sanciones previstas en este artículo se impondrán sin perjuicio de las sanciones administrativas que correspondan".

Artículo 139 TER: "El que procese, elabore o almacene recursos hidrobiológicos o productos derivados de ellos, respecto de los cuales no acredite su origen legal, y que correspondan a recursos en estado de colapsado o sobreexplotado, según el informe anual de la Subsecretaría a que se refiere el Art. 4 A, será sancionado con la pena de presidio menor en su grado mínimo a máximo y multa de 20 a 2.000 unidades tributarias mensuales. La misma sanción se aplicará al que, teniendo la calidad de comercializador inscrito en el registro que lleva el Servicio conforme al Art. 65, comercialice recursos hidrobiológicos que se encuentren en estado de colapsado o sobreexplotado, o productos derivados de ellos, sin acreditar su origen legal.

Si quien realiza la comercialización de los recursos hidrobiológicos que se encuentran en estado de colapsado o sobreexplotado o productos derivados de ellos es un comercializador que no tenga la obligación de estar inscrito en el registro que lleva el Servicio conforme al Art. 65, la sanción será pena de presidio menor en su grado mínimo y multa de 10 a 100 unidades tributarias mensuales. Con las mismas penas se sancionará al que tenga en su poder, a cualquier título, recursos hidrobiológicos o productos derivados de ellos de que trata este artículo, conociendo o no pudiendo menos que conocer el origen ilegal de unos u otros.

En todos los casos de que trata este artículo procederá el comiso de los recursos y de los productos derivados de estos que hayan sido objeto del delito, y las sanciones administrativas que correspondan".

dolosa e imprudente; en cambio, en los simplemente económicos, la punibilidad se limita, por regla general, a la modalidad dolosa.

La Ley N° 20.393 inició la responsabilidad penal de las personas jurídicas con solo tres delitos: cohecho, lavado de activos, financiamiento del terrorismo. Con posterioridad, se agregó la receptación y, con el devenir del tiempo, se han ido agregando nuevos delitos. Es posible que alguno de los delitos ejecutados por las personas físicas haya tenido lugar antes de que dichas conductas fueren incorporadas en el Art. 1° de la Ley N° 20.393 como delitos factibles de configurar una condición objetiva de punibilidad para hacer surgir la responsabilidad penal de una persona jurídica, en la medida en que aquello se deba a un "déficit organizacional" en su estructura normativa. Entonces, surge la interrogante de si se podría hacer efectiva la responsabilidad penal de la persona jurídica a pesar de que el delito perpetrado es anterior a la fecha en que se incorporó a la Ley N° 20.393 pero, con posterioridad a dicha fecha, la persona jurídica aún sigue obteniendo beneficios o utilidades de aquel hecho delictivo. De conformidad a un principio fundamental del Derecho penal, el principio de legalidad-tipicidad de interpretación estricta, no sería factible perseguir una responsabilidad penal porque, a la fecha de realización del delito de la persona física, no era de responsabilidad penal para la persona jurídica, es decir, no era uno de los hechos delictivos susceptibles de ser imputados a ella. Si bien es posible que tenga lugar este tipo de supuestos, es necesario que el legislador penal, sobre la base de estimar una necesidad político criminal, lo establezca expresamente respecto de ganancias o utilidades futuras que se obtengan con posterioridad a la ejecución del delito, pero en ningún caso con efecto retroactivo hasta la fecha de comisión del delito, época en la cual dicho hecho delictivo no era de responsabilidad penal en relación a la persona jurídica por ser "atípico".

Por otro lado, tampoco se puede afirmar que todo delito cometido en el ámbito de la actividad de una empresa debe ser, necesariamente, calificado de delito socioeconómico (*v.gr.*, una estafa o apropiación indebida en una actividad de empresa). De igual modo, es factible constatar problemas semejantes, de autoría y participación de los delitos socioeconómicos, en ámbitos tales como en la criminalidad organizada o en el campo de la medicina.

3. Planteamiento del problema

La dificultad que plantea la existencia y/o discriminación de autoría y participación en el ámbito de los delitos socioeconómicos no es exclusiva de ellos, sino de todos aquellos delitos en cuya comisión interviene una organización de personas (persona jurídica) y cuya vida de relación interna y externa se basa en los principios de "división del trabajo" (cada sujeto realiza, sobre la base de una estructura y plan común, un aporte que se integra y complementa los restantes) y de "jerarquía" (los aportes de los sujetos están sometidos a una dirección común, la cual, puede aceptarlos, rechazarlos o modificarlos)[7]. *El principio de jerarquía supone una relación vertical, un principio de desconfianza y un deber de vigilancia y control. En efecto, el principio de desconfianza implica un doble deber: un deber de vigilar y conocer lo que hacen los subordinados, y un deber de controlar y evitar, dentro de lo razonable y posible, las actuaciones delictivas conocidas de aquellos.* Cuando la relación es horizontal y no vertical o de jerarquía, por regla general, rige el "principio de confianza" y no habrá un deber de vigilancia y cada directivo responderá de su propio ámbito de competencia. Como excepción a lo anterior, en los casos de los miembros de un Comité o Consejo de Administración que en principio no tienen un deber recíproco de vigilancia, se puede estimar que existiría entre ellos un deber genérico de garante recíproco, que ha de considerarse cuando alguno de ellos tiene conocimiento seguro o probable (dolo) de que otro miembro del Comité o Consejo va a cometer un delito y no actúa para evitarlo, pudiendo hacerlo (comisión por omisión)[8].

El problema que se ha planteado al Derecho penal es que, en diversos casos, la(s) persona(s) que ejecuta(n) la conducta típica prohibida son empleados pertenecientes a los últimos niveles o escalones de la organización, razón por la cual la división del trabajo determina una información incompleta y, por ello, no logran tener un adecuado y completo conocimiento de causa de lo que hacen (déficit cognitivo-valorativo), lo que bien puede permitir configurar un error de tipo o de prohibición. A lo anterior se une la proyección del "principio de jerarquía", el que determina que por ser sujetos subordinados y dependientes laboralmente no están en condiciones de oponer una adecuada y razonable resistencia a las órdenes o instrucciones que reciben.

Por otro lado, la perspectiva criminológica pareciera indicar que los principales responsables deberían ser los directivos que se encuentran en los niveles superiores, que han adoptado la decisión delictiva y que tienen, real y efectivamente, los medios de acción para concretar, a través de terceros, la realización de aquella. ¿Quién se limitaría a castigar al repartidor de periódicos por un artículo que exhorta a una sublevación del pueblo, o bien al operador que proyecta a

---

7   PAREDES CASTAÑÓN, J.M.: (1995) pp. 142-145.

8   SILVA SÁNCHEZ, J.M.: *InDret* (2/2011), pp.2 ss.

niños en un cine una película de contenido pornográfico? Aunque estos últimos tuvieren conocimiento de lo que están haciendo, el sentido social común o de Justicia solo se siente realizado si se pide cuentas al editor del periódico o a la entidad que explota el cine.

4. Las personas jurídicas: ¿destinatarias de normas penales?

En este trabajo partimos del presupuesto de que el tenor literal del legislador penal chileno al establecer la responsabilidad penal de las personas jurídicas ha optado por una responsabilidad autónoma de ellas (Art. 5° Ley N° 20.393), aunque conectada o vinculada con un delito cometido por una persona física de los que señala el legislador penal (Art. 1° Ley N° 20.393). El legislador penal, acertada o equivocadamente, ha decidido que las personas jurídicas son destinatarias de las normas penales y, en cuanto tal, pueden infringirlas y, por ello, asumir la correspondiente responsabilidad penal si las quebrantan.

Es objeto de discusión si las personas jurídicas pueden ser destinatarias de normas penales. En el campo de la teoría de las normas, una modalidad de ellas es la denominada "norma de conducta o de determinación", en la que –para la dogmática tradicional– la persona jurídica no puede ser su destinataria porque no tiene capacidad de acción y, si no puede actuar, es imposible que pueda cumplir una norma de conducta. Por su parte, la conclusión antes expresada ha sido cuestionada, señalándose que las personas jurídicas pueden ser consideradas destinatarias de las normas de conducta porque así se pueden producir los efectos contenidos en la norma y, para ello, "las acciones de las personas físicas actuando para la empresa deben, pues, ser consideradas como las de la empresa" (TIEDEMANN)[9]. La respuesta a esta reflexión ha sido que, de ser así, las auténticas destinatarias serían las personas físicas (no las personas jurídicas) porque son quienes tienen autoconciencia y libertad. En cambio, quienes rechazan que las personas jurídicas sea destinatarias de normas de conducta (GRACIA MARTÍN o SILVA SÁNCHEZ) aceptan que pueden ser destinatarias de normas de valoración penales que subyacen a las normas de conducta y, por ello, es factible que se les pueda imputar "hechos antijurídicos", aunque, las consecuencias legales que se deriven no pueden ser calificadas de "sanción o pena" (GRACIA MARTÍN) porque suponen violación a normas de conducta, o bien su denominación debería ser de

---

9   Citado por GÓMEZ-JARA, C. (2016), p. 256.

"medidas de seguridad" por la infracción a normas de valoración (SILVA SÁNCHEZ). Por su parte, apoyando el que las personas jurídicas puedan ser consideradas destinatarias de la norma, se ha sostenido que, sobre la base de su estructura organizativa, las personas jurídicas están "equipadas" con las capacidades de los sujetos de Derecho y, por ello, cuentan con las suficientes características subjetivas como para hacerse cargo, como destinatarios, de la norma de los mandatos de conducta (SCHROTH)[10].

En una postura alternativa, alejándose de la doctrina clásica de las normas, está la posición de BOTTKE que considera tanto a los individuos como a los colectivos sociales como "organizadores de contactos sociales" y asume que cualquiera de ellos puede ser estimado como destinatario de normas de contacto, de manera que, dentro del poder de decisión del legislador, este puede determinar qué causante de contactos sociales criminales se reconoce como competente del hecho penal[11]. Para este autor, el Derecho crea expectativas de organización generalizadas, *v.gr.*, la expectativa jurídica de que el creador de una fuente de peligro cuidará de ella. Ahora bien, las expectativas pueden dividirse en: expectativas de conducta dirigidas a las personas físicas y expectativas de organización dirigidas a sujetos colectivos. Las expectativas de organización de un individuo o de una persona jurídica pueden ser defraudadas, y por ello, si un ente colectivo lleva a cabo una organización que no se ajusta a la expectativa social, su "mensaje comunicativo" es el de una infracción a la noma.

Desde otra perspectiva, SCHÜNEMANN, sobre la base de la teoría del "Derecho reflexivo", considera que las normas primarias dirigidas a las personas físicas prohíben de manera directa las conductas lesivas de los individuos y que, por eso mismo, **tutelan en forma directa** los bienes jurídicos. En cambio, las normas dirigidas a las personas jurídicas tienen otro objetivo: disponer una organización adecuada para prevenir una actitud criminal y la comisión de delitos por parte de sus integrantes. En consecuencia, estas normas solo ofrecen una **protección indirecta a los bienes jurídicos** y, en el Derecho reflexivo y en un sistema autopoiético, la norma no demanda una determinada conducta, sino la obtención de un determinado resultado, y los medios para su consecución quedan entregados al destinatario de la norma[12]. Esta distinción –protección directa y protección indirecta– ha sido cuestionada por algunos autores ya que, tanto en

---

10 Citado por GÓMEZ-JARA, C. (2016), p. 258.

11 Citado por GÓMEZ-JARA, C. (2016), p. 259.

12 SCHÜNEMANN, B.: (2002) pp. 28 y ss.; el mismo, (1999).

el caso de personas físicas como de personas jurídicas, existe una "norma genérica de mantenimiento de un ámbito de organización dentro de los límites del riesgo permitido –constituido para ambos por el sinalagma básico del Derecho penal: libertad/responsabilidad por las consecuencias; y, por otro lado, existe la imputación de la infracción de una concreta norma del tipo penal"[13]. Para este autor, es el legislador quien tiene la competencia para decidir qué protagonista de los contactos sociales criminales son competentes para responder de un hecho delictivo frente a una norma de valoración y sanción y, la consecuencia legal por el quebrantamiento de la norma solo puede ser la aplicación de una medida de seguridad. Además, a su juicio, los actos incorrectos de organización de la persona jurídica no violan la norma que subyace en el tipo penal sino otra diferente, razón por la cual no procede un reproche de culpabilidad[14].

II. IMPUTACIÓN PENAL DE UN HECHO DELICTIVO A UNA PERSONA JURÍDICA EN CHILE

Ley N° 20.393

Artículo 3°.- Atribución de responsabilidad penal. Las personas jurídicas serán responsables de los delitos señalados en el artículo 1° que fueren cometidos directa e inmediatamente en su interés o para su provecho, por sus dueños, controladores, responsables, ejecutivos principales, representantes o quienes realicen actividades de administración y supervisión, siempre que la comisión del delito fuere consecuencia del incumplimiento, por parte de esta, de los deberes de dirección y supervisión.

Bajo los mismos presupuestos del inciso anterior, serán también responsables las personas jurídicas por los delitos cometidos por personas naturales que estén bajo la dirección o supervisión directa de alguno de los sujetos mencionados en el inciso anterior.

Se considerará que los deberes de dirección y supervisión se han cumplido cuando, con anterioridad a la comisión del delito, la persona jurídica hubiere adoptado e implementado modelos de organización, administración y supervisión para prevenir delitos como el cometido, conforme a lo dispuesto en el artículo siguiente.

Las personas jurídicas no serán responsables en los casos que las personas naturales indicadas en los incisos anteriores hubieren cometido el delito exclusivamente en ventaja propia o a favor de un tercero.

---

13   GÓMEZ-JARA, C.: (2016) p. 261, nota (44).

14   SCHÜNEMANN, B.: (2002) p. 29.

Del texto legal transcrito se desprende que las personas físicas que trabajan, en y para, una persona jurídica son las únicas que, de cometer alguno de los delitos establecidos en el Art. 1° de la Ley N° 20.393, pueden originar responsabilidad penal para la persona jurídica.

El primer supuesto dice relación con aquellas personas físicas que son dueños o directivos, en sentido amplio, que trabajan en la persona jurídica. Tratándose de una persona jurídica unipersonal o individual, no cabe aplicar la ley de responsabilidad penal de la persona jurídica porque hay una total fusión o coincidencia en el dueño, directivo, administrador o representante de la persona jurídica y la persona física que ostenta aquella cualidad o rol. Por tal razón, en una misma persona física hay dos roles y pretender hacer efectiva la responsabilidad penal de la persona física y, además, la responsabilidad penal de la persona jurídica a la que representa sería un caso claro de violación al principio *non bis in idem*.

El segundo supuesto lo pueden protagonizar aquellas personas físicas que, dentro de la estructura de la persona jurídica, son trabajadores o subordinados que trabajan en la persona jurídica, bajo la dirección o supervisión del dueño, directivo o responsable de la empresa. Así, por ejemplo, en un delito de lavado de activos, un crupier o cajero –encargados de recibir y pagar apuestas en un casino– no es un trabajador independiente, es un empleado que, sin duda, por la naturaleza de la función que realiza –manejar dinero–, debe informar y reportar a un supervisor de la entidad de las cantidades o sumas valiosas que pasan por sus manos: es alguien que necesariamente debe rendir cuentas, es un trabajador que se encuentra siempre bajo el control o vigilancia de un superior, rol que desempeñan todos los indicados en el inciso primero del Art. 1° de la Ley N° 20.393. En este caso, no será el dueño o representante del casino, pero sí alguien como controlador, responsable o quien ejerza funciones de administración o supervisión sobre quien pesa el deber legal de denunciar operaciones irregulares.

Por otro lado, de conformidad a la Ley N° 20.393, Art. 3° las personas jurídicas serán responsables "... *siempre que la comisión del delito fuere consecuencia del incumplimiento, por parte de esta, de los deberes de dirección y supervisión*".

En consecuencia, y tal como lo asumimos en un trabajo anterior[15], soy de opinión de que los delitos que pueden cometer el o los dueño(s) o directivo(s) de la persona jurídica o empresa, o bien los empleados o subordinados de aquellos son, jurídico-penalmente, una especie de condición objetiva de punibilidad

---

15   Náquira, J.: (2018) pp. 5 y ss.

que permite hacer efectiva la responsabilidad de la persona jurídica, en la medida en que esta haya incumplido sus deberes de dirección y supervisión. El incumplimiento de dichos deberes constituye el "hecho delictivo" (déficit organizacional) que es propio y de única responsabilidad de la persona jurídica. Ahora bien, siendo consecuentes con lo señalado al iniciar este artículo, nunca la persona jurídica, entidad de existencia puramente normativa, podrá, por sí misma, ejecutar las conductas prohibidas: es necesario, que dichas conductas sean realizadas por personas físicas en su calidad de dueño(s), directivo(s) o empleado(s) o subordinado(s) de aquella.

El "hecho delictivo" por el cual la persona jurídica debe responder es el **"defecto de su organización jurídico-social"** que ha permitido que alguno de los delitos que la ley N° 20.393 señala en su Art. 1° se hayan podido ejecutar directa e inmediatamente en su interés o para su provecho. En otras palabras, lo que considera antijurídico y reprocha la ley penal a la persona jurídica es el **haber posibilitado, permitido o facilitado un escenario propicio o adecuado** en el que se ha cometido alguno de los delitos en su interés o para su provecho: *v.gr.*, cohecho, receptación, lavado de activo, financiamiento del terrorismo o un delito ecológico. El defecto organizacional antes indicado ha sido, a no dudar, consecuencia de una mala gestión de una persona física, en alguna de las siguientes hipótesis:

a) El dueño(s), director(es) o representante(s) no incorporaron a los estatutos sociales de la entidad una normativa regulatoria que controlara, en tiempo y forma, el o los riesgos de la actividad que iba a empezar a realizar, los que podrían afectar bienes jurídicos personales y/o comunitarios que se encuentran tutelados por los delitos a los que se refiere la Ley N° 20.393;

b) Si los estatutos de la persona jurídica no consideraron una normativa regulatoria preventiva-delictiva, tampoco se contempló algún modelo de prevención de los delitos con las exigencias establecidas en el Art. 4° de la Ley N° 20.393.

c) Existiendo una normativa regulatoria en sus estatutos o algún modelo de prevención (alternativa opcional), no se aplicó en tiempo y forma, o bien se aplicó de manera deficitaria.

En cualquiera de esas hipótesis, será preciso constatar la inexistencia de la normativa regulatoria en la empresa, o bien la ninguna o mala aplicación de aquella, si existía, por parte del responsable(s) de la empresa en el momento en que se pretende hacer efectiva la responsabilidad de la persona jurídica y, también, la de los anteriores responsables que ya abandonaron dicho deber y están en otro cargo o renunciaron a la entidad; esto, en la medida que su responsabilidad penal no se encuentre aún prescrita. Estos últimos deben ser considerados por no haber cumplido su deber de garantía en el período a su cargo y los actuales por no haber ajustado la normativa regulatoria de la empresa, dando cabal cumplimiento a su deber de garantes frente a la sociedad al asumir dicho cargo o función. El o los criterios para dilucidar el cumplimiento al deber de garantía, serán los ya señalados a lo largo de este trabajo.

En relación a la sanción penal para la persona jurídica, me permito formular un alcance: es objetivamente razonable y de Justicia material que el tribunal sentenciador, establecida la responsabilidad penal de la persona jurídica, para establecer la sanción penal discrimine según el bien jurídico protegido y la naturaleza del delito cometido por la persona física y determine una sanción meramente económica o una de distinta naturaleza, idea que se encuentra recogida por el legislador penal en los artículos 15 (Determinación de la pena aplicable al delito), 16 (Circunstancias modificatorias de responsabilidad) y 17 (Reglas de determinación judicial de la pena) de la Ley N° 20.393. En este contexto, la naturaleza de la sanción penal está muy alejada de una salida o arreglo económico entre las partes litigantes y de esto debe tener especial preocupación el tribunal llamado a juzgar la responsabilidad penal de los imputados. No siempre una sanción meramente económica, por sí sola, puede estimarse en el plano penal justa, adecuada y proporcionada a la agresión que se ha protagonizado. En materia civil, la mera reparación o compensación económica puede ser una solución adecuada, proporcionada y razonable; en cambio, en el ámbito penal no necesariamente es lo que la sociedad espera como expresión de Justicia penal. Por la gravedad del injusto penal, en diversas ocasiones, la simple sanción económica para una persona jurídica puede llevar a confundir indebidamente una auténtica sanción penal con una meramente civil que se basa en una simple compensación o reparación del daño causado, y pareciera que esta idea ha sido cierta, razón por la cual el Art. 8° de la Ley N° 20.393 establece: "Serán aplicables a las personas jurídicas una o **más** de las siguientes penas". En esa pluralidad de penas se insiste en el Art. 16 de esa misma ley al tratar de los efectos de la concurrencia de circunstancias atenuantes y agravantes.

III. RESPONSABILIDAD PENAL DEL DUEÑO, ADMINISTRADOR O DIRECTIVOS DE LA PERSONA JURÍDICA EN DELITOS COMETIDOS POR SUS EMPLEADOS O SUBORDINADOS

Sobre la base de las ideas precedentes, en esta oportunidad vamos a bosquejar las principales instituciones, ideas y criterios dogmáticos postulados por la doctrina y jurisprudencia penal comparada referidas a las interrogantes que han surgido con motivo de la creación de la responsabilidad penal de las personas jurídicas. Como es sabido, nuestro legislador penal suele seguir las legislaciones penales española o alemana, razón por la cual las reflexiones gestadas en dichos países pueden ser, sin duda, de utilidad para interpretar la normativa nacional vigente.

Presupuesto

Se trata de delitos comunes, no necesariamente socioeconómicos, en los que interviene una estructura organizada de personas físicas sobre la base de la división del trabajo y de jerarquía. En este contexto, no existen problemas para calificar como autor a la persona física de un dueño o directivo, en sentido amplio, o bien al empleado o subordinado que ha ejecutado la conducta típica prohibida ni, de igual modo, como partícipe a quien le ha ayudado, colaborado o auxiliado. La dogmática gestada en el Derecho penal de las personas físicas cuenta con un vasto desarrollo teórico que permite resolver los diversos casos o supuestos. El problema surge cuando se trata de imputar penalmente una responsabilidad al dueño, representante, administrador o directivo por la conducta de sus empleados o subordinados. En relación a esto, es preciso tener presente que, tratándose de grandes empresas, normalmente, la descentralización y delegación de funciones determina que **los dueños o directivos situados en la cúspide, por regla general, solo toman decisiones de política general**. En cambio, **los mandos medios son los que en la práctica deciden, con debido conocimiento de causa, hechos concretos y, por ello, son los principales responsables de su comisión**. La responsabilidad de los directivos de cúspide, en el caso señalado, solo podría configurarse por una "competencia retenida" o por una "función general de control o supervisión" derivada del principio de jerarquía (HEINE).

En otras palabras, el problema a resolver es cómo imputar responsabilidad penal, en calidad de autor, a los directivos (en sentido amplio) que, sin realizar acciones ejecutivas, han jugado un "rol principal y predominante" al preparar, decidir, organizar y controlar el desarrollo de un hecho delictivo, el cual ha sido posteriormente ejecutado por empleados o subordinados. Y, si bien estos últimos han ejecutado materialmente el hecho prohibido, en relación a aquellos, su actuación y eventual responsabilidad penal aparece con carácter accesorio y subordinada.

Esta nueva visión supone, sin duda alguna, un cambio de "paradigma penal". En efecto, en vez de fijar la atención en la ejecución del hecho delictivo, habría que hacerlo en la organización y decisión del hecho delictivo. **En el Derecho penal clásico de las personas físicas** (*v.gr.*, delitos contra la vida, la salud, la libertad, la propiedad, etc.), **la etapa preparatoria es irrelevante y es la etapa ejecutiva la jurídico-penalmente relevante y que genera responsabilidad penal.** En efecto, la compra de un arma de fuego para cometer homicidio, lesiones, intimidación en un robo o violación es un acto preparatorio impune; de igual manera, si el director o encargado del personal de una empresa le ordena o pide a un trabajador que cometa homicidio, lesiones, robo o violación, y en dicho supuesto no es factible configurar inducción (instigación), aquella solicitud es atípica. En cambio, si el director o responsable del personal de la empresa ordena a un empleado o subordinado concurrir a trabajar a pesar de estar en cuarentena o aislamiento sanitario obligatorio, dicha petición se puede subsumir en la prohibición establecida en el Art. 318 ter del Código Penal (CP), aunque, en sí misma es un acto preparatorio de la conducta que se espera ejecute el trabajador.

Por otro lado, la dogmática jurídico-penal, a través de la doctrina del dominio del hecho, ha fundamentado la autoría mediata o la coautoría sin exigir para ello que el autor deba, necesariamente, haber ejecutado materialmente el hecho típico prohibido. En el presente caso, de lo que se trata es de superar la doctrina objetivo-formal de la autoría, situar en un primer plano la responsabilidad de las autoridades de la persona jurídica (dueños, directivos, administradores, etc.), aunque posteriormente no intervengan en la ejecución material del hecho delictivo por ellas organizado, decidido y controlado (relevancia penal "top-down": de arriba abajo).

Soluciones doctrinarias

DE LA AUTORÍA Y PARTICIPACIÓN COMISIVA EN EL DERECHO PENAL DE LAS PERSONAS FÍSICAS

Partiendo del presupuesto que los directivos de una persona jurídica que adoptan una decisión delictiva poseen el dominio o control de los recursos, medios y de personas físicas que realizarán lo que sea necesario para la ejecución de aquella, se acepta que dicho dominio o control es, sin duda, especialmente relevante al determinar la existencia de un hecho delictivo, razón por la cual deben asumir una responsabilidad penal.

PRIMERA SOLUCIÓN DOCTRINARIA: DE LA AUTORÍA MEDIATA

Para un sector de la doctrina, nada impediría configurar una **autoría mediata**[16]. En este contexto, el dueño(s) o directivo(s) desempeñaría(n) el rol "hombre de atrás" y, mediante un proceso de instrumentalización basado en, *v.gr.*, coacción o error, determinaría la voluntad del empleado o subordinado que actuaría como "hombre de adelante". Esta visión doctrinaria ha sido propuesta en el Art. 14 sobre Eurodelitos por TIEDEMANN: "*Al autor le será imputable el comportamiento de un tercero cuando lo haya originado dolosamente y conozca además que este carece, total o parcialmente, de responsabilidad penal, como consecuencia de un error o por la existencia de una causa de justificación, exculpación o atenuación de la culpabilidad que le afecte únicamente a él*".

La tesis de la autoría mediata, según la visión de ROXIN, supone la concurrencia de ciertos requisitos, a saber:

a. *Dominio de la organización*. Para ROXIN, lo único decisivo es la circunstancia de que el autor pueda dirigir la parte de la organización que le está subordinada, utilizando sus competencias, sin tener que dejar a criterio de otro(s) la ejecución del delito.

b. *Fungibilidad del ejecutor*. El autor material es un sujeto libre y responsable, razón por la cual responderá penalmente como autor directo porque él domina la acción delictiva, aunque es un miembro reemplazable en la organización y, por esto, el hombre de atrás puede contar siempre con que alguien cumplirá su orden.

En esta modalidad de autoría mediata, sobre la base de una estructura organizada de poder postulada por ROXIN, lo característico y fundamento de ella sería la fungibilidad del ejecutor, lo que no se puede confundir con la probabilidad de la comisión del delito (FARALDO CABAN; DÍAZ Y GARCÍA CONLLEDO). La fungibilidad del ejecutor sería un factor que permitiría diferenciar esta modalidad de autoría

---

16 GRACIA MARTÍN, L.: (2010) p. 93.; DÍAZ Y GARCÍA CONLLEDO, M.: (2001) p. 58.

mediata con la instigación o inducción, modalidad de participación en la que el instigador o inductor determina a una persona concreta a perpetrar un delito determinado y solo puede esperar y confiar que ella ejecute ese hecho delictivo.

No obstante, han surgido críticas acerca de la fungibilidad del autor ejecutor. Se sostiene que en una empresa puede que no sea tan ilimitado el número de sujetos dispuestos, sin que medie coacción o engaño, a colaborar, o bien que la conducta prohibida a realizar supone un cierto grado de especialización, razón por la cual el número de posibles ejecutores se reduce ostensiblemente y, por eso mismo, el ejecutor es difícilmente sustituible, *v.gr.*, un contador-auditor o un agente de mercado bursátil (SCHRÖEDER, FREUND, AMBOS). Además, y si bien el hombre de atrás cuente con el cumplimiento de su orden, por la fungibilidad del ejecutor, siempre existe la posibilidad que este, sobre la base de su libertad y autodeterminación, decida no ejecutarla, con lo cual no habría dominio por parte del hombre de atrás (HERNÁNDEZ PLASENCIA). Sin embargo, creo que esta observación se puede aplicar a toda hipótesis de autoría mediata "normal" cuya instrumentalización se ha logrado sobre la base de un error de tipo o de prohibición, e incluso de coacción sobre el "hombre de adelante", el cual dispone siempre de un margen de libertad (mayor o menor) al decidir su actuar: ejecutar o no ejecutar lo pedido u ordenado.

Por otro lado, no hay que olvidar que la doctrina de ROXIN de la autoría mediata sirviéndose de una estructura organizada de poder surgió para sancionar a un "autor detrás del autor". En efecto, implica sancionar al hombre de atrás como autor mediato, cuando el autor material del delito —a diferencia de otros casos de autoría mediata— es plenamente responsable, pero no para aquellos casos en que no lo sea. Esto último es vital porque puede ocurrir que el ejecutor material actúe sin dolo, no tenga consciencia de estar interviniendo en un hecho delictivo y su obrar sea simplemente realizar el tipo objetivo del hecho delictivo, razón por la cual es un mero instrumento irresponsable penalmente. En este caso, el hombre de atrás puede configurar una hipótesis "normal" de autoría mediata. No puede configurar una "especial" de autoría mediata sobre la base de una estructura organizada de poder, porque el "hombre de adelante", al no ser penalmente responsable, es un mero instrumento del "hombre de atrás". En efecto, en esta hipótesis, la "accesoriedad de la participación", impide fundamentar la responsabilidad penal de este último como autor (mediato) porque el "hombre de adelante" no ha realizado un hecho antijurídico.

A las observaciones críticas mencionadas, es factible, además, señalar que: i) por regla general, en las hipótesis de "aparatos organizados de poder", entre el "hombre de atrás" y el "hombre de adelante" no hay una relación directa, la instrumentalización que dicha clase de autoría implica que se logra a través de terceros (instrumentalización ¿en cadena?), ii) en muchos casos, el empleado o subordinado de la empresa puede ser un auténtico autor material (directo o ejecutor) plenamente responsable, doloso y con debido conocimiento de causa fáctico y normativo, o bien el empleado o subordinado es un auténtico autor mediato jurídico-penalmente responsable. En estos supuestos, es difícil o imposible configurar al dueño o directivo como un auténtico autor mediato del empleado o subordinado si este ha jugado el rol de autor mediato (¿autor mediato de un autor mediato?)[17].

c. *Se debe tratar de una estructura organizada de poder al margen del Derecho.* Para ROXIN, este requisito se cumple en organizaciones tales como las de terroristas o mafia, razón por la cual excluye a las empresas porque su misión, objetivos y organización tienen lugar dentro del respeto al ordenamiento jurídico, las empresas son "organizaciones legales". Sin embargo, hay autores que prescinden de este último requisito[18], en especial si la fundamentación de la responsabilidad penal de las personas jurídicas descansa en un "dominio funcional-sistémico de la organización"[19].

Un sector de la doctrina alemana, acogiendo la doctrina formulada por ROXIN sobre la autoría mediata en "aparatos organizados de poder", ha hecho suya la tesis del "autor detrás del autor". En consecuencia, el dueño(s) o directivo(s) sería(n) autor mediato y el empleado o subordinado que ejecuta el hecho delictivo, autor directo o material[20].

Es preciso hacer presente que esta aplicación de la doctrina roxiniana no ha sido aceptada por el creador de ella por estimar que, si bien es factible tratándose de organizaciones delictivas al margen del Derecho, no es el caso de las empresas cuyo fin socioeconómico es de carácter social y no delictivo[21]. Lo anterior ha llevado a ROXIN a postular, a cambio, una autoría por infracción de

---

17   Por todos, SILVA SÁNCHEZ, J.M.: (1995) p. 350.

18   BOLEA BARDÓN, C.: (2000). En sentido contrario, SILVA SÁNCHEZ, J.M.: (1997) p. 370; NÚÑEZ CASTAÑO, E.: (2000) pp.185 y ss.; MARTÍNEZ-BUJÁN PÉREZ, C.: (2016) pp. 522-523.

19   Por todos, BACIGALUPO, S.: (1998).

20   En España, aceptan esta postura tratándose de entidades formales, es decir, reconocidas por el ordenamiento jurídico PEÑARANDA RAMOS, E.: (2006) p. 424; GRACIA MARTÍN, L.: (2010) p. 93.

21   En España, GALLEGO SOLER, J. I.: (2006) p. 62 y ss.; FEIJOO SÁNCHEZ, B.: (2017-2) pp. 166 y ss.; SILVA SÁNCHEZ, J.M.: (2013) p. 54.

deber que pesaría sobre el dueño(s) o los directivo(s) de la entidad. Sin embargo, el Tribunal Supremo Federal Alemán (BGH) en su sentencia sobre los "soldados que disparaban en el Muro de Berlín", en forma tangencial, admite la posibilidad de que se puede aplicar la doctrina roxiniana a las personas jurídicas no ilegales o marginadas del Derecho (BGH 40, 218, 236, 237).

SEGUNDA SOLUCIÓN DOCTRINARIA: INDUCCIÓN (INSTIGACIÓN) DE LA PERSONA FÍSICA

Considerando lo discutido y discutible de la autoría mediata como vía de punibilidad, un sector doctrinario ha postulado que para hacer efectiva la responsabilidad del "hombre de atrás" que ha impartido la orden (*v.gr.*, dueño, directivo o administrador) se lo puede considerar un auténtico "partícipe", reconociendo que el "hombre de adelante" conserva su libertad y autodeterminación, razón por la cual, se puede acudir a la inducción (instigación) (HERZBERG, RENZIKOWSI, en Alemania o GIMBERNAT O., GUTIÉRREZ R., en España).

Para ROXIN una diferencia fundamental entre quien domina una estructura organizada de poder y la inducción radica en que, en el primer caso, quien imparte una orden delictiva puede confiar en que un miembro de aquella la cumplirá; en cambio, el inductor (instigador) una vez que ha formado la resolución delictiva en la persona inducida (instigada), necesariamente sabe que sobre la base de su propia libertad será esta última la que, en definitiva, determine si ejecuta o no el hecho delictivo. No obstante, es preciso reconocer que, por regla general, el dueño o directivo que emite la orden delictiva no requiere directamente al subordinado que debe ejecutarla. Normalmente, la orden se transmite a través de mandos medios hasta llegar al empleado que se espera la materialice, con lo cual se estaría en presencia de una especie de "inducción (instigación) en cadena" lo que impediría sancionarla en aquellos países en que la determinación debe ser "directa" *v.gr.*, Chile, Art. 15 N° 2 CP. Sin embargo, lo anterior se ha estimado discutible porque los mandos medios que han sido los transmisores de la orden delictiva desde la cabeza institucional al subordinado encargado de ejecutarla, no han tenido un rol de inductor sino tan solo de "comunicador o transmisor" de una resolución delictiva gestada por la autoridad superior de la empresa y, en el hecho, este encargado se limita a llevar un mensaje como un "cartero" y, a lo más, el desempeño de ese rol secundario podría ser constitutivo de complicidad (GIMBERNAT).

Esta vía de responsabilidad penal puede ofrecer una salida razonable en aquellos países en los que el legislador penal ha homologado la punibilidad del inductor (instigador) a la del autor (*v.gr.*, Chile, Art. 15 N° 2 CP).

TERCERA SOLUCIÓN DOCTRINARIA: DE LA COAUTORÍA DE LAS PERSONAS FÍSICAS

Una solución distinta propuesta por la doctrina para sancionar a título de autor al directivo(s) de una persona jurídica ha sido hacer uso de la **coautoría**[22]. En este contexto, en el que varias personas intervienen con distintos roles o papeles en la preparación y/o la ejecución del hecho delictivo, todos responden en calidad de autores por participar en una realización conjunta de un mismo hecho delictivo y ser expresión de un "dominio funcional" sobre aquel.

No obstante, para ROXIN esta vía de solución no sería aceptable por tres razones fundamentales: a) ausencia de un plan y decisión delictiva común o conjunta, b) el "hombre de atrás" no interviene en la etapa ejecutiva del delito, y c) la coautoría supone una estructura horizontal entre sus miembros (no vertical, como sería en este caso).

Respecto de la ausencia de un plan y decisión común o conjunta, un sector doctrinario (JAKOBS, LESCH) es de opinión que, en este ámbito, dicha exigencia sería dudosa como necesidad absoluta[23], aunque, hay quienes consideran que dicho elemento concurre a no ser que se demande una planificación común expresa y previa (DÍAZ Y GARCÍA CONLLEDO)[24] y la lógica de la estructura empresarial otorga un fundamento objetivo para que quien ordena, espere confiado en que será obedecido y, quien obedece y ejecuta lo ordenado, sabe que un superior lo ha mandado. En cuanto a que el directivo o administrador que ordena la realización del delito no interviene en su proceso ejecutivo, es un factor que para algunos autores (WELZEL)[25] no es de la esencia, como sí lo es para ROXIN[26], para quien solo pueden tener dominio funcional del hecho delictivo quienes intervienen en su proceso ejecutivo y no meramente preparatorio.

Para un sector doctrinario, es preciso reconocer la realidad social-económica de una empresa y aceptar que, respecto de este elemento objeto de estudio, en ella hay dos ámbitos separados: el ámbito de las decisiones y el ámbito de las ejecuciones, y ambos son protagonizados por distintas personas físicas. Ambas dimensiones o niveles constituyen una unidad, razón por la cual es necesario

---

22 FEIJOO SÁNCHEZ., B.: (2017-2) p.222; MUÑOZ CONDE, F.: (2001) pp. 217 y ss.

23 JAKOBS, G.: (1995) p. 746.

24 DÍAZ Y GARCÍA CONLLEDO, M.: (2007) p. 130.

25 WELZEL, H.: (1976): p. 159.

26 ROXIN, C.: (1998) p. 323.

valorarlas como un todo[27]. De negarse la calidad de autor a quienes solo intervienen en fase preparatoria de un delito, tratándose de delitos especiales, si el ejecutor no tiene la cualidad o condición típica que se exige para el autor, este solo podría ser calificado de partícipe (cómplice). Por otro lado, están aquellos que, teniendo la exigencia típica requerida, por no ejecutar el hecho delictivo también serían calificables de partícipes; en consecuencia, estaríamos en presencia de un delito en el que no habría autor, sino dos o más partícipes. Sobre la base de las dificultades antes indicadas, MUÑOZ CONDE es de opinión de que, si las decisiones son llevadas a cabo por un instrumento irresponsable, estaríamos frente a una especie de (co)autoría mediata; en cambio, si el instrumento ejecutor es responsable, entonces se configuraría un caso normal de coautoría[28].

FEIJOO hace presente que, fenomenológicamente, esta especie de coautoría no implicaría un autor al lado de otro autor (en un mismo plano horizontal valorativo), sino más bien "un autor detrás de otro autor" (plano vertical de igual desvalor). Para MUÑOZ CONDE, si el ejecutor de una decisión delictiva tomada por un Comité Directivo o Consejo de Administración es un simple instrumento, tratándose de una gran empresa se podría hablar de una especie de "coautoría mediata"[29]. No obstante, esta solución doctrinaria no operaría si el autor directo comete un delito con conducta determinada o de medios determinados, o si se trata de un delito de mera actividad, casos en los cuales solo podrá calificarse como autor al que ejecuta la conducta prohibida.

LOS DELITOS ESPECIALES

Los delitos especiales se caracterizan porque el tipo penal exige a su autor tener una determinada condición o cualidad, y si la persona física que ejecuta la conducta prohibida no la tiene, no puede ser autor de ese delito (delito especial propio): a lo más, podría ser partícipe, o bien calificar como autor de un delito semejante (delito especial impropio). De esta forma, si el tipo penal exige que el autor sea el dueño, administrador de derecho o deudor, y la persona física que ejecuta la conducta prohibida carece de esa condición jurídica, no podría ser autor de dicho delito. No obstante, se ha postulado que, si dicha persona física tiene la capacidad material para afectar o comprometer el bien jurídico

---

27   MUÑOZ CONDE, F.: (2002) p. 82.

28   MUÑOZ CONDE, F.: (2002) p. 83.

29   MUÑOZ CONDE, F.: (2002) p. 81.

tutelado, se la podría equiparar con quien tiene jurídicamente la cualidad o condición demandada por el legislador penal (JAKOBS). Sin embargo, tratándose de un delito especial, por respeto irrestricto al principio de tipicidad, quien no tiene ni cuenta con la condición especial para ser autor de un delito no puede ser su protagonista y, a lo más, podrá ser partícipe porque aquella exigencia o limitación está siempre referida al autor y no a los partícipes. La única forma legal de saltar dicho obstáculo es disponer de una norma legal semejante a la establecida por el legislador español en el Art. 31 de su CP. Soy de opinión que postular una equiparación fáctica, de no existir un texto legal que lo permita[30], parece desconocer la naturaleza de los delitos especiales y pasa a llevar uno de los principios fundamentales del Derecho penal: el principio de legalidad.

Es preciso recordar que, para ROXIN o JAKOBS, "delitos especiales" no es equivalente a delitos de infracción de deber. Los delitos especiales se caracterizan por su descripción típica especial de los elementos personales del autor, de la conducta, o bien la forma o modalidad en que un determinado objeto de bien jurídico puede ser lesionado. En los delitos especiales, la realización delictiva viene descrita por el tipo, por lo cual no es necesario que el autor tenga a su cargo un deber. En los delitos de infracción de deber, en cambio, lo esencial es la infracción de un deber extrapenal del que está investido el autor, por ejemplo, los padres respecto de la vida o salud de sus hijos, el administrador de cuidar un patrimonio ajeno y el ciudadano en su deber de pagar impuestos al Estado. En los delitos de infracción de deber, el autor tiene una relación institucional directa con el bien jurídico, que consiste en deberes positivos para la protección y cuidado de aquel, no siendo relevante, por regla general, la modalidad de conducta (acción u omisión) con la que puede lesionar el bien que se encuentra bajo su protección y, si es por acción, por incidental o mínima que sea, responderá siempre en calidad de autor. No obstante, "si el tipo del delito de infracción de deber atiende a un determinado comportamiento que el propio obligado debe realizar, sin este comportamiento (o una omisión equiparable, §13.1 StGB) queda excluida la autoría"[31].

---

30 En este sentido, el Art. 31 del CP español: "El que actúe como administrador de hecho o de derecho de una persona jurídica, o en nombre o representación legal o voluntaria de otro, responderá personalmente, aunque no concurran en él las condiciones, cualidades o relaciones que la correspondiente figura de delito requiera para poder ser sujeto activo del mismo, si tales circunstancias se dan en la entidad o persona en cuyo nombre o representación obre".

31 JAKOBS, G.: (1995) pp. 791-792.

De la autoría y participación omisiva en el Derecho penal de las personas físicas

DE LA COMISIÓN POR OMISIÓN

Tratándose de un delito de resultado (no de mera actividad), un sector relevante de la doctrina postula como solución para imputar responsabilidad penal al directivo, representante u órgano de una persona jurídica, que se configure en torno a ellos una omisión impropia o comisión por omisión.

Consideraciones previas.

Postular como doctrina explicativa de autoría y/o participación la comisión por omisión supone hacerse cargo de ciertos problemas previos, tales como:

A. *El de su constitucionalidad.* En el Derecho penal comparado han surgido voces que han cuestionado su constitucionalidad porque, de no existir expresamente una tipificación de una modalidad de conducta omisiva (por ejemplo, artículos 134, 237 o 253 CP) o bien una cláusula general de equivalencia por parte del legislador penal (por ejemplo, el Art. 11 del CP español o el parágrafo 2 del StGB austríaco), los tipos de comisión por omisión son creación de la doctrina o jurisprudencia, carentes de texto legal expreso, razón por la cual se estaría violando el principio de legalidad o de determinación típica.

B. *La interpretación de los tipos.* Es cierto que nuestro CP en su Art. 1° señala: "Es delito toda acción u omisión voluntaria penada por la ley". Sin embargo, si bien es factible que la conducta sea omisiva, esta debe estar **penada por la ley**, es decir, expresamente tipificada. Por otro lado, desde una óptica interpretativa se podría sostener que hay delitos en los que el legislador penal no ha señalado una modalidad de conducta determinada: los delitos resultativos. Estos se caracterizan por que la descripción del hecho delictivo gira, únicamente, sobre la base de la producción de un determinado resultado con total prescindencia formal de la clase de conducta que lo origine, *v.gr.*, el homicidio: "El que mate a otro". En este caso en particular, la razón de este tipo de descripción radica en que el legislador penal ha querido otorgar una protección plena o total a la vida. De esta forma, se imputará a título de homicidio cualquiera que sea la conducta (acción u omisión) dolosa o imprudente que tenga como resultado la destrucción de la vida humana.

C. Requisitos del delito omisivo. Sin entrar en el desarrollo doctrinario del delito omisivo[32], en la actualidad, para la doctrina penal dominante comparada solo se puede configurar la conducta omisiva si se reúnen dos requisitos: a) que el omitente tenga el deber legal de actuar y b) que el omitente, en el caso concreto en que se encontraba, hubiere podido actuar para evitar la producción del resultado.

Imputación del resultado a la conducta omisiva. ¿Causalidad hipotética o incremento del riesgo en la omisión?

La complejidad y multicausalidad de los procesos involucrados en una empresa impide aplicar rigurosamente la fórmula tradicional de la causalidad hipotética derivada de la fórmula de la *condictio sine que non:* una omisión será causal respecto de un determinado resultado si, puesta mentalmente la acción omitida, dicho resultado no se habría producido con una probabilidad rayana en la certeza. Por esto, un sector de autores se ha inclinado, como salida excepcional, por la doctrina del incremento del riesgo[33].

Para la doctrina de la imputación objetiva, un resultado se puede imputar a la conducta omisiva si este ha sido la concreción de un riesgo o peligro indebido o no permitido de que era portadora aquella protagonizada por quien, teniendo un deber legal de actuar por ser garante, está legalmente obligado a controlar dicho riesgo o peligro y, pudiendo hacerlo, no actuó para evitarlo.

Además, para la doctrina y legislación penal comparada actual, **la omisión debe presentar un desvalor semejante al delito cometido por acción; "equivalencia" o "transformación", que es exigida expresamente, por ejemplo, por el Código Penal austríaco, alemán y español.** En consecuencia, no basta solo con configurar un actuar omisivo sobre la base de un sujeto con deber legal de garante y posibilidad de actuar. Es necesario establecer una **ponderación valorativa** que permita sostener que la actuación omisiva era "equivalente" a una actuación comisiva[34]. Lamentablemente, en el sistema penal chileno, no existe

---

32 NÁQUIRA, J.: (2017) pp. 383-504.

33 SCHÜNEMANN, B.: (1988) p. 541; BOTTKE, W.: (1996) p.197.

34 Parágrafo 2 del STGB austríaco: "Cuando la ley castigue la producción de un determinado resultado, será también punible quien omite evitarlo a pesar de estar obligado a ello en virtud de un deber especial que le impone el sistema legal vigente y siempre que la omisión de evitar dicho resultado sea equivalente a la realización de los elementos constitutivos de un hecho comisivo penado por la ley"; Art. 11 del CP español: Los delitos que consistan en la producción de un resultado solo se entenderán cometidos por omisión cuando la no

una cláusula de equivalencia o transformación como las de Austria, Alemania o España, lo cual, unido a los problemas antes indicados, plantea una especial dificultad para acoger, sin reserva, la doctrina que estamos examinando.

Postular una responsabilidad penal por omisión impropia o comisión por omisión, implica determinar el fundamento de la posición de garante del dueño(s), directivo(s), representante(s) o administrador(es) de la persona jurídica, en virtud de la cual se le puede(n) imputar el delito ejecutado por un empleado o subordinado jurídico-penalmente responsable.

Principales doctrinas sobre el fundamento de la posición de garante

Según DEMETRIO CRESPO[35], es posible reconocer las siguientes doctrinas:

A. Posición de garante por la existencia de deberes jurídicos extrapenales. Esta doctrina supone acoger, tácitamente, la teoría formal del deber jurídico, la cual, para la doctrina penal dominante, debe ser rechazada porque la mera infracción a un deber legal no es suficiente para colocar a quien lo quebranta en posición de garante.

B. Posición de garante por la existencia de un deber de protección. Quien ejerce un cargo directivo es responsable de la protección de ciertos bienes jurídicos. No obstante, lo anterior es para ROTSCH discutible porque el sistema legal no ha colocado al directivo o empresario en una situación destinada a evitar la concreción de ciertos peligros, sobre todo, si la normativa del Derecho privado está orientada a que sus directivos tutelen los bienes jurídicos de la propia persona jurídica.

C. Posición de garante por la existencia de un deber de vigilancia.
C.1. Basado en el comportamiento anterior.
C.1.1. Actuar precedente (injerencia). No basta un actuar precedente que haya contribuido causalmente a la producción del hecho delictivo: es necesario

---

evitación del mismo, al infringir un especial deber jurídico del autor, equivalga, según el sentido del texto de la ley, a su causación. A tal efecto se equiparará la omisión a la acción:

Cuando exista una específica obligación legal o contractual de actuar;

Cuando el omitente haya creado una ocasión de riesgo para el bien jurídicamente protegido mediante una acción u omisión precedente".

35   CRESPO, D.: (2012) pp. 78 y ss.

que dicho actuar precedente haya creado un riesgo no permitido[36]. En los casos de responsabilidad penal por el producto (por ejemplo, el caso del *spray* para el cuero en Alemania o el caso de la colza o del aceite adulterado en España) no es factible afirmar la concurrencia de un riesgo no permitido si, durante el proceso de producción y distribución del producto, no se ha infringido el deber legal de cuidado. Según ROXIN, si se introduce al mercado el producto teniendo conocimiento de su peligrosidad, habría un actuar comisivo imprudente. Si al tomar conocimiento de las consecuencias dañinas en el público no se toman medidas para evitar aquellas retirando el producto o avisando a los consumidores, se podría configurar un delito doloso de comisión por omisión y, en este supuesto, la posición de garante se basaría en el actuar precedente. En todo caso, lo que no es factible de configurar como actuar precedente que genere responsabilidad penal por omisión es la creación, organización y apertura de la empresa o la contratación de sus empleados porque todo ello es algo acorde a Derecho[37].

C.1.2. Comportamiento previo (permitido) que incrementa el riesgo. Para esta postura, no es necesario que el actuar previo haya quebrantado un deber, siendo suficiente que haya aumentado o cualificado el riesgo (FREUND JAKOBS). Sin embargo, se ha objetado que determinar un "incremento del riesgo" es algo incierto o vago, sobre todo si se prescinde de la cognoscibilidad del riesgo o peligro al momento en que se entrega el producto.

C.1.3. De la desestabilización de un "foco de peligro" preexistente. Para GIMBERNAT el empresario debe vigilar los eventuales focos de peligro explotados por su entidad. Solo se le puede hacer responder en comisión por omisión "si el hecho punible imprudente o doloso que no ha impedido consistió precisamente en que incidió en un foco de peligro relacionado con el establecimiento, provocando ese foco, posteriormente, menoscabos de bienes jurídicos"[38]. En consecuencia, no procede la posición de garante del empresario en aquellos casos en que los delitos perpetrados no están vinculados con los focos de peligro de cuyo control es responsable. Quienes postulan esta visión consideran que los focos de peligro pueden surgir de los objetos o materiales de la empresa (por ejemplo, venta de un producto) como también de las personas que en ella trabajan (por ejemplo, el portero de un lugar que se extralimita en su función). Homologar para efectos de responsabilidad los riesgos provenientes de objetos

---

36   MEINI, IVÁN.: (2003) pp.321-323.

37   CRESPO, D.: (2012), p. 80.

38   GIMBERNAT, E.: (2001) p. 12.

con los que pueden surgir de personas parece discutible, pues responder por los riesgos provenientes de personas implicaría pasar a llevar el principio de responsabilidad por el hecho propio.

C.2. Basado en la responsabilidad (deber de vigilancia) sobre las fuentes de peligro propias de la empresa. Para HEINE, el fundamento de la posición de garante solo puede descansar en el deber de vigilancia que el empresario tendría sobre las fuentes de peligro gestadas por la creación, organización y actividad propia de la empresa, sobre todo lo cual aquel tendría un dominio fáctico (sobre las cosas y no sobre las personas). El deber del empresario es velar por que la actividad riesgosa de su empresa no afecte los bienes jurídicos de terceros, deber que implicaría un control continuado y la adopción de medidas de seguridad que sean necesarias. No obstante, ROTSCH[39] ha criticado la visión anterior porque, a su juicio, hoy en día las grandes empresas son entidades de gran complejidad, lo cual se proyecta a la variedad y magnitud de los focos de riesgo. Además, lo más probable es la especial y significativa distancia que existe entre la persona del empresario o directivo y el hecho delictivo, lo cual es preciso relacionar con la real capacidad que tendrían para "dominar o controlar" la(s) fuentes(s) de peligro. En consecuencia, ¿se puede exigir un deber de garantía para controlar una fuente de peligro si quien omite carece de una real capacidad para dominarla fácticamente?

C.3. Basado en la "competencia organizativa". Para JAKOBS[40], "a cada uno compete, en virtud de su estatus general, esto es, como sinalagma de su derecho de organización, garantizar que el contacto con una organización ajena y la propia tenga una configuración que se mantenga dentro del riesgo permitido". El deber de aseguramiento en el caso concreto es algo que depende del respectivo estado de la organización. Si este estado es inocuo, el aseguramiento se produce sencillamente por la omisión de una conducta arriesgada y no alterar dicho estado neutro por uno nocivo. Si el estado es, por el contrario, peligroso, el aseguramiento se produce por una reorganización activa, esto es, por medio de una acción.

C.4. Basado en el "dominio" o "control del dominio" sobre el fundamento del resultado. Según SCHÜNEMANN[41], la respuesta al fundamento de la posición de garante del empresario debe ser buscada en el dominio sobre los elementos y/o

---

39   ROTSCH, citado por CRESPO, D.: (2012), p. 85.

40   JAKOBS, G.: (1997) p. 349.

41   SCHÜNEMANN, B.: (2002) p. 30.

procedimientos peligrosos (dominio material) de su entidad, o bien en el poder de mando que tenga sobre sus empleados o subordinados (dominio personal). En ambos casos de "dominio" (material y personal), hay un común denominador: el directivo posee un deber legal de control sobre riesgos determinados para el bien jurídico protegido que pudieren provenir de objetos o de las personas sujetas a su supervisión del ámbito empresarial puesto a su cuidado y que él pueda, objetiva y razonablemente, evitar.

La propuesta hecha por Schünemann ha sido acogida en la propuesta de Eurodelitos, cuyo texto fue redactado por dicho autor en colaboración con Tiedemann, Art. 15 apartado 1: "*será también sancionado como autor, en los supuestos a que se refiere el apartado segundo, quien debido a su dominio sobre otra persona está obligado legalmente a evitar que actúe ilícitamente, siempre que tenga conocimiento del hecho y hubiere podido impedir o dificultar esencialmente su realización mediante una supervisión adecuada. La pena se atenuará en un cuarto de su extensión si el autor únicamente hubiese podido dificultar la realización del hecho*".

En el apartado 2, letra b) se señalan las personas que pueden ser autores por omisión: "*...los propietarios o directores de un establecimiento o empresa, así como a las personas con poder de decisión o control por hechos realizados por subordinados pertenecientes al tráfico del establecimiento o de la empresa*". En igual sentido, el *Corpus Iuris* de disposiciones penales para la protección de los intereses financieros de la UE. Responsabilidad penal del responsable de la empresa: "*En el caso de que una de las infracciones definidas anteriormente (arts. 1 al 8) haya sido cometida por cuenta de la empresa por una persona sometida a su autoridad, serán igualmente responsables penalmente los empresarios o cualquier otra persona distinta con poder de decisión o control en el seno de la empresa que, con conocimiento de causa, hubieran dado órdenes, dejado cometer la infracción u omitido el ejercicio de los controles necesarios*".

No obstante, para un sector de la doctrina, **el criterio general de "dominio"** por sí solo no podría fundamentar totalmente la autoría, razón por la cual es preciso complementarlo con otro(s) criterios[42]. Uno de ellos se basa en **el principio de la libertad y del derecho al libre desarrollo de la personalidad.** Según este criterio, **el fundamento de la responsabilidad penal omisiva radica,** al igual que en los delitos por comisión, en la **"competencia de organización"** o la **"competencia institucional".** En este contexto, el primer criterio general,

---

42 Frisch, W.: (1996) p. 112; Lascuraín Sánchez, J.A.: (1995) pp. 210 y ss.; Peñaranda Ramos, E.: (2006) pp. 419 y ss.

debe ser complementado con la "aceptación de funciones de seguridad"[43], lo que determina que el sujeto tiene una posición de competencia especial que lo obliga a evitar, dentro de lo razonable y posible, la generación de cursos causales peligrosos para el bien jurídico a su cargo. Para GRACIA, en cambio, este segundo criterio complementario sería innecesario ya que estaría implícito en el criterio básico de dominio sobre la causa (o fundamento) del resultado porque un auténtico dominio no puede ser sino algo "real" (no meramente potencial), y un control del riesgo a cuyo cargo se encuentra el sujeto es una condición necesaria para poder ejercer un dominio actual sobre la causa del resultado[44]. Sin embargo, se ha sostenido que el criterio complementario podría explicar por qué un directivo debe responder en aquellos supuestos en que ha hecho una delegación a un subordinado y la situación de hecho no le permite confiar en un cumplimiento adecuado por parte de empleado, razón por la cual dicho directivo recupera el deber original que había delegado[45].

Estrechamente vinculado a lo anterior, es preciso determinar, además, cuándo la posición de garantía que pesa sobre el directivo permite equiparar su actuación omisiva al comportamiento activo y, sobre dicho fundamento, imputarle el hecho delictivo realizado por el empleado o subordinado. En términos generales, la doctrina postula la equivalencia en los siguientes casos[46]:

Si el directivo, con su propia actuación, ha generado un determinado riesgo, v.gr., si en su propio ámbito de competencia, él y sin intervención de terceros ha decidido la contratación de un empleado o subordinado, una máquina o un procedimiento. En estos supuestos, el directivo debe cuidar, al momento de decidir, que ello no encierre riesgo o peligro.

Si el directivo no ha generado con su obrar un determinado riesgo, aunque es portador de un deber preexistente y él toma conocimiento de la existencia del riesgo a su cargo en el ámbito de otra persona de la organización.

Si el directivo, en su ámbito de competencia tiene a su cargo a personas, objetos o procedimientos susceptibles de generar riesgos. Ello puede determinar un deber de vigilancia sobre las condiciones necesarias o adecuadas para el desarrollo de una actividad riesgosa razonablemente controlada, o bien la vigilancia que la actividad peligrosa sea ejecutada de manera adecuada.

---

43   LASCURAÍN SÁNCHEZ, J.A.: (1995) p. 211.

44   GRACIA MARTÍN, L.: (2004) p. 477.

45   PEÑARANDA RAMOS, E.: (2006) p. 422.

46   SILVA SÁNCHEZ, J.M.: (2013) p. 57.

Determinación del deber de garantía que tiene el dueño, representante, administrador o directivo de la empresa

1) *¿Qué debe garantizar el titular de dicho deber legal? ¿Cuál es el contenido material concreto del deber de garantía? ¿Qué debe hacer el órgano o titular responsable para dar debido cumplimiento a su deber de garantía?* Respecto de la primera interrogante, la respuesta no puede ser sino: la persona jurídica o empresa que nace empieza a desarrollar un determinado ámbito de actividad, el cual puede generar riesgos o peligros tanto para quienes trabajen en ella (riesgos laborales) como para terceros (clientes o consumidores de sus productos) o para el medio ambiente; en consecuencia, el titular del deber legal de garantía debe velar por el adecuado control de dichos riesgos o peligros.

Al igual que en el delito imprudente, el deber en examen es una especie de deber de diligencia y cuidado, entonces, es preciso considerar la normativa expresa existente para la actividad empresarial del caso, sin olvidar las características propias del caso a resolver. De no existir dicha normativa, será preciso acudir a criterios objetivos indeterminados de carácter general, *v.gr.*, lo objetivamente razonable o adecuado, diligente o prudente para el caso en cuestión. Como punto de partida, hay que conocer los riesgos propios de la actividad empresarial en desarrollo y, frente a ellos, adoptar las medidas de resguardo necesarias destinadas a prever un adecuado control y vigilancia sobre los procesos que se pongan en marcha.

2) *¿Cuáles son los límites del deber de garantía?* Un primer criterio general viene dado por el marco de la actividad propia a la que se dedica la empresa y por los riesgos que de ella se derivan. La persona jurídica no es penalmente responsable de todos los peligros que puedan afectar a terceros en su ámbito de actividad; de esta forma, la empresa no responde penalmente por los delitos de, por ejemplo, homicidio, lesiones, violación, hurto, robo, que pudieren tener lugar en su casa matriz o sucursales los clientes o personas que la visiten. Desde una posición normativa, la atribución de la responsabilidad debe provenir de los actos de organización; en consecuencia, el o los directivos obligados deben velar por procurar que, de su ámbito de organización, no surjan efectos perjudiciales para terceros. Por ello, el fundamento de la posición de garante surge del derecho de configurar el propio ámbito de organización sin exponer a riesgo o peligro a terceras personas. La responsabilidad penal tan solo puede surgir de riesgos o peligros que se deriven como "expresión" de su actividad propia

y que la catalogan como fuente de peligro[47]. Un segundo criterio rector básico viene dado por **el principio de responsabilidad por el hecho propio doloso o imprudente y el título de imputación** (autor o partícipe).

3) *Delegación del deber de garantía*. Hoy en día, sobre la base de la actividad de una empresa de mediana o gran complejidad, es inevitable tener que considerar el concepto de "**competencia**", cuya idea central es el **conjunto de deberes asumidos por un sujeto en un ámbito determinado**. Lo anterior obliga a considerar la "**delegación de competencia**"[48] legítima de control o vigilancia de una fuente de peligro o de la protección de un bien jurídico que pueda hacer el órgano o directivo de una persona jurídica.

Las principales ideas gestadas por la doctrina en relación con la "**delegación de competencia**" son:

3.1. En primer término, lo que un empresario o cuerpo directivo situado en la cúspide de la entidad no puede delegar es la determinación de la política general de la empresa o los deberes eminentemente personales, ni tampoco es factible una "delegación total en cadena" porque la titularidad de la competencia permanece siempre en manos del delegante originario[49]. Esto último es algo vital: *el titular originario del deber especial de garantía siempre conserva la titularidad de su deber* y, por eso mismo, se habla de "cotitularidad del deber de vigilancia". El titular que delega siempre tiene el deber de supervigilar al delegado y de verificar si este último ha dado cumplimiento real al deber que asumió y, en caso contrario, el delegante debe corregirlo o sustituirlo[50].

3.2. Para que una delegación legítima sea eficaz, debe ser hecha en tiempo, forma, a persona idónea y proporcionando al delegado los medios necesarios para que pueda ejercer un adecuado dominio sobre el o los riesgos a su cargo y, de esta manera, puede surgir una nueva posición de garantía con un campo de acción y responsabilidad semejante al titular originario[51]. Para configurar una adecuada configuración de una "delegación", *el directivo u órgano delegante debe cumplir con un deber general de seleccionar a una persona idónea, informarla,*

---

47   Lascuraín Sánchez, J.: (2018) p. 94.

48   Montaner Fernández, R.: (2008).pp. 86 y ss.

49   Robles Planas, R.: (2/2012) pp. 14 y ss.; Dópico Gómez-Aller, J.: (2011) p. 63 y ss.

50   Gallego Soler, J.: (2006) pp. 108 y ss.; Peñaranda Ramos, E.: (2006) pp. 411 y ss.; Feijoo Sánchez, B.: (2007) pp. 22 y ss.

51   Lascurain Sánchez, J.: (2015) pp.166 y ss.

capacitarla y proporcionarle todos los recursos necesarios para que pueda cumplir en tiempo y forma su tarea; de esta forma, se establece un fundamento para el principio de confianza. Ahora bien, reiteramos, una delegación legítima y eficaz no hace desaparecer el deber originario del delegante: **cotitularidad de la custodia** (Schünemann) **que obliga al delegante a vigilar y controlar al delegado**, deber de custodia o supervisión que se mantiene hasta el momento en que el delegado ha realizado, en tiempo y forma, la función delegada. La existencia de esta "**cotitularidad de custodia**" puede dar lugar a una responsabilidad cumulativa de delegante y delegado; el primero, por la competencia residual retenida, podría ser un partícipe en el hecho delictivo, el segundo, por la competencia asumida, por regla general, calificaría como autor del hecho delictivo[52].

3.3. De conformidad al principio de *"competencia en un plano vertical", los empleados o subordinados de los niveles inferiores, por regla general, no son garantes de impedir la comisión de delitos en la empresa*, aunque, tengan conocimiento de ello y estén causalmente vinculados con su producción, *v.gr.*, en un delito ecológico, verter a un río, lago o mar residuos contaminados. Lo anterior es una afirmación desde la perspectiva de la "competencia" que permite imputar la autoría de la ejecución de la conducta delictiva realizada por el subordinado a la autoridad individual o colegiada garante de la persona jurídica de no impedir la perpetración de delitos en la empresa. No obstante, desde el "principio de la autorresponsabilidad", si el subordinado con debido conocimiento de causa de la conducta delictiva vierte en el río material contaminado, sin dar cumplimiento a una orden superior o burlando el sistema y la política de control de la empresa, es sin duda autor material doloso del delito, al igual que un tercero, ajeno a la entidad, que ingresa al establecimiento y vierte dolosamente el material contaminado (HEINE; OTTO). En los niveles superiores, en cambio, es posible constatar que *el o los directivos tienen la posición de garante(s) y el deber de mantener un adecuado control y vigilancia de ciertos y determinados riesgos vinculados a ese ámbito de actividad.*

3.4. *Delegación y principio de desconfianza.* En este ámbito, para la doctrina dominante rige el *"principio de desconfianza"* según el cual *el delegante asume un deber de vigilancia y control sobre el delegado o sobre su actividad* y, si este llegara a cometer un hecho delictivo, el delegante debería responder penalmente, a pesar de que aquel es un sujeto autorresponsable. Robles Planas diferencia tres hipótesis:

---

52 Montaner Fernández, R.: (2008) pp. 99 y ss.

a) Delegante que, por su mayor capacidad o formación, se encuentra en una posición de supremacía sobre el delegado, sigue conservando competencia y, por eso mismo, sigue siendo garante, caso en el cual asume un deber de vigilancia y control de la actividad del delegado, y su incumplimiento puede generar responsabilidad en comisión por omisión a título de autor[53].

b) Delegante que carece de una supremacía sobre el delegado y este, sobre la base de una mayor preparación, tiene una mejor o adecuada capacidad para controlar los riesgos en la empresa, caso en el cual mal podría el delegante tener un deber de supervisar y controlar el cumplimiento efectivo de la competencia entregada al delegado (principio de autorreponsabilidad)[54].

c) La delegación permite que *el delegado actúe con amplio margen de libertad su posición de garante, aunque su actividad es parcial y forma parte de un proceso más amplio, que solo el delegante tiene la capacidad de configurar adecuadamente para la empresa un marco de seguridad sobre sus riesgos.* Por ello, el delegante conserva el deber de vigilancia y control sobre la persona del delegado (no de su actividad), deber que le permita estar debidamente informado de lo obrado por este para integrar su actuar en el plan de seguridad a cargo del delegante y, de ser necesario, requerir al delegado que neutralice algún riesgo o peligro detectado ya que, en este supuesto, el delegante no tiene el deber de evitar directamente el resultado lesivo[55]. En esta hipótesis, si el delegante ha cumplido con su deber de informarse adecuadamente y no detecta peligro alguno en lo obrado por el delegado, no tendría posteriormente un deber de vigilancia y control sobre el delegado. *De existir un incumplimiento del deber de informarse por parte del delegante, en principio su responsabilidad penal debería subsumirse como una forma de participación* (no de autoría) porque su obrar implica un injusto menor y no se puede olvidar que el delegado es persona autorresponsable. Por otro lado, si el delegado informó mal o distorsionó lo obrado e hizo incurrir al delegante en un error, aquel podría ser considerado un autor mediato.

---

53 Robles Planas, R.: (2018) p. 32.

54 Robles Planas, R.: (2018) p. 33.

55 Robles Planas, R.: (2018) p. 34.

En cuanto al fundamento del deber de vigilancia y control del delegante, Silva Sánchez ha postulado que ello podría estar en el potencial criminógeno de la empresa que generaría en sus miembros "sesgos cognitivos" (desinformación o información parcial que induce a error) que determinaría una propensión a la comisión de delitos[56].

3.5. *Competencia y especialización.* El garante originario puede, en principio, confiar en el adecuado trabajo delegado al garante especializado, razón por la cual no tendría el deber de vigilar y controlar su desempeño. Excepción a lo anterior, *surge el deber para el garante originario si este advierte que el garante especializado incurre en un hecho delictivo y no actúa, caso en el cual respondería por su no evitación*[57]. No obstante, el razonamiento anterior, ha sido objeto de crítica. En efecto, ¿cuál sería el fundamento para que quien, sobre la base de una delegación, puede confiar en quien delega, deba legalmente, por el simple hecho de tener conocimiento de un hecho delictivo en desarrollo, evitar el resultado lesivo a pesar de no tener un deber legal de vigilancia y control sobre el delegado o su actuar? Al parecer, el fundamento no sería otro que el garante originario siempre ha tenido o conservado su posición de garante. Si esto es así, ¿qué sentido ha tenido la delegación hecha por el delegante originario a un sujeto idóneo?[58]. A juicio de Robles Planas[59], quien no tiene competencia no puede tener responsabilidad penal a pesar de tener conocimiento de un hecho delictivo ajeno. *Quien tiene competencia, sí puede tener responsabilidad penal por la no evitación del resultado* (competencia en plano vertical o aseguramiento múltiple en plano horizontal) o *bien por la mera vigilancia y control de un tercero* (delegación en plano vertical o vigilante-especializado en plano horizontal). A juicio de este autor, la doctrina dominante incurre en un error al estimar que en todas las hipótesis verticales, rige el principio de desconfianza y que el delegante tiene un deber de vigilancia y control sobre quien se ha delegado; en cambio, en las hipótesis horizontales (por ejemplo, en un órgano de administración) rige el principio de confianza y entre sus miembros no hay un deber recíproco de vigilancia y control, aunque surge un deber de evitación del resultado si se tiene conocimiento de un hecho delictivo en desarrollo. Para Robles Planas[60] de

---

56   Silva Sánchez, J.M.: (2013) pp.170-171.

57   Silva Sánchez, J.M.: (2013) p.186.

58   Maraver Gómez, M.: (2009) p.298.

59   Robles Planas, R.: (2018) p. 38.

60   Robles Planas, R.: (2018) p. 39.

la posición de garante existente en cada caso dependerá el mayor o menor grado de información o conocimiento que debe tener quien se encuentre en ella. Si se trata de una cadena de delegación o aseguramiento múltiple, el deber de información es mayor; en cambio, si se trata de un caso de vigilante-especializado, el conocimiento requerido es menor. Quien cumple su deber legal de informarse (mayor o menor) cumple con su posición de garante y, por eso mismo, libera a su titular de eventual responsabilidad penal. La determinación del conocimiento o información necesaria para un adecuado cumplimiento del deber dependerá de un criterio objetivo estandarizado que considere la actividad riesgosa de la empresa que debe prevenirse.

3.6. *De la delegación impropia.* MONTANER advierte la distinción entre "delegación propia", que supone delegación de competencias, y la "delegación impropia", que no es una delegación de competencia, sino el mero o simple encargo de un directivo a un subordinado, sin autonomía decisoria, de ejecutar una determinada tarea o función específica. Un caso de "delegación impropia", en el ámbito de delitos contra el medio ambiente, es la conducta de un empleado o subordinado que causa de modo directo el vertido contaminante, la cual no es parte de su decisión ni de su campo de competencia. Se trata de conductas "ordinarias, normales o neutrales" de su actividad cotidiana y socialmente adecuadas en la empresa. Lo anterior ha llevado a la doctrina y jurisprudencia comparada a estimar que los empleados subalternos que realizan dicha clase de comportamiento no tengan relevancia penal, sin necesidad de configurar respecto de ellos un error (de tipo o de prohibición) o un caso de no exigibilidad. Excepción a lo anterior, vendría dada si el empleado, teniendo consciencia de que lo que se le ha ordenado es delictivo, se aparta de su normativa laboral y adapta o reorganiza su actividad para llevarlo a cabo[61].

3.7. *De la responsabilidad penal del delegante. Para la doctrina, la responsabilidad del delegante será de comisión por omisión en calidad, por regla general, de autor doloso o imprudente respecto del hecho delictivo realizado por el delegado.* Ello, sobre la base de la infracción por parte del delegante de su deber de garantía, de supervisión del delegado y su conexión con el resultado producido. Como consecuencia de la delegación, la esfera de responsabilidad del delegado se encuentra situada dentro de la esfera de responsabilidad del delegante y, en consecuencia, este hace suya la actividad de aquel. *El que el directivo delegante responda en calidad de autor o partícipe dependerá de si el delegado desempeñó o no un*

---

61 MONTANER FERNÁNDEZ, R.: (2008) pp. 102.

rol de configurador principal del hecho delictivo. Si el delegado fue el configurador principal, entonces, el directivo delegante responderá como partícipe; en caso contrario, responderá como autor[62].

El *Corpus Juris* de disposiciones penales para la protección de los intereses financieros de la Unión Europea en su Art. 12 señala que "la delegación de competencias excluirá la responsabilidad penal si dicha delegación es parcial, precisa, específica y necesaria para la realización de la actividad de la empresa, y si aquellos en quienes se efectuó la delegación se encontraban realmente en situación de cumplir las funciones delegadas. A pesar de esta delegación, una persona podrá ser declarada responsable penalmente en el sentido de este artículo, si hubiera efectuado la selección, vigilancia y control del personal, sin el cuidado exigible o si la organización de la empresa hubiera sido realizada de manera general sin dicho cuidado". En un sentido semejante, lo dispuesto en el apartado 15 de la propuesta de Eurodelitos redactada por Schünemann y Tiedemann: "La delegación de responsabilidad solo exime de responsabilidad penal si se refiere a un determinado segmento de la actividad y existe certeza de que el delegado puede realizar eficazmente las tareas y competencias que le han sido transferidas. Lo anterior no modifica ni la responsabilidad por la elección, vigilancia y control, ni la responsabilidad general derivada de la organización".

Responsabilidad penal por decisiones de un cuerpo colegiado

Si la persona jurídica o empresa dispone, en su estructura organizativa, de un Consejo o Comité directivo o de administración integrado por varias personas y la decisión delictiva se adopta por unanimidad, la responsabilidad penal será de todos. Si la resolución delictiva se asume por una mayoría, **solo tendrán responsabilidad aquellos integrantes que con su voto apoyaron dicha decisión delictiva (coautores por acción)**; en consecuencia, quedarán libres de toda responsabilidad por acción aquellos integrantes que no concurrieron a la sesión, que se abstuvieron o votaron en contra[63].

¿Puede gestarse responsabilidad penal omisiva para aquellos integrantes del cuerpo que no concurrieron con su voto a la formación de una decisión delictiva? Para la doctrina penal comparada, tratándose de relaciones horizontales entre

---

62   Robles Planas, R.: (2007) p. 78.

63   Lascuraín Sánchez, J.: (2018) p. 112.

iguales (miembros de un Consejo o Comité Directivo o de Administración) sus integrantes se rigen por el principio de confianza, razón por la cual no tienen el deber de vigilancia y corrección entre ellos, como este sí tiene lugar en relaciones verticales donde impera el principio de desconfianza y existe el deber de vigilancia y corrección. Consecuente con lo anterior, el integrante de un cuerpo colegiado que discrepa de la resolución adoptada, por estimarla ilegítima, puede y debe dejar constancia de ello en el acta de la sesión en que se votó y, además, enviar una comunicación al responsable del área encargado de la prevención de hechos delictivos en beneficio o interés de la empresa. De no mediar dichas conductas, se podría configurar en su contra, si el tipo penal lo permite, una *responsabilidad penal en calidad de partícipe doloso por omisión del delito que se llegue a ejecutar.*

Responsabilidad penal del funcionario u órgano de cumplimiento

En la actualidad, la persona jurídica o empresa debe tener un funcionario u órgano encargado de ejercer el debido control para que no se comentan delitos desde y para la empresa. Normalmente, cuando se piensa en la persona u órgano a cargo de esta función, se menciona de inmediato al "compliance officer" o funcionario de cumplimiento. Sin embargo, la tendencia actual en las empresas de mediana y gran complejidad es *asignar al funcionario de cumplimiento un rol o función de asesor y controlador de los responsables con deberes de seguridad, coordinando la prevención y velando por el cumplimiento de la normativa preventiva y de seguridad que la regula y que es de responsabilidad de otros. En otras palabras, no tienen el deber de la ejecución directa de la normativa preventiva delictiva*[64]. La razón de ello ha sido que, si la empresa cuenta en cada área, sección o departamento con un delegado responsable de controlar los riesgos en un ámbito determinado, no tiene sentido agregar, además, otro funcionario a cargo de lo mismo, generando con ello un segundo responsable.

En nuestro país, la alternativa antes indicada es factible y legal. Ahora bien, si la persona jurídica o empresa prefiere optar por un modelo de prevención de delitos (Art. 4° Ley N° 20.393), entonces deben designar a un encargado de prevención y, como tal encargado, de él se espera legalmente que cumpla su deber responsablemente en tiempo y forma y, consecuente con ello, asuma la

---

64 Lascuraín Sánchez, J.: (2018) p. 122.

responsabilidad penal que le corresponde por "el incumplimiento (de la persona jurídica) de los deberes de dirección y supervisión".

Responsabilidad penal por participación por omisión

El común denominador de estos casos sería: quien, sin tener responsabilidad penal como autor omisivo, no impide o dificulta el delito de un tercero, podría configurar una participación omisiva. Esto último puede tener lugar si quien permite que su ámbito de organización sea utilizado por el autor para realizar un delito, o bien por omisión infringe un deber que de haberlo ejercido hubiera impedido o dificultado el hecho delictivo.

La participación omisiva se puede configurar, a juicio de Lascuraín Sánchez[65], en tres hipótesis, a saber:
- Deberes de garantía cuya infracción no da lugar a una imputación a título de autor (por ser delito especial, por exigir determinado modo de comisión no realizables por omisión o porque la omisión no tiene un desvalor equivalente a la comisión);
- Garante cuya omisión consiste en no contener al que pretende participar en el delito;
- Sujeto no garante que incumple su deber de actuar, que hubiera impedido o dificultado la comisión del delito por parte de un tercero.

Tratándose de delitos especiales propios, un sector de la doctrina es de opinión que no cabe responsabilidad penal a los partícipes (inductor o cómplice) porque su actuar no contribuye al disvalor de la conducta típica prohibida, aunque la jurisprudencia comparada ha sancionado a los partícipes que han intervenido en un delito especial propio. La fundamentación de aquella doctrina parece muy discutible porque el disvalor de la actuación de un partícipe no radica en aportar algo propio de la conducta típica prohibida, la que necesariamente debe ser ejecutada por el autor. El disvalor de la conducta del partícipe radica, única y exclusivamente, en su calidad de ser accesoria y secundaria, en permitir, facilitar, ayudar o colaborar con el autor para que este realice la acción típica prohibida. Por otro lado, no hay que olvidar lo que toda la doctrina dominante ha señalado desde hace tiempo: los delitos son descritos por el legislador penal

---

65 Lascuraín Sánchez, J.: (2018) p. 101.

pensando siempre en el autor (no en el partícipe) y en modalidad consumada; en consecuencia, la cualidad o condición especial requerida lo es solo para el autor y no para los partícipes, razón por la cual nada impide que uno de estos asista, colabore o ayude eficazmente al autor.

De los "actos normales o neutrales" y de la responsabilidad penal del asesor profesional

En doctrina, la expresión "actos normales o neutrales" se refiere a conductas constitutivas, por regla general, de actos jurídicos que una persona realiza normal o cotidianamente en el diario vivir, cuya finalidad es socialmente positiva o adecuada, razón por la cual, ante el Derecho penal son irrelevantes por ser atípicas (por ejemplo, venta de bienes o servicios). Su origen está vinculado a la teoría de rol, razón por la cual asume una perspectiva formal de los actos que se pueden realizar en una determinada actividad laboral o profesional sin considerar el caso ni el contexto concreto en el que se ejecutan. Bajo ese prisma "formal", dichos actos son adecuados socialmente y por ello son atípicos, a pesar de que hayan contribuido causalmente a la producción de un resultado porque no son portadores de un riesgo prohibido relevante[66].

La relación de autoría se debe determinar en una perspectiva *ex-ante*[67]. La atribución del injusto típico *ex-ante* es fundamental ya que en él será preciso determinar la relevancia penal de la conducta con exclusión de aquellas calificables de irrelevantes por pertenecer al ámbito del "riesgo permitido" o de la "adecuación social", aunque, por sí mismas, constituyan una infracción jurídica de otra índole, *v.gr.*, administrativa, económica o tributaria. En esta primera etapa de la imputación objetiva, tratándose de un delito de resultado, de mera actividad o de peligro, el juicio de atribución es de naturaleza objetivo-subjetivo porque se consideran los conocimientos que poseía el autor en relación al riesgo o peligro que iba a crear o que no iba a controlar con su actuar[68]. En esta etapa se busca establecer que la conducta del sujeto era jurídico-penalmente

---

66 Corcoy B., M.: (2016) p. 85.

67 Corcoy B. M.: (2016) p. 76. *Manual de Derecho penal económico y de empresa*. Parte General y Parte Especial, T. 2. (dirs. Corcoy Bidasolo, Mirentxu/Gómez Martin, Víctor) Ed. Tirant lo Blanch (Valencia).

68 Corcoy B., M.: (2016) p. 77.

relevante, no permitida y adecuada *ex-ante* para dañar o poner en peligro el bien jurídico tutelado, no siendo suficiente la concurrencia formal de los elementos típicos del delito de que se trate. La segunda etapa de la imputación objetiva se efectúa en una perspectiva *ex-post,* donde el juicio de atribución es de carácter objetivo: nexo normativo entre conducta realizada y resultado de lesión o de peligro producido.

Para Corcoy B., **al determinar la relevancia típica de una conducta** *ex-ante*, es preciso acudir a ciertos criterios de interpretación que permiten restringir el ámbito del tipo penal, a saber: **riesgo permitido, adecuación social y principio de confianza**[69]. Toda actividad peligrosa importa un riesgo latente o potencial. No obstante, no existe un deber legal de controlar toda clase de riesgos. Solo hay deber de controlar aquellos riesgos inherentes a la actividad peligrosa a desarrollar, en la medida en que sean previsibles y evitables; de lo contrario, su existencia como riesgos no-previsibles no genera deber alguno por no ser exigible en el plano penal: "riesgo permitido". Para la autora mencionada, el "riesgo permitido" es algo variable y dependería de tres factores: a) La **mayor o menor utilidad social de la actividad** y, si el riesgo es previsible y no permitido, el eventual resultado puede quedar cubierto por el principio de lesividad o insignificancia; b) Las **posibilidades efectivas o medidas eficaces de controlar el riesgo** inherente a la actividad social útil; c) Los **costes que demandarían las posibilidades o medidas de control.** En esta "balanza valorativa" *ex–ante* es necesario ponderar, además, el **mayor o menor grado o proximidad de lesión** que podría afectar a los bienes jurídicos amenazados. En consecuencia, se considerarán "riesgos permitidos": a) los riesgos inevitables por no ser previsibles, respecto de los cuales no se puede imputar dolo o imprudencia; o b) riesgos previsibles, pero cuya evitación implicaría un costo excesivo que no es exigible porque haría inviable la actividad.

La "**adecuación social**" postula que el Derecho penal no pretende proteger a los bienes jurídicos en forma plena, total y absoluta, sino conforme a las necesidades y a las expectativas sociales siendo aquel la *última ratio* de su protección.

En cuanto al "**principio de confianza**", la idea central que lo rige es que cada persona puede confiar en que quienes están a su alrededor en la misma actividad actuarán adecuadamente. No obstante, un sector de la doctrina y jurisprudencia condicionan dicho principio a que el sujeto solo podría confiar en

---

[69] Corcoy B., M.: (2016) pp. 78-82.

la medida en que él actúe adecuadamente, lo cual constituye para Corcoy B., una expresión del *versare in re illicita*.

Para delimitar *ex post* la existencia de una relación de riesgo, Corcoy B., recuerda la idea central de la imputación objetiva: que el resultado producido sea la concreción real y efectiva del riesgo de que era portadora la conducta típica relevante y que aquel no se deba o explique por la concurrencia de otras circunstancias (prueba a cargo del querellante). La autora mencionada señala, para estos efectos de prueba, los siguientes criterios:

Del incremento del riesgo creado por la actuación del autor y de la finalidad de protección de la norma extrapenal de cuidado (no de la norma penal que siempre tiene como finalidad evitar el menoscabo del bien jurídico tutelado).

De las conductas alternativas adecuadas a Derecho. Este criterio doctrinario postula excluir responsabilidad penal en aquellos casos en que, de conformidad al criterio anterior, esta se podría afirmar, pero, *ex post*, se acredita que el resultado producido era inevitable. Este segundo criterio es hipotético: no evitabilidad *ex post* del resultado con una probabilidad rayana en la certeza o seguridad. Este criterio hipotético es discutido en la doctrina porque altera la valoración que debe ser efectuada *ex ante* y, además, supone tratar valorativamente igual a quien cumple con su deber que a quien viola ese mismo deber, y la no evitabilidad no ha dependido en nada de una actuación del autor (azar, suerte o fortuna).

La interrogante que surge en relación a los denominados "actos normales o neutros" es: ¿cuándo la información técnica o profesional que puede ser usada como medio o vía para cometer un delito deja de ser un "acto neutro" y pasa a ser un "acto delictivo"? Sobre esta materia, la doctrina ha postulado tres criterios de solución:

a) Un *"criterio subjetivo"* (Roxin), según el cual la asesoría es delictiva si el técnico o profesional que entrega la información sabe, con seguridad o certeza, que será empleada para cometer un delito. En este contexto, si la conducta de colaboración o ayuda se efectuó con dolo directo, entonces dicha conducta es punible; en cambio, si se efectuó con dolo eventual, no sería punible. Esta posición ha sido criticada fundamentalmente por dos razones: la primera, porque no existe un deber legal de informarse sobre lo que puede ocurrir con motivo de la conducta a realizar, razón por la cual, ¿por qué habría de surgir un deber legal si la información la tiene el sujeto al momento de actuar? El deber debe existir en forma previa y determina su relevancia para afirmar la infracción de la norma. La segunda razón es que, en doctrina y jurisprudencia, *"lege lata"* no se hace diferencia entre dolo directo y dolo eventual.

b) Un *"criterio objetivo"* (ROBLES PLANAS), la información proporcionada se adapta y ajusta al proyecto delictivo del autor. Desde una perspectiva objetiva, previa a la consideración del conocimiento del sujeto, la solución es establecer si la conducta a ejecutar está prohibida o permitida en el contexto en el que se espera realizar[70]. Sobre esta base entra a operar la "doctrina de la imputación objetiva", la que, en términos generales, postula: está prohibida aquella conducta que supere el riesgo permitido y será permitida la actuación que se desarrolle dentro del riesgo permitido. Lo anterior es una regla que decae si el sujeto se encuentra en una posición especial de garantía respecto del bien jurídico protegido, o bien si su conducta es expresión inequívoca de una adaptación al hecho delictivo que protagonizará un tercero[71]. En efecto, los profesionales que ajustan su desempeño al patrón o estándar normativo- profesional y se limitan a presentar, en términos objetivos, abstractos y neutros, información sobre posibilidades para burlar la ley, *v.gr.*, eludir impuestos o lavar activos, lo que puede ser aprovechado por un tercero para cometer un delito, no es constitutivo de participación punible porque ellos no son garantes de evitar que sus clientes desarrollen conductas delictivas aprovechándose indebidamente de sus actuaciones. En cambio, se configuraría participación delictiva, si el profesional presenta o diseña una operación concreta como vía de cómo burlar la Ley[72].

c) Un *"criterio mixto"* (LUZÓN PEÑA). Algunos autores, si bien son partidarios de una perspectiva objetiva, admiten que, *v.gr.*, la concurrencia de dolo directo en el sujeto actuante puede anular el carácter "neutral" al acto realizado (perspectiva mixta)[73].

Para la doctrina de la imputación objetiva, no basta que una actuación en un plano meramente natural haya desencadenado un resultado material, sino que es preciso efectuar un juicio valorativo-normativo de aquella actuación causal. Ahora bien, dentro de los criterios normativos de restricción del tipo penal, juega un papel relevante la "prohibición de regreso" la que, formulada en términos modernos, según ROBLES PLANAS, postularía: si un tercero realiza una conducta que se antepone en el tiempo (distanciamiento temporal) a la ejecución del concreto tipo penal, y que, además, tiene un sentido por sí misma socialmente adecuado, sin que

---

70   ROBLES PLANA, R.: (2013) p. 442; en igual sentido, MARTÍNEZ-BUJÁN, C.: (2016) p. 631.

71   ROBLES PLANA, R.: (2003) pp. 290 y ss.; el mismo, (2013) p. 444.

72   ROBLES PLANA, R.: (2013) p. 445.

73   LUZON PEÑA, D-M.: (2011) pp. 703 y ss.

presente de por sí connotaciones o significaciones específicamente delictivas, ha de entenderse que, aunque con ella se favorezca causalmente la ejecución de la acción delictiva del autor, no cabe subsumirla en el marco de la participación delictiva"[74].

La punibilidad del partícipe se fundaría en que con su actuar crea un "riesgo especial de continuación delictiva" por parte de un tercero[75]. Dicho riesgo tiene lugar cuando el protagonista del acto neutral quebranta un deber especial, como los establecidos con carácter preventivo para ciertas actividades, tales como lavado de activos, deberes que deben ser observados, *v.gr.*, por los funcionarios bancarios. Mientras el protagonista del acto neutral lo desarrolle dentro del marco estándar normativo laboral que regula su actividad técnica o profesional, por regla general dicho acto queda excluido del ámbito de participación delictiva[76]. De no existir un deber especial de control o vigilancia, es preciso examinar el "sentido de la conducta" realizada, para lo cual la doctrina ha formulado ciertos criterios, a saber:

a) La conexión espacio-temporal con el hecho delictivo del autor, que puede ser expresión de "solidaridad con el injusto del autor" (SCHUMANN), razón por la cual algunos autores creen que si el supuesto acto neutral tiene lugar cuando se ha iniciado la tentativa, es factible sostener que dicho acto ya no es "neutral"[77];

b) La disponibilidad general de la contribución o aporte. A mayor libertad o disponibilidad para obtener el bien o servicio, menor posibilidad para valorar como contribución delictiva el acto neutral.

c) El carácter clandestino u oculto de la contribución o aporte. Los actos normales o neutrales, por tener dicho carácter, no se desarrollan en un contexto oculto o clandestino, razón por la cual, si ello así ocurre, es señal de ser algo sospechoso[78].

En este sentido, el Tribunal Supremo de España, en diversas ocasiones, ha señalado: "Se atribuye relevancia penal, que justifica la punibilidad de la cooperación, a toda realización de una acción que favorezca el hecho principal en el que el autor exteriorice un fin delictivo manifiesto, o que revele una relación

---

74 ROBLES PLANA, R.: (2013) p. 448.

75 MARTÍNEZ-BUJÁN, C.: (2016) p. 634.

76 MARTÍNEZ-BUJÁN, C.: (2016) p. 637.

77 FEIJOO SÁNCHEZ, B.: (1999) pp. 72 y ss.

78 BLANCO CORDERO, I.: (2001) p. 172.

de sentido delictivo, o que supere los límites del papel social del cooperante, de tal forma que ya no puedan ser consideradas como profesionalmente adecuadas, o que se adapte al plan delictivo del autor, o que implique un incremento del riesgo, etc." (STS 01-02-07, ponente Bacigalupo Zapater).

Imputación objetiva y ámbito de competencia

1. De los empleados subordinados

Conforme a los principios que regulan la responsabilidad penal de la doctrina de la imputación objetiva y los ámbitos de competencia, quienes se limitan a protagonizar actos neutrales o normales, como simples trabajadores o subordinados en la estructura jerárquica de una persona jurídica, si bien poseen facultades ejecutivas, carecen de facultades decisorias, razón por la cual normalmente no son procesados como imputados por delitos en los que se han limitado a contribuir con un aporte causal a su producción.

2. De los responsables de la dirección o administración

En el nivel vertical. Si los responsables de la dirección o administración de la persona jurídica han organizado la actividad de la empresa en forma razonable y ajustada a Derecho, entonces no es factible postular atribución de responsabilidad penal para aquellos porque dicha actividad se ha mantenido dentro de los márgenes del riesgo permitido. Para el caso de que la normativa legal existente no regule el riesgo permitido, entonces será necesario consultar las reglas técnicas y parámetros propios del sector para determinar los límites del riesgo permitido.

La doctrina en el terreno objeto de estudio suele mencionar dos casos particulares: la intervención de la propia víctima y la de los subordinados que actúan de manera dolosa o imprudente. Ambos supuestos implican el hecho de que la empresa ha puesto, en debida forma, un producto o servicio y ha sido el usuario o el empleado de la empresa quien ha hecho un mal uso o uso indebido de aquello. Solo la infracción de deberes de dirección, vigilancia o supervisión por parte de los directivos o responsables de la empresa pueden generar responsabilidad penal ("déficit de organización") respecto de los delitos que debe prevenir y, de igual modo, controlar los riesgos propios de su actividad económica. En efecto, el empresario asume el compromiso de controlar el riesgo o peligro que el giro económico-comercial de su entidad pueda generar al desarrollar la actividad para la cual fue creada y, de concretarse aquel riesgo o peligro afectando bienes jurídicos de terceros, la responsabilidad penal puede fundamentarse por la vía de la "comisión por omisión". En consecuencia, si quien compra un remedio y consume una dosis mayor a la indicada por el facultativo, se enferma o muere, o bien, quien en forma legal adquiere un arma y con ella se suicida, no es de responsabilidad de la farmacia ni de la armería el daño que se ha causado en la persona del usuario porque ello no ha sido efecto o consecuencia de la infracción de un deber de dirección y control por parte de la persona jurídica.

Respecto de la responsabilidad penal que tendría la persona jurídica por la conducta dolosa o imprudente de sus trabajadores, es preciso diferenciar dos situaciones: el trabajador actúa como particular y de manera independiente, caso en el cual, por ser persona autorresponsable, solo él debe afrontar su propia y única responsabilidad, v.gr., el empleado decide, por sí y ante sí, cometer un delito de homicidio, lesiones, violación, hurto o robo en la persona de un cliente mientras se encuentra en el local de la empresa donde trabaja. Por otro lado, puede que el trabajador, aprovechando su vinculación con la empresa para la cual trabaja, sin haber recibido una orden o instrucción de un directivo, haya decidido, por sí y ante sí, cometer, por ejemplo, lavado de activo, financiar terrorismo o verter residuos tóxicos en un río o lago. En el primer grupo de delitos señalados en el ejemplo, la empresa no tiene responsabilidad penal alguna porque no son la concreción del o de los riesgos propios vinculados a la actividad desarrollada por la empresa ni son los delitos que la Ley N° 20.393 le ordena evitar y respecto de los cuales son los únicos por los que la persona jurídica podría llegar a tener responsabilidad penal. Respecto de los delitos indicados en la Ley N° 20.393, la persona jurídica quedará exenta de responsabilidad penal en la medida en que logre acreditar que su organización ha sido ajustada a Derecho, que contempla mecanismos de control, seguridad y supervisión destinados a evitar, dentro de un marco objetivo, adecuado y razonable, la perpetración de aquellos y que, en el caso concreto sometido a proceso penal, dichos mecanismos se aplicaron en tiempo y forma. Lo anterior debe ser complementado con las ideas que se han desarrollado en páginas anteriores con la institución de la "delegación de funciones".

En el nivel horizontal. Sobre la base de la división del trabajo y del principio de la competencia, el deber de cada sujeto se limita a cuidar su propio ámbito libre de riesgos o peligros, razón por la cual rige el principio de confianza.

Si el problema surge en un plano inferior de la empresa, pareciera que allí debe operar en toda su magnitud el principio de competencia, y la conducta será neutral o normal, aunque de algún modo aparezca vinculada a la comisión de un delito por parte de un tercero con competencia en el mismo plano[79].

---

79 Robles Planas, R.: (2013) p. 456.

En los planos superiores de la persona jurídica (*v.gr.*, Consejo de Administración), la doctrina dominante sostiene que no existen deberes de vigilancia recíproca entre sus integrantes y, por ello, regiría de manera estricta el principio de competencia. No obstante, la afirmación anterior no es posible asumirla[80] de manera absoluta. En efecto, si se parte de la base de que los miembros integrantes del Consejo de Administración son, todos y cada uno de ellos, garantes de la evitación de ciertos delitos establecidos por la ley penal, en consecuencia y a pesar de la división del trabajo y la competencia, si un consejero, a pesar de no tener un deber de vigilancia sobre sus pares, advierte o toma conocimiento que uno de ellos va a cometer un delito o está iniciándolo, su deber como garante se actualiza y debe denunciar el hecho a quien corresponda.

RESPONSABILIDAD PENAL DEL ASESOR PROFESIONAL

El asesor profesional tendrá responsabilidad penal si entrega el consejo o asesoría solicitada sabiendo, con seguridad o certeza, que ella se ajusta plenamente al proyecto delictivo del autor y, en ese caso, es un medio o vía necesario para su perpetración. En todo caso, los técnicos o profesionales, por ejemplo, abogados, contadores o ingenieros comerciales no pueden formular estrategias concretas o específicas para facilitar la ejecución de delitos tales como lavado de activos u ocultación de bienes de origen ilícito.

¿Puede el asesor tener responsabilidad penal omisiva? Considerando que no es un directivo, ejecutivo, administrador o representante de la persona jurídica o empresa, carece de un deber de garante delegado que le obligue a evitar la comisión de delitos por parte de autoridades o empleados de la entidad, razón por la cual la respuesta no puede ser sino negativa[81].

¿Puede la persona jurídica ser coautora y/o partícipe en el delito cometido por la persona física?

Hay que tener presente que, en Chile, la responsabilidad de la persona jurídica es independiente de la que pudiera tener la persona física, que trabaja para ella, al cometer alguno de los delitos de los aquella responde (Art. 5° Ley N° 20.393).

---

80 ROBLES PLANAS, R.: (2013) p. 458. En igual sentido, SILVA SÁNCHEZ, J.M.: (2011) p. 5.

81 LASCURAÍN SÁNCHEZ, J.: (2018) p. 120.

Para un sector relevante de la doctrina, no es factible configurar una coautoría o participación entre persona(s) física(s) y persona(s) jurídica(s), razón por la cual, no pueden ser coautoras, pero sí corresponsables y se configuraría una especie de "doble autoría" (B. FEIJOO; E. BACIGALUPO).

Personalmente, creo que si se parte del supuesto de que una persona jurídica se ha estructurado (Misión, Objetivo y Estatutos) para desarrollar una actividad económico-comercial dentro del marco jurídico de la sociedad, el único tipo penal que puede llegar a perpetrar de manera imprudente es: el defecto en su organización. En este contexto, la comisión de un delito, por ejemplo, de cohecho, lavado de activo, delito medioambiental o receptación, solo lo puede cometer, como autor o partícipe, una persona física (dueño, administrador, directivo o un empleado o subordinado de la empresa). Si el dueño(s), administrador(es) o directivo(s) de la persona jurídica determina la voluntad de alguna autoridad unipersonal o colegiada de ella (inducción, autoría mediata o coautoría), o bien colabora(n) o apoya(n) a alguna de estas autoridades a cometer alguno de los delitos por los que se puede sancionar a aquella, la responsabilidad penal será, única y exclusivamente, de la persona física que determinó la voluntad del hechor o le ayudó en su actuación, a menos que aquello se pueda explicar y fundamentar por un "déficit organizacional" de la persona jurídica. Lo anterior se basa fundamentalmente en tres razones:

1. Se trata de una persona jurídica que ha nacido al amparo del Derecho, no de una asociación o colectivo ilícito;

2. El único tipo delictivo que dicha entidad puede llegar a cometer de manera imprudente es el "defecto en su organización", el cual puede consistir en: i) la persona jurídica carece de normas preventivas delictivas, ii) posee normas preventivas delictivas, pero no fueron aplicadas en tiempo y forma, iii) posee normas preventivas delictivas y fueron mal aplicadas o en forma deficitaria. Cualquiera de estas expresiones de "defecto en su organización" ha supuesto un marco espacio-temporal o escenario que ha permitido o facilitado que la persona(s) física(s) haya(n) podido realizar el delito dentro y gracias a ese "defecto de organización" y, por ello, la persona jurídica responde penalmente en calidad de autora de dicho "defecto". Si examináramos, bajo el prisma del Derecho penal de las personas físicas, el caso objeto de estudio, tendríamos: la persona física que cuenta o dispone del escenario en el que otra persona física ejecutará un delito, dicho aporte, contribución o ayuda (proveer de un escenario adecuado para la comisión de un delito) efectuado con conocimiento previo, podría configurar una

conducta de complicidad (Art. 16 CP) o bien, si hubo concierto, un supuesto de coautoría (Art. 15 N° 3 CP). Sin embargo, a aquel hecho ("defecto de organización") constitutivo de participación, el legislador penal, tratándose de personas jurídicas, lo ha tipificado como un delito autónomo y que puede serle imputado a título de autoría, con lo cual deja de ser hecho de participación en un delito ajeno y pasa a ser un hecho delictivo independiente y propio de la persona jurídica;

3. Si alguna autoridad individual o colegiada de la persona jurídica instiga a un tercero miembro de ella (por ejemplo, a otra autoridad unipersonal o colegiada, o a un empleado o subordinado que trabaje directamente con ella) a cometer, *v.gr.*, cohecho o receptación, es una(s) persona(s) física(s) que traiciona la política institucional de acatar el orden jurídico vigente. Por lo tanto, su acto de traición o de infidelidad al orden jurídico no puede comprometer a aquella, razón por la cual solo las personas físicas involucradas deberán responder penalmente conforme lo señala el Art. 1° de la Ley N° 20.393. Esto último no implica ni libera en modo alguno que en el proceso penal se investigue y establezca si la persona jurídica aplicó, en tiempo y forma, los mecanismos y procedimientos existentes para prevenir, en términos razonables, la perpetración de los delitos investigados, acreditado lo cual, la entidad quedará exenta de responsabilidad.

¿Puede una persona jurídica ser coautora y/o partícipe en el delito cometido por otra persona jurídica?

Admiten autoría mediata si la persona jurídica de "adelante" presenta alguna deficiencia y la persona jurídica de "atrás" posee dominio social sobre aquella (Gómez Tomillo)[82], o bien se puede admitir complicidad o cooperación necesaria en hipótesis de comisión por omisión imprudente (Rodríguez Ramos)[83].

A nuestro entender, lo primero que es necesario aclarar es si estamos en presencia de dos personas jurídicas independientes, o bien la empresa de "adelante" es una filial totalmente dependiente de la "casa matriz" o es simplemente un departamento, unidad o área de la empresa de "atrás". En el primer caso

---

82 Gómez, Tomillo, M.: (2015) pp. 176 y ss.

83 Rodríguez Ramos, L.: (2010) p. 6.

–personas jurídicas independientes–, no es factible una coautoría entre ellas y cada una de ellas responderá por su "déficit de organización" y las personas físicas por el delito perpetrado directa e inmediatamente en interés o provecho de la empresa para la que trabajan. En el segundo caso, solo habría una persona jurídica, razón por la cual no existe un auténtico problema a resolver ya que, si se trata de una filial absolutamente dependiente de su casa matriz, es parte de esta última al igual que si se tratara de un área o departamento de la misma empresa.

Una situación que puede tener lugar y generar duda es: si las empresas operan en un clúster pesquero o en un consorcio inmobiliario y cohechan a funcionarios públicos **para beneficios del sector**, aunque, no para una empresa determinada, ¿se cumplen las exigencias del Art. 3° de la Ley N° 20.393? La respuesta a dicha interrogante viene dada por la interpretación de las expresiones "directa e inmediatamente" a que se refiere el Art. 3° de la Ley N° 20.393. A nuestro entender, una interpretación posible de las expresiones "directa e inmediatamente" es entenderlas como sinónimas en un afán por parte del legislador de insistir o reiterar una misma idea. De rechazar aquella lectura e intentar buscar un contenido propio para cada una de ellas, personalmente creo que la expresión **"directa"** podría demandar que **el interés o provecho lo sea, inequívocamente, para la persona jurídica, donde la persona natural, autora del delito, es una autoridad interna o un subordinado que trabaja para ella y a quien se ha buscado favorecer**, interpretación que se ajusta a lo expresamente establecido por el legislador: *"...en su interés o para su provecho, por sus dueños, controladores, responsables..."*. Bien puede ocurrir que una corporación o empresa pertenezca a un *holding* multinacional o nacional (dentro del conjunto de empresas exista, *v.gr.*, una cuyo giro sea de vestuario, otra con giro alimenticio y otra con giro turístico). Si el delito lo ha cometido una autoridad interna o subordinado de la empresa de turismo, el hecho delictivo no puede tener como objetivo favorecer a las otras empresas de giro alimenticio o vestuario, interpretación que concuerda con lo dispuesto en el Art. 3° inciso final: *"Las personas jurídicas no serán responsables en los casos que las personas naturales indicadas en los incisos anteriores hubieren cometido el delito exclusivamente en ventaja propia o a favor de un tercero"*.

Que el interés o provecho lo sea, directa e inmediatamente, en interés o para el provecho de la persona jurídica, no significa que aquella ventaja o beneficio lo sea, única o exclusivamente, para esta última. En consecuencia, el que el hecho delictivo se haya cometido "directa...en su interés o para su provecho" implica únicamente que lo haya sido para la entidad donde la persona física individual trabaja y, por esto mismo, **no es impedimento que la persona natural** autora del hecho delictivo pueda lograr para sí un interés o provecho, o bien que pueda beneficiar al mismo tiempo, directa o indirectamente, a otra entidad.

En cuanto a la expresión "inmediatamente", si queremos darle un contenido propio, me inclino por entenderla en el sentido de que **el beneficio que se ha logrado para la persona jurídica debe recibirlo sin actos intermedios o de una etapa mediadora, sin interpósita persona ni como un beneficio o ventaja indirecta.** El beneficio, ventaja, interés o provecho patrimonial debe ser un incremento real, actual o efectivo y no algo meramente potencial o virtual, *v.gr.*, se cohecha a una autoridad para que asigne en una licitación pública a determinada empresa que ha postulado, o bien se da que el hecho delictivo permite que la persona jurídica pueda ganar un mayor precio por los bienes o servicios que ofrece al público o que su patrimonio o sus acciones suban de valor. En otras palabras, **el hecho delictivo realizado por la persona física debe determinar, sin mediar acto alguno, un incremento económico-patrimonial real y efectivo para la empresa, o una ventaja comparativa actual como persona jurídica en el medio socioeconómico en el que desarrolla sus actividades.** No cumpliría esta exigencia el hecho delictivo realizado, de consumarse, si solo determinara la necesidad de un nuevo acto(s) para lograr la concreción de la ventaja económica, o bien si el hecho delictivo solo implicara la probabilidad (no certeza o seguridad) de un mayor valor por, *v.gr.*, el concepto de clientela.

Por último, si el caso hipotético fuere: cohecho cometido por un directivo de una empresa a una autoridad y solo ha tenido como objetivo el que dicha autoridad, en sus actuaciones futuras, privilegie a alguna de las entidades pertenecientes al *holding* o clúster, entonces, a nuestro entender no se cumplirían las exigencias legales de "directa e inmediatamente" en los términos antes señalados.

IV. RESPONSABILIDAD PENAL DEL DUEÑO, REPRESENTANTE, ADMINISTRADOR, O DIRECTIVO TRATÁNDOSE DE DELITOS ESPECIALES PROPIOS DE LA PERSONA JURÍDICA

El problema. En el caso de delitos especiales propios, el tipo penal exige que su autor tenga una determinada cualidad o condición y, de no tenerla, su conducta será impune por atipicidad. En consecuencia, si la especial cualidad o condición la tiene la persona jurídica y no el órgano o directivo que actúa en su nombre, el hecho delictivo sería impune, a no ser que exista una disposición legal expresa que permita imputarle el delito a la persona física que lo realizó, *v.gr.*, como lo establece expresamente el Código Penal español en su Art. 31.

En delitos de dominio

Partiendo de la base de que la persona que representa a la empresa no reúne la cualidad o condición especial de la autoría demandada por el tipo, la atribución de la responsabilidad penal a la persona que actúa por aquella (representante) únicamente se puede explicar e imputar sobre la base de una "representación o trasmisión" al representante que ha cometido el delito, de la condición o cualidad especial de autoría que ostenta la persona jurídica. Esta posición doctrinaria se ha sustentado por parte importante de la doctrina y jurisprudencia alemana, interpretando en ese sentido el §14 StGB (alemán). No obstante, un sector relevante de la doctrina alemana ha discrepado de aquella interpretación al basarla en un criterio puramente formal, extrapolando una visión del Derecho privado y sin considerar la perspectiva pública del Derecho penal.

Las principales críticas a la doctrina de la "trasmisión o representación" se basan en las inevitables consecuencias que ella trae para el ámbito penal[84]: a) habría que excluir aquellos hechos realizados por meros representantes de hecho, o bien b) el representante debería actuar siempre a nombre y en interés de la persona jurídica, aunque sería siempre atípica la actuación, tratándose de delitos de tendencia en los que el sujeto obra, únicamente, en interés propio.

Frente a las debilidades de la doctrina formal antes señalada como fundamento de la responsabilidad penal de quien actúa en representación de una persona jurídica, SCHÜNEMANN[85] postula una doctrina con fundamento material sobre la base de un criterio jurídico-penal: **dominio sobre el fundamento del resultado**. Para este autor, existe una "trasmisión", pero de posiciones de garante. En este contexto, en los delitos especiales propios el autor asume una posición de garante; en consecuencia, el que actúa por la persona jurídica asume en el hecho, su rol (de garante) y su actividad.

La doctrina de SCHÜNEMANN ha sido acogida en España por diversos autores, en especial por GRACIA, aunque, a su juicio, si bien los delitos especiales son delito de garante, y el que actúa a nombre de otro asume una posición de garantía, el mero hecho de tener dominio sobre el fundamento del resultado no determina, por sí mismo, una responsabilidad de comisión por omisión. A su juicio, es indispensable que el que actúa por otro tenga una especie de "dominio social" de la estructura empresarial donde se encuentra el bien jurídico tutelado[86]. El

---

84   GRACIA MARTÍN, L.: (1993) pp. 222-225.

85   SCHÜNEMANN, B.: (2005) pp. 997 y ss.

86   GRACIA MARTÍN, L.: (1993) pp. 226 y ss., y el mismo en (2010) pp. 99 y ss.

representante solo puede reemplazar o sustituir al sujeto expresamente tipificado como autor del tipo penal en la medida en que tenga competencia para ejercer el correspondiente dominio social y, además, realice una conducta típica igual o idéntica a la establecida, para el autor, en el respectivo tipo penal. Hay que hacer presente que, en el Código Penal español en su Art. 31 señala: *"El que actúe como administrador de hecho o de derecho de una persona jurídica, o en nombre o representación legal o voluntaria de otro, responderá personalmente, aunque no concurran en él las condiciones, cualidades o relaciones que la correspondiente figura de delito requiera para poder ser sujeto activo del mismo si tales circunstancias se dan en la entidad o persona en cuyo nombre o representación obre"*. En el sistema penal chileno no existe una disposición legal semejante. Por su parte, Lascuraín, identificándose con la nueva doctrina, demanda, junto a lo anterior, la "aceptación de funciones de seguridad" fruto de un acto previo de encargo[87].

En delitos de infracción de deber

Tratándose de delitos especiales propios mediante la infracción de un deber determinado, para la doctrina comparada y por regla general, la actuación en lugar de otro se resuelve conforme a la doctrina de la **"trasmisión o representación"**. En consecuencia, **el nombramiento formal del representante implicará la transferencia del deber específico requerido por el tipo**, razón por la cual no será necesario, por regla general, acudir a criterios materiales o fácticos para la imputación de responsabilidad por incumplimiento del deber[88]. Establecida la existencia de un **administrador de derecho** formalmente designado, será este el único que podrá ser calificado de autor y, de haber intervenido un **administrador de hecho** que materialmente haya realizado funciones de administración, este a lo sumo **podrá responder como partícipe**. Ahora bien, si el administrador de derecho incurre en un caso de error de tipo o de prohibición inevitable, no podrá responder penalmente y, de haber concurrido un administrador de hecho, tampoco tendría responsabilidad porque de conformidad al criterio de la accesoriedad media o limitada, el sujeto activo no habría realizado una conducta antijurídica.

---

87 Lascuraín Sánchez, J. A.: (2015) pp. 279 y ss.

88 Martínez-Buján, C.: (2016) p.563.

V. RESPONSABILIDAD PENAL DE LA PERSONA JURÍDICA SOBRE LA BASE DE UNA CONCEPCIÓN NORMATIVA

Partiendo del presupuesto que, tratándose de personas jurídicas complejas, el Derecho penal no puede desconocer en ellas una realidad social y jurídica y, por eso mismo, es un error dogmático pretender entender, normativamente y bajo un prisma individual, las conductas de las personas físicas que trabajan en ellas. Esta visión atomista que mira en forma aislada las diversas conductas delictivas, o que las observa como un problema de infracciones de deberes, más relaciones causales protagonizadas por las personas físicas, no considera que los auténticos autores o protagonistas actúan integrados en una organización[89].

Considerando que una perspectiva natural u ontológica no es factible para fundamentar y explicar la autoría y/o participación penal de una persona jurídica, no cabe sino acudir a una dimensión normativa. Desde esta perspectiva, la autoría implica *"dominio normativo o competencial del hecho delictivo"* y no con un "dominio objetivo-causal o psico-físico del hecho delictivo (…) lo relevante es la incumbencia/no incumbencia respecto de un determinado hecho o suceso de acuerdo con reglas normativas de imputación"[90]. Concordante sobre esto, SÁNCHEZ LÁZARO expresa: "el fenómeno de distanciamiento entre el momento de aparición fenomenológica del delito y la responsabilidad jurídico-penal característico de la nueva delincuencia, sitúa a quienes optan por un modelo fenomenológico en el ámbito equivocado… puesto que la distancia existente entre el momento de manifestación del delito y su responsabilidad impide atribuir un dominio, control fáctico o cualquier otra circunstancia de corte fenomenológico al hombre de detrás. En tales casos, solo existen competencias"[91]. Por su parte, JAKOBS, "el dominio del hecho puede ser disuelto en un concepto normativo, precisamente en el de competencia, y en el caso del delito de omisión ha de recurrirse directamente a la competencia y a la medida de esta, ya que falta el dominio actual: el omitente podría y debería dominar el salvamento, pero no lo hace"[92].

---

89   FEIJOO SÁNCHEZ, B.: (2017-1) p. 413

90   FEIJOO SÁNCHEZ, B.: (2017-2) p-200.

91   SÁNCHEZ LÁZARO, F. C.: (2004) p. 473.

92   JAKOBS, G.: (2001) pp. 625 y ss.

PERSPECTIVAS NORMATIVIZADORAS DE LA AUTORÍA Y LA PARTICIPACIÓN

COMO DELITOS DE INFRACCIÓN DE DEBER

Esta categoría de delito la formuló ROXIN porque, a su juicio, la doctrina del dominio del hecho delictivo no puede explicar la autoría en toda clase de delitos, v.gr., los delitos especiales, la comisión por omisión (omisión impropia), o bien delitos cuya posible autoría está limitada, desde el principio, a determinados profesionales (abogados o médicos en relación al delito de violación de secreto profesional) o a personas de determinada condición (*v.gr.*, solo puede ser autor de administración desleal quien tiene el deber de velar por el patrimonio ajeno). En todos estos supuestos típicos, el criterio determinante para establecer la autoría no es el "dominio del hecho delictivo", sino la "infracción de deber". En consecuencia, quien tenga dominio del hecho, pero carezca de un deber especial de tutela respecto del bien jurídico afectado, no puede ser autor ya que su actuación no puede quebrantar un deber legal inexistente para él. "No se alude a aquel deber surgido de la norma penal cuya vulneración desencadena la sanción prevista en el tipo. Este deber existe en todo delito. (…) Más bien, el elemento que para nosotros decide sobre la autoría constituye una infracción de un deber extrapenal que no se extiende necesariamente a todos los implicados en el delito, pero que es necesaria para la realización del tipo. Se trata siempre de deberes que están antepuestos en el plano lógico a la norma y que, por lo general, se originan en otras ramas jurídicas. Ejemplos de esta categoría son los ya citados deberes jurídico-públicos de los funcionarios, los mandatos de sigilo en ciertas profesiones o estados y las obligaciones jurídico-civiles de satisfacer alimentos y de lealtad"[93].

Adhieren a esta doctrina y la proyectan a los delitos societarios en España BACIGALUPO SAGGESE Y SÁNCHEZ-VERA GÓMEZ-TRELLES[94]. Para estos autores, el Estado puede imponer a una empresa que pretende desarrollar su actividad económica-comercial en determinado medio, una obligación o deber legal de ayuda o solidaridad: "Se trata de un comportamiento solidario porque, aunque el presunto autor no haya organizado nada, existe un deber positivo que vincula siempre y que obliga a ayudar y fomentar el bien jurídico… relacionado con la sociedad mercantil de que se trate, respecto, eso sí, de los bienes jurídicos que entren

---

93 ROXIN, C.: (1998) p. 385.

94 BACIGALUPO SAGGESE, S./SÁNCHEZ-VERA GÓMEZ-TRELLES, J.: (2005) p. 22.

dentro de su competencia" (…) "…si bien no todos los delitos de infracción de deber son delitos societarios, todos los delitos societarios lo son de infracción de deber"[95]. Una característica principal de esta clase de delito es que el titular y obligado por el deber puede quebrantarlo por acción u omisión, y que su intervención puede ser calificada de principal o accesoria y, en cualquier caso, responderá siempre en calidad de autor[96]. Por otro lado, para estos autores, si un *extraneus* interviene, conjuntamente, con un *intraneus* en un delito societario de infracción de deber, su responsabilidad debe ser como partícipe en este mismo delito.[97]

Como delito de competencia (incumbencia) legal

Sobre la base de una elaboración normativa del injusto penal, y no como un mero problema de autoría y participación, Feijoo considera que un presupuesto necesario, antes de delimitar los diversos niveles de responsabilidad penal (autoría o participación), es preciso establecer el fundamento de dicha responsabilidad[98]. Este autor reconoce que existen dos modelos para configurar un injusto penal e imputar el hecho delictivo: a) partir de la propia libertad organizativa que posee todo ciudadano en cuanto titular de un rol con deberes negativos (no dañar a otros) (delitos de dominio, según Roxin, o delitos de organización para Jakobs), o b) partir de la existencia de posiciones jurídicas que obligan, al que se encuentra en ellas, a organizarse de forma solidaria respetando ámbitos de organización ajenos y cuyos titulares son terceras personas o el Estado, caso en el cual el titular posee un rol con deberes positivos ("edificar un mundo en común para fomento y ayuda de un determinado bien jurídico"). El común denominador de los hechos típicos es que son expresión de "una organización defectuosa de un ámbito de organización"[99], "…lo decisivo, a efectos de imputación del hecho típico a una persona, no es la protección óptima de bienes jurídicos, sino la administración adecuada o razonable del propio ámbito de organización"[100].

---

95   Bacigalupo Saggese, S./Sánchez-Vera Gómez-Trelles, J.: (2005) p. 22.

96   Bacigalupo Saggese, S./Sánchez-Vera Gómez-Trelles, J.: (2005) pp. 48-49.

97   Bacigalupo Saggese, S./Sánchez-Vera Gómez-Trelles, J.: (2005) p. 52.

98   Feijoo Sánchez, B.: (2009) p. 17; en igual sentido, Martínez-Buján, C.: (2007) p. 96.

99   Feijoo Sánchez, B.: (2017-2) p. 69.

100   Feijoo Sánchez, B.: (2017-2) p. 73-74.

Lo anterior trae como lógica consecuencia que los criterios normativos para determinar quién es el protagonista principal de un hecho delictivo sean distintos. Para ilustrar esto, Feijoo toma el supuesto "autor detrás del autor" (autoría mediata) sobre la base de la distribución jerárquica de funciones dentro de la persona jurídica, y que, a su juicio, no pueden ser siempre explicados por un "dominio de la organización". Hay casos en que al subordinado que ejecuta la acción (hombre de delante) y a un directivo que toma la decisión (hombre de atrás) se les imputa un mismo hecho. Esto, debido a que cada uno desempeña competencias distintas en la entidad, pero no a que el directivo esté normativamente instrumentalizando al subordinado mediante un "dominio de la organización" en la que este último no es más que una pieza que se mueve a discreción. Por ello, para Feijoo nada impide sostener que la coautoría, fenomenológicamente, sea siempre un "autor al lado de otro autor" ya que bien puede ser un "autor detrás de otro autor": "…no cabe hablar de instrumentalización en sentido estricto, sino de dos personas responsables de un mismo hecho. Se trataría de una **competencia compartida por un hecho por razones normativas distintas**[101]. "…en los casos de competencias conjuntas dentro de una organización, existirá coautoría, aunque no exista resolución delictiva conjunta o una representación sobre el riesgo típico que se está creando conjuntamente. El hecho delictivo es imputable conjuntamente a dos personas que ostentan una competencia preferente compartida con respecto al hecho con relevancia penal"[102]. Sobre la base de una idea rectora de naturaleza normativa, **"la competencia"**, el titular de un determinado ámbito de competencia, al aceptar su cargo, asume el deber legal de organizar y controlar no solo su propio campo de organización, sino además, supervigilar y controlar, en un contexto razonable, el de sus subordinados que actúan dentro de su esfera de incumbencia, razón por la cual, si omite evitar un hecho delictivo de un subordinado autorresponsable, debe responder en calidad de autor y no como un mero partícipe. Esta idea ha tenido respaldo en la doctrina comparada y ha sido recogida, por ejemplo, en el Art. 15 de la parte general de los denominados Eurodelitos, que señala que será autor "quien debido a su dominio sobre otra persona está obligado legalmente a evitar que actúe ilícitamente, siempre que tenga conocimiento del hecho y hubiera podido impedir o dificultar esencialmente su realización mediante una supervisión adecuada".

---

101   Feijoo Sánchez, B.: (2017-2) p. 210-211.

102   Feijoo Sánchez, B.: (2017-2) p. 214.

La imposibilidad de que la doctrina del "dominio de la organización" pueda considerar autor a un directivo por no tener dominio fáctico del hecho delictivo y solo pueda calificarlo como mero partícipe (inductor o cómplice), ha llevado a Roxin a buscar una solución adecuada en el campo de los delitos de infracción de deber. De esta forma, a juicio de este investigador alemán, la dirección o administración de una empresa tendría una posición de garante para salvaguardar el orden jurídico o legalidad. Para Feijoo, "no es asumible que en el ámbito de las organizaciones empresariales todos los delitos (homicidio, lesiones, contra el medio ambiente, fraudes, contra la salud pública, etc.) se conviertan en delitos de infracción de deber, delitos que, curiosamente, cometidos por individuos aislados no se entenderían de infracción de deber"[103]. Si un empleado o subordinado de una empresa contamina un lago o río, esta persona física no comete un delito de infracción de deber, razón por la cual tampoco lo comete el directivo que no controla adecuadamente la política de residuos de su entidad. En dicho caso, "no existe una posición jurídica especial de solidaridad con el medio ambiente, sino una responsabilidad penal basada en una organización defectuosa del propio ámbito de organización"[104]. Es el no cumplimiento de los deberes organizativos lo que fundamenta y permite la imputación objetiva del hecho delictivo a la(s) persona(s) en calidad de autor.

Desde la visión de una responsabilidad por "competencia o incumbencia", los delitos, atendiendo a la naturaleza de la norma que los anima, pueden ser clasificados en:

a) Delitos por acción y la norma que subyace en ellos: es una norma prohibitiva general o común para las personas que genera un deber negativo (*v.gr.*, no matar, no hurtar, no violar, no falsificar, no cohechar).

b) Delitos de omisión propia (o simple) portadores de una norma imperativa o de mandato, que genera un deber positivo general basado en una solidaridad básica y común para todas las personas (*v.gr.*, en Chile, Art. 494 N°14 CP, la falta de no prestar auxilio o socorro a una persona herida, maltratada o en peligro de perecer).

c) Delitos de omisión impropia o de comisión por omisión, cuyo imperativo o mandato es un deber positivo especial basado en una solidaridad propia y singular cuya relevancia, entidad o intensidad es mayor a la del delito de omisión propia ya que su titular se encuentra

---

103 Feijoo Sánchez, B.: (2017-2) p. 218.

104 Feijoo Sánchez, B.: (2017-2) p. 220.

en posición de garante del bien jurídico protegido (*v.gr.*, madre que mata no alimentando a su hijo de corta edad), y

d) Delitos por competencia o incumbencia. Para Feijoo, estos delitos suponen una especie de "dominio normativo": capacidad que la ley penal imputa a una persona física (p.ej., quien administra un patrimonio particular) o persona jurídica (*v.gr.*, el o los que administran su patrimonio social) para afrontar, por el cargo, rol o condición que asume, la responsabilidad por determinada "competencia o incumbencia" sobre ciertos hechos que pueden poner en riesgo o dañar bienes jurídicos de terceros (ámbitos de organización ajenos).

Desde la perspectiva de la autoría, los delitos de dominio (Roxin) o de propia organización (Jakobs) suponen la infracción a un deber negativo, de carácter general o común, que tienen todas las personas y puede ser realizada, únicamente, por acción (*v.gr.*, el homicidio, el hurto o robo, cohecho, lavado de activo). En cambio, la infracción de un deber especial positivo requiere que el autor tenga o asuma una especial condición o rol de responsabilidad sobre la base de una solidaridad especial o calificada, y la infracción puede ser constitutiva de acción (*v.gr.*, apropiación indebida o hurto), omisión simple o propia u omisión de un deber positivo de actuar calificado, cuya magnitud, relevancia o entidad de solidaridad es semejante a quien está en posición de garante en un delito de omisión impropia o comisión por omisión (*v.gr.*, administración desleal del patrimonio de una persona física o jurídica o del no pago de tributos del patrimonio de cualquiera de dichas personas)[105].

Para Feijoo, hablar de "responsabilidad por competencia" implica la idea de responsabilidad penal dentro de un ámbito normativo determinado, que ha puesto de cargo del titular un deber general negativo ("no causar daño o un peligro no permitido a un tercero"), un deber general positivo y/o un deber especial positivo ("desarrollar una actividad lícita de manera solidaria y respetuosa de bienes jurídicos ajenos"), deberes que el autor puede y debe realizar para evitar la concreción de riesgos o peligros no permitidos que pueden afectar a terceros. Tratándose de un deber especial positivo, el titular de dicho deber puede afectarlo indistintamente por acción u omisión, lo que, en el ámbito de la competencia es irrelevante, razón por la cual, de concurrir cualquiera de ellas,

---

105   En este sentido, Feijoo, B.: (2007), pp. 199 y ss.; Bacigalupo Saggese/Sánchez-Vera Gómez-Trelles: (2005), pp. 48-52.

su responsabilidad será siempre a título de autor. En este contexto de ideas, el dueño, administrador o directivo de una persona jurídica, o bien el administrador del patrimonio de un particular, puede llegar a tener responsabilidad penal, por la competencia de la que es responsable, bien por quebrantar deberes negativos de control y organización de los riesgos de la empresa, o del patrimonio del particular a su cargo (*v.gr.*, no corromperás, no pondrás en peligro el medio ambiente) o deberes especiales positivos que sustentan los delitos de infracción de deber (*v.gr.*, cumplir con las obligaciones tributarias, deber de decir verdad sobre la situación económica del patrimonio a cargo)[106].

Los criterios de autoría y participación son distintos en cada caso, porque se trata de injustos de naturaleza distinta. No obstante, en el caso del administrador antes indicado, los deberes negativos y los deberes positivos, generales o especiales, conforman su ámbito de competencia o incumbencia. Ahora bien, la determinación de la autoría y/o participación en delitos que implican deberes negativos serán los criterios usados en el campo de los delitos de dominio o de propia organización y, tratándose de delitos de deberes especiales positivos, será autor quien, sobre la base del respeto irrestricto del principio de tipicidad, tenga la competencia principal y preferente de velar por la integridad de los bienes jurídicos a su cargo.

Feijoo Sánchez, calificado representante de la visión normativa de la "competencia o incumbencia" en materia de autoría y participación, postula que, establecido que una persona física ha realizado un hecho delictivo vinculado a la actividad de una persona jurídica, es preciso determinar, necesariamente, tres elementos[107]:

1. **Determinar que el hecho delictivo se puede imputar objetivamente a la persona jurídica en cuanto colectivo u organización.** Si se trata de un delito de resultado, será preciso establecer la existencia de procesos causales en relación con los riesgos de cargo de la persona jurídica. En efecto, no todo daño o puesta en peligro de bienes jurídicos pertenecientes a ámbitos de organización de terceros es de responsabilidad de la persona jurídica.

---

106 El párrafo recién citado fue consultado, en correspondencia epistolar, al Prof. Dr. Feijoo para saber si reflejaba su pensamiento y él asintió a los términos en que estaba redactado.

107 La posición del catedrático de la Universidad Autónoma de Madrid, Prof. Dr. Feijoo Sánchez, ha encontrado acogida relevante en la jurisprudencia española en este ámbito.

La exigencia o elemento antes indicado no concurrirá en aquellos casos en que: a) la empresa haya actuado dentro de los márgenes del riesgo permitido, b) el hecho dañino sea obra exclusiva de la propia persona afectada que infringe los resguardos o medidas de seguridad contempladas, o c) de actuaciones provenientes de otra empresa con la que se interactúa y respecto de la cual no se tiene una posición de garante. En todos estos supuestos, el daño o puesta en peligro será un hecho lamentable y, respecto de la persona jurídica, un hecho atípico porque, al no existir un déficit de organización, no es factible configurar un hecho injusto[108].

2. Delimitación de ámbitos de organización y responsabilidad dentro de la persona jurídica. Toda persona jurídica o empresa tiene una posición de garante original que corresponde a su dueño(s) o empresario(s) y que puede ser asumida por sus administradores o directivos y que genera, en mayor o menor grado, una delegación de deberes parciales[109]. Lo anterior ha llevado a JAKOBS a sostener que en una empresa no todo es asunto de todos.

Para determinar este segundo elemento, un criterio de ayuda es considerar los organigramas de la empresa, aunque bien puede ocurrir que en la práctica dicho organigrama no se ajuste a la realidad, razón por la cual lo decisivo es un criterio material que viene dado por establecer quién(es) posee(n) la capacidad decisoria sobre determinada materia. Para esta visión doctrinaria, la idea central es **la competencia.** Toda empresa compleja, en la actualidad, se encuentra dividida o parcelada en departamentos, secciones o unidades, y cada uno de ellos posee independencia en su propia competencia y tareas; en consecuencia, los directivos superiores solo se limitan a formular políticas generales y de coordinación y de ellas responden. En cambio, son los mandos medios a cargo de los distintos departamentos, secciones o unidades los que deciden en forma relevante el quehacer de ellas y disponen de información sobre los riesgos o peligros que pueden concretarse en menoscabo o destrucción de bienes jurídicos a su cargo (*v.gr.*, la sección que fabrica un producto es independiente del departamento encargado de su transporte o del de contabilidad o del de *marketing*). En consecuencia, es de relevancia establecer en una empresa una delimitación objetiva de los ámbitos de organización y sus correspondientes competencias y, de esta forma, determinar quién(es) tienen el poder de decidir sobre su funcionamiento.

---

108   FEIJOO SÁNCHEZ, B.: (2017-2) p. 167 y ss.

109   FEIJOO SÁNCHEZ, B.: (2017-1) p. 419; SILVA SÁNCHEZ, J.M.: (1997) pp. 14 y ss.

La existencia y delimitación de ámbitos de competencia determina un verdadero límite normativo de la tipicidad[110].

3. **La corresponsabilidad dentro de la persona jurídica.** Es factible que, en una sección de una empresa, varias personas físicas realicen o elaboren conjuntamente un producto, razón por la cual comparten deberes de garante respecto de la producción o elaboración de ese bien, producto o servicio. En este contexto con pluralidad de intervinientes, la forma en que es posible determinar la concurrencia o ausencia de responsabilidad penal de alguno de ellos es establecer si el empleado o subordinado, cumplió o no, con su deber[111]. En un trabajo de equipo, el Derecho penal ha ido postulando un criterio que permite dilucidar la correcta actuación de un sujeto en relación a las conductas incorrectas de los otros: **el principio de confianza, según el cual no se responde por la falta de cuidado ajeno, a no ser que en la situación concreta en que se encontraba existieren factores que, necesariamente, debían haber llevado al titular del deber a no confiar en el desempeño de terceras personas.**

Ahora bien, el principio de confianza supone, necesariamente, considerar a lo menos tres factores: a) la posición que tiene el sujeto en la organización de la empresa (directivo o subordinado), b) el nivel de responsabilidad en el que se mueve el sujeto (vertical u horizontal), y c) de la actuación efectuada por el resto del equipo. De esta forma, el directivo de un área, sección o equipo tendrá siempre la responsabilidad general y final de lo que ocurra en ese ámbito. El directivo puede efectuar delegaciones, en tiempo y forma, en otras personas idóneas y a quienes les ha entregado información, formación y medios adecuados para desarrollar la tarea o función delegada. Sin embargo, como ya hemos señalado, quien delega en otro su deber, no lo extingue: solo lo transforma conservando siempre un deber de control, supervisión y vigilancia de la(s) persona(s) a quien(es) hizo la delegación y, si el delegado actúa mal, el delegante puede responder por dicha actuación incorrecta si se determina que quebrantó su deber originario como garante.

El adecuado cumplimiento de los deberes de control, supervisión o vigilancia, ¿supone para el titular de dichos deberes, necesariamente, estar realizando "controles aleatorios preventivos" como una forma de comprobar que el bien o producto fabricado es seguro y está bien elaborado? Todo parece indicar que

---

110   Feijoo Sánchez, B.: (2017-2) p. 177.
111   Feijoo Sánchez, B.: (2017-1) p. 424.

dicha práctica permite un fundamento objetivo al principio de confianza y, por lo mismo, quien así procede puede confiar razonablemente y no infringe su deber de cuidado. Sobre esto hay que observar la normativa extrapenal o la *lex artis* existente para la actividad de que se trate[112]. En algunas empresas de especial complejidad, se ha gestado la práctica de disponer lo que la doctrina ha denominado **"funciones de doble aseguramiento"** a cargo de ciertos empleados o funcionarios (no necesariamente directivos) cuyo rol es efectuar y regular permanentemente funciones de control o vigilancia, en forma paralela, al funcionario o empleado a cargo y responsable de la gestión de riesgo de la empresa o del departamento o sección de ella. Quienes efectúan la tarea del doble aseguramiento tienen como deber "desconfiar de lo que se hace" y, si no cumple con dicho deber, no puede excusarse en el principio de confianza.

En un trabajo de equipo es posible que **varios trabajadores infrinjan su deber legal de cuidado**, caso en el cual, ¿coautoría imprudente? En la actualidad, la doctrina dominante solo reconoce la coautoría dolosa, razón por la cual la pregunta señalada en este párrafo es razonable. Hoy en día, en Alemania y en un sector relevante de la doctrina española se reconoce la factibilidad de coautoría imprudente, exigiendo solamente para su tipicidad subjetiva que los sujetos conozcan o puedan conocer que se está ejecutando un hecho conjuntamente con otros[113].

Para esta aproximación doctrinaria, basada en el rol, papel o función que tienen las personas físicas dentro de la organización de una persona jurídica, se ha planteado la interrogante de si quienes ocupan los últimos eslabones o escalones de la organización equivalen a meros o simples instrumentos, *v.gr.*, el camarero que ha sido contratado para cumplir el rol o función de llevar los platos a los clientes de un restaurant desde la cocina a su mesa, ¿podría decirse que ese camarero no tiene responsabilidad penal, al igual que una cinta transportadora, si lleva un plato con hongos venenosos que él ha constatado por sus conocimientos universitario, porque él ha sido contratado, únicamente, como camarero y, para desempeñar dicho rol solo debe trasladar los platos de un lugar a otro? ¿Es de competencia del camarero evitar su contribución causal o la no evitación del daño (muerte o lesiones) al cliente que atiende? Para JAKOBS, al referirse a la relevancia de los conocimientos especiales, sostiene que el camarero ha sido contratado para desempeñar únicamente su rol de tal y, de conformidad

---

112 FEIJOO SÁNCHEZ, B.: (2017-2) p. 182.

113 FEIJOO SÁNCHEZ, B.: (2019) p.18/33.

a las expectativas sociales sobre ese rol, los conocimientos especiales que dicho camarero pudiere tener no deben ser considerados, razón por la cual su rol no está destinado a evitar peligros o daños a la salud o a la vida de los clientes del local donde trabaja. Esto nos parece discutible porque, si bien el camarero tiene el rol de llevar los platos desde la cocina a la mesa de quienes él atiende, dicho rol no ha dejado sin efecto un rol previo y anterior que tiene ese camarero, como persona plenamente imputable y autorresponsable: evitar daños a la salud y/o vida de quienes él atiende en su rol de camarero. Quien ignora el peligro no tiene el deber de evitar su concreción en un daño. No obstante, quien tiene el conocimiento de un riesgo de la conducta que va a desarrollar, ¿no tiene el deber de evitar su materialización? El rol de camarero no impide ni niega que su protagonista es una persona jurídico-penalmente imputable y con libertad para configurar su propio ámbito de organización (sin afectar los bienes jurídicos de terceros). Por ello, si ese camarero sabe que el plato de comida que colocará en la mesa de su cliente está envenenado y que este consumirá de buena fe, nos parece muy difícil discutir que dicho camarero no ha actuado con dolo alternativo de homicidio o lesiones; la vida o la integridad corporal o salud del comensal, ¿no está dentro del ámbito de competencia del camarero? De igual manera, la enfermera que, como profesional de la salud asiste a un enfermo para su recuperación, que ha recibido la orden del médico tratante de inyectar un fármaco de penicilina o sulfa, y ella está en conocimiento de que el paciente es alérgico a dicho producto, hecho que desconoce el facultativo, y se limita a dar cumplimiento a la indicación médica al pie de la letra sin representar aquella dolencia a quien le dio la orden y, como consecuencia de ello, el paciente sufre un *shock* anafiláctico y fallece, ¿podemos sostener que la enfermera no ha actuado con dolo? Soy de opinión que, en estos casos, los "conocimientos especiales" del que actúa son relevantes y permiten afirmar dolo, al igual que en el caso del sobrino que induce a su tío rico a viajar en avión sabiendo que en ese vuelo unos terroristas han colocado una bomba que estallará en pleno vuelo. En este caso, el riesgo de hacer subir al avión no es algo "irrelevante y permitido"; al contrario, es "relevante y prohibido". Por otro lado, nadie discute que en nuestro mundo las personas físicas pueden tener varios roles que pueden coexistir al mismo tiempo: rol de marido, padre, hijo o yerno, o bien de médico, bombero, director de empresa o directivo de un centro de padres o club deportivo.

En el ámbito de la actividad de las empresas, la jurisprudencia comparada sobre la base de la doctrina del "comportamiento standard", no condena al empleado o trabajador que ha sido el último segmento de la cadena causal del daño, *v.gr.*, abrir la compuerta para la salida de un derrame de tóxicos a un río. Por otro lado, un fundamento para lo anterior lo permite la "prohibición de regreso o retroceso" como límite objetivo a la participación, la que, en estos casos, debe operar de arriba hacia abajo, es decir, se debe buscar la responsabilidad penal en la cúspide de la persona jurídica, en quien(es) han tomado la decisión[114]. Lo anterior es, sin perjuicio del supuesto en el que el trabajador a cargo de abrir o cerrar la compuerta por la que pueden salir vertidos tóxicos, él por sí y ante sí, como una forma de protestar contra su empleador, decide efectuar vertidos tóxicos en un río, caso en el cual dicho empleado responderá personalmente por el delito de contaminación ya que ha sido él quien ha decidido y ejecutado su decisión apartándose de la política institucional de la empresa para la que trabaja.

En síntesis, y reiterando lo antes señalado, hablar de "responsabilidad por competencia" implica la idea de responsabilidad penal dentro de un ámbito normativo determinado, que ha puesto de cargo del titular un deber general negativo ("no causar daño o un peligro no permitido a un tercero") o un deber especial positivo ("desarrollar una actividad lícita de manera solidaria y respetuosa de bienes jurídicos ajenos") que el autor puede y debe realizar para evitar la concreción de riesgos o peligros no permitidos que pueden afectar a terceros. La infracción de un deber general negativo lo es por acción u omisión simple o propia (*v.gr.*, el homicidio, el hurto o robo, cohecho, lavado de activo o denegación de auxilio); en cambio, la de un deber especial positivo puede serlo por acción u omisión de un deber calificado (*v.gr.*, administración desleal o no pago de tributos).

CONCLUSIONES

De la revisión hecha de la literatura consultada, podemos llegar a las siguientes conclusiones:

1. Para la doctrina dominante, la autoría (directa, mediata o coautoría) y/o participación (inducción o complicidad), tratándose de delitos cometidos por personas naturales a los que se refiere el Art. 1° de la Ley 20.393, se puede establecer conforme a los criterios gestados en el Derecho penal de las personas físicas, tales como hacen la teoría objetivo-formal o la del dominio del hecho delictivo.

2. La conclusión anterior no se puede extrapolar, en iguales términos, respecto de configurar la autoría y/o participación de una persona jurídica en

---

114 Feijoo, B.: (2007-2) p.192, nota n° 40.

relación a los hechos delictivos que se le pueden imputar, sobre la base de un "déficit organizacional". Todo parece indicar que la doctrina se está inclinando por una concepción normativa de la autoría.

3. Dentro de una visión normativa, se ha ido destacando la denominada "responsabilidad por competencia", la cual implica la idea de responsabilidad penal dentro de un ámbito normativo determinado, que ha puesto de cargo del titular un deber general negativo ("no causar daño o un peligro no permitido a un tercero"), un deber general positivo y/o un deber especial positivo ("desarrollar una actividad lícita de manera solidaria y respetuosa de bienes jurídicos ajenos"). El autor de dichos deberes puede y debe cumplirlos para evitar la concreción de riesgos o peligros no permitidos que pueden afectar a terceros.

4. Tratándose de la determinación de la autoría y/o participación en delitos que implican deberes negativos, serán los criterios usados en el campo de los delitos de dominio o de propia organización. En el caso de delitos de deberes especiales positivos, será el autor quien, sobre la base del respeto irrestricto del principio de tipicidad, tenga la competencia principal y preferente de velar por la integridad de los bienes jurídicos a su cargo; en cambio, será partícipe quien solo tenga una competencia secundaria y accesoria.

BIBLIOGRAFÍA CITADA

BACIGALUPO, Silvina (1998): *La responsabilidad penal de las personas jurídicas* (Barcelona).

BACIGALUPO SAGGESE, S./SÁNCHEZ-VERA GÓMEZ-TRELLES, J. (2005): *Cuestiones prácticas en el ámbito de los delitos de empresa.* Barcelona.

BERRUEZO, Rafael (2018): *Responsabilidad penal en la Estructura de la Empresa: imputación jurídico-penal en base a roles.* Ed. B de F. Buenos Aires.

BLANCO CORDERO, Isidoro (2001): *Límites a la participación delictiva. Las acciones neutrales y la cooperación en el delito.* Granada.

BOLEA BARDÓN, Carolina (2000): *Autoría mediata en Derecho penal*, Valencia.

BOTTKE, Wilfried (1996): Responsabilidad por la no evitación de hechos punibles de subordinados en la empresa económica, en MIR, Santiago/ LUZÓN, DIEGO-MANUEL en el libro *Responsabilidad penal de las empresas y sus órganos y responsabilidad por el producto* (Barcelona, Bosch), pp. 129-197.

CORCOY BIDASOLO, Mirentxu (2016): Imputación objetiva, riesgo permitido, conductas neutrales, en *Manual de Derecho penal económico y de empresa. Parte General y Parte Especial.* T. 2 (Ed. Tirant lo Blanch), Valencia.

CRESPO, Demetrio (2012): Fundamento de la responsabilidad en comisión por omisión de los directivos de las empresas, *en Revista Penal México*, N° 3: pp.78 y ss.

DÍAZ Y GARCÍA CONLLEDO, Miguel (2001): La autoría mediata. Con una especial referencia a los delitos socioeconómicos y contra el medio ambiente, *en Documentos Penales y Criminológicos*, Vol. I.

DÍAZ Y GARCÍA CONLLEDO, Miguel (2007): Problemas actuales de autoría y participación en los delitos económicos, *en Nuevo Foro Penal*, N° 71 (Colombia), pp. 115-144.

DÓPICO GÓMEZ-ALLER, Jacobo (2011): *Memento práctico Francis Lefebre. Penal Económico y de la Empresa* (Ed. Francis Lefebvre), pp. 63 y ss.

FEIJOO SÁNCHEZ, Bernardo (2017-2): *Derecho penal de la empresa e imputación objetiva.* Argentina, Ed. Olejnik.

FEIJOO SÁNCHEZ, Bernardo (2017-1): *Imputación objetiva en el Derecho penal: nuevos alcances.* Argentina, Ed. Olejnik.

FEIJOO SÁNCHEZ, Bernardo (2007): Imputación de hechos delictivos en estructuras empresariales complejas, en *La ley penal*, N° 40, pp. 22 y ss.

FEIJOO SÁNCHEZ, Bernardo (2019): Autoría y participación en organizaciones empresariales complejas, en *ID vLex*: 227528201, pp.1/33.

FEIJOO SÁNCHEZ, Bernardo (2009): p. 17. *Imputación objetiva en el Derecho penal económico y empresarial*, InDret (2/2009): www.indret.com, Barcelona.

FEIJOO SÁNCHEZ, Bernardo (1999): *Límites a la participación criminal: ¿existe una "prohibición de regreso" como límite general del tipo en Derecho penal?* Granada.

FRISCH, Wolfgang (1996): Problemas fundamentales de la responsabilidad penal de los órganos de dirección de la empresa. Responsabilidad penal en el ámbito de la empresa y de la división del trabajo, en MIR, Santiago y LUZÓN, DIEGO-MANUEL (eds.) *Responsabilidad penal de las empresas y sus órganos y responsabilidad por el producto*, en Barcelona, Bosch, pp. 99-127.

GALLEGO SOLER, Juan I. (2006): Criterios de imputación de la autoría en las organizaciones empresariales, *en Estudios de Derecho Judicial*, N° 72 (Madrid).

GIMBERNAT, Enrique (2001): Omisión impropia e incremento del riesgo en el Derecho penal de la empresa, en *Anuario de Derecho penal y ciencias penales*, Vol. LIV, pp. 1-20.

GÓMEZ-JARA, Carlos (2016): Autoría y participación en la responsabilidad penal de las personas jurídicas, en *Tratado de responsabilidad penal de las personas jurídicas*, BAJO, M./FEIJOO, B./GÓMEZ-JARA, C. (Thomson Reuters. Civitas), p. 256.

GRACIA MARTÍN, Luis (2010): La responsabilidad penal de los administradores y representantes de la empresa por delitos especiales, en *SERRANO-PIEDECASAS* y E. DEMETRIO (dirs.) *Cuestiones actuales de Derecho penal empresarial* (Madrid) pp. 88, y ss.

FEIJOO SÁNCHEZ, BERNARDO (2017): *Imputación objetiva en el Derecho penal: Nuevos alcances* (B. Aires, Ed. Olejnik).

GRACIA MARTÍN, Luis (2004): Recensión al libro de C. MARTÍNEZ-BUJÁN P., Derecho penal económico. Parte general, en *Revista de Derecho penal y criminología* N° 13, p.477.

GRACIA MARTÍN, Luis (1993): Instrumento de imputación jurídico-penal en la criminalidad de empresa y reforma penal, *en Actualidad penal* N° 16, pp. 222 y ss.

JAKOBS, Günther (2001): pp. 625 y ss. La normativación del Derecho penal en el ejemplo de la participación, en *Modernas tendencias en la ciencia del Derecho penal y en la criminología*, Madrid.

JAKOBS, Günther (1997): La competencia por organización en el delito omisivo, en *Estudios de Derecho penal*, traducción de E. Peñaranda R. (Madrid, Civitas), pp.347-363.

JAKOBS, Günther (1995): *Derecho penal. Parte General: Fundamentos y teoría de la imputación*. Traducción Joaquín Cuello Contreras/ José Luis Serrano González de Murillo (Madrid. Ed. M. Pons).

LASCURAÍN SÁNCHEZ, Juan A. (2018): La responsabilidad penal individual en los delitos de empresa, en DE LA MATA, NORBERTO/DÓPICO, JACOBO/ LASCURAÍN, JUAN/ NIETO, ADÁN, *en Derecho penal económico y de la empresa* (Madrid, Ed. Dykinson) pp. 87- 127

LASCURAÍN SÁNCHEZ, Juan A. (1995): Fundamento y límites del deber de garantía del empresario, *Hacia un Derecho penal económico europeo*. Jornadas en Honor en al Prof. TIEDEMANN, KLAUS (Madrid, BOE), pp. 209-227.

LASCURAÍN SÁNCHEZ, Juan A. (2015): Manual de cumplimiento penal en la empresa, en NIETO, A. (dir.) (Valencia, Tirant lo Blanch).

LUZÓN PEÑA, Diego-Manuel (2011): *Responsabilidad penal del asesor jurídico*, en LH Landrove, Valencia.

MARTÍNEZ-BUJÁN, Carlos (2016): *Derecho penal económico y de la empresa. Parte general* (Valencia, Ed. Tirant lo Blanch, quinta edición).

MARTÍNEZ-BUJÁN, Carlos (2007): p. 96. Autoría y participación en el delito de defraudación tributaria, en BAJO FERNÁNDEZ (DIR.), *Política fiscal y Delitos contra la Hacienda Pública*, (2007).

MARAVER GÓMEZ, Mario (2009): *El principio de confianza en Derecho penal* (Aranzadi).

MEINI, Iván (2003): *Responsabilidad penal del empresario por los hechos cometidos por sus subordinados* (Valencia, Tirant lo Blanch).

MONTANER FERNÁNDEZ, R. (2008): *Gestión empresarial y atribución de responsabilidad penal. Apropósito de la gestión medioambiental* (Barcelona, Ed. Atelier).

MUÑOZ CONDE, Francisco (2001): Problemas de autoría y participación en el Derecho penal económico, o ¿cómo imputar a título de autores a las personas que, sin realizar acciones ejecutivas, deciden la realización de un delito en el ámbito de la delincuencia económica empresarial?, en *Derecho penal económico* (Madrid, Consejo General del Poder Judicial) pp. 217 y en *Revista Penal* N° 9 (2002), pp. 81 y ss.

NÁQUIRA, Jaime (2018): Aproximación al Art. 3° de la Ley 20.393, en *Estudios de Derecho penal económico chileno (2018)*, Ed. Universidad Católica de Chile (Santiago) pp. 6 y ss.

NÁQUIRA, Jaime (2017): *Derecho penal chileno*. Parte General. T. II Ed. Thomson Reuters (2017).

NUÑEZ CASTAÑO, Elena (2000): *Responsabilidad penal en la empresa* (Valencia).

PAREDES CASTAÑÓN, José M. (1995): Responsabilidad penal y división del trabajo en la actividad productiva, en PAREDES CASTAÑÓN, J. M. Y RODRÍGUEZ MONTAÑE, T. en el libro *El caso de la Colza: Responsabilidad penal por productos adulterados o defectuosos* (Valencia).

PEÑARANDA RAMOS, Enrique (2006): Sobre la responsabilidad en comisión por omisión respecto de hechos delictivos cometidos en la empresa (y en otras organizaciones), en *Libro homenaje al Prof. GONZÁLEZ-CUÉLLAR, ANTONIO* (Madrid, Colex) pp.411-430.

ROBLES PLANAS, R. (2018): Principios de imputación en la empresa, en Delito y empresa. *Estudios sobre la teoría del delito aplicada al Derecho penal económico-empresarial*, pp. 32.

ROBLES PLANAS, R. (2003): *La participación en el delito: fundamento y límites*. Barcelona/ Madrid, pp. 290 y ss.

ROBLES PLANAS, R. (2013): Imputación en la empresa y conductas neutrales, en *La teoría del delito en la práctica penal económica* (dirs.) SILVA SÁNCHEZ, J.M./MIRÓ LLINARES, F. Ed. La ley, p. 444.

ROBLES PLANAS, R. (2012): Los dos niveles del sistema de intervención en el delito (el ejemplo de la intervención por omisión), en *In Dret2*, pp. 14 y ss.

ROBLES PLANAS, R. (2007): *Garantes y cómplices*. Barcelona.

ROXIN, C. (1998): *Autoría y dominio del hecho en Derecho penal*. Traducción de Joaquín Cuello Contreras/ José Luis Serrano de Murillo. Ed. Marcial Pons Madrid- Barcelona.

SÁNCHEZ LAZARO, F. C. (2004): *Intervención delictiva e imprudencia*. Granada.

SILVA SÁNCHEZ, J.M. (2013): *Fundamentos del Derecho penal de la empresa*, Montevideo.

SILVA SÁNCHEZ, Jesús M. (2013): Teoría del delito y Derecho penal económico empresarial, en SILVA SÁNCHEZ, J.M. Y MIRÓ, F. (dirs.) *La teoría del delito en la práctica penal económica* (Madrid).

SILVA SÁNCHEZ, Jesús M. (2011): *Deberes de los miembros de un Consejo de Administración*, en *InDret* 2 (2011).

SILVA SÁNCHEZ, Jesús M. (1995a): Responsabilidad penal de las empresas y de sus órganos en Derecho español, en SILVA SÁNCHEZ (ed.) SCHÜNEMANN Y FIGUEIREDO (coords.) en *Libro homenaje a ROXIN, Claus* (Barcelona, JM Bosch), pp.357-379.

SILVA SÁNCHEZ, Jesús M. (1997): Criterios de asignación de responsabilidad en estructuras jerárquicas, en *Cuadernos de Derecho Judicial. Empresa y delito en el nuevo Código Penal* (Madrid).

SCHÜNEMANN, Bernd (2002): Responsabilidad penal en el marco de la empresa. Dificultades relativas a la individualización de la imputación, traducción de B. SPÍNOLA TÁRTALO Y M. SACHER en *Anuario de Derecho Penal y Ciencias Penales*, Vol. LV, pp.9-38.

SCHÜNEMANN, Bernd (2005): El dominio sobre el fundamento del resultado: base lógico-objetiva común para todas las formas de autoría, incluyendo el actuar en lugar de otro, traducción de M. SACHER en Libro homenaje al Prof. RODRÍGUEZ-MOURULLO, GONZALO y en *Revista de Derecho Penal* 2 (2005), pp. 29-62.

SCHÜNEMANN, Bernd (1999): *Criticising the notion of a Genuine Criminal Law Against Legal Entities, en ESER, A./Heine, G./HUBER, B. (eds.), Criminal Responsibility of Collective and Legal Entities, Freiburg, Ius Crim.*

SCHÜNEMANN, Bernd (1988): Cuestiones básicas de dogmática jurídico-penal y de política criminal acerca de la criminalidad de la empresa, en ADP, 1988.

VIVES ANTÓN, Tomás (2011): *Fundamentos del sistema penal (acción significativa y derechos constitucionales* (Valencia).

WELZEL, H. (1976): *Derecho penal alemán*, Traducción de JUAN BUSTOS R., y SERGIO YÁÑEZ P., Ed. Jurídica de Chile.

§ 2. VICTIMODOGMÁTICA Y DERECHO PENAL ECONÓMICO. UNA APROXIMACIÓN DESDE LOS DELITOS DE INSOLVENCIA

Iván Navas Mondaca*

I. INTRODUCCIÓN: LOS DELITOS DE INSOLVENCIA

El estudio de la responsabilidad por la insolvencia tiene en las sociedades occidentales una larga trayectoria, cuyo origen se remonta al mismo Derecho romano. En dicho sistema jurídico no existió diferencia entre la responsabilidad civil y penal del deudor, lo que tuvo como consecuencia una particular severidad del tratamiento punitivo de las conductas de impago de las obligaciones y de las situaciones de insolvencia del deudor[115].

Ya en la cultura jurídico-penal más reciente, los delitos de insolvencia han sido objeto de un permanente análisis por parte de la dogmática jurídico-penal desde los orígenes de la moderna teoría del delito[116]. Es cierto que, en el estudio del Derecho penal patrimonial, la permanente preocupación por parte de los autores ha recaído en el delito de estafa. Sin embargo, desde el período de la codificación los delitos de insolvencia eran considerados como los más graves de las defraudaciones[117]. Actualmente, y aun en contra de las permanentes reformas que ha llevado a cabo el legislador en diversos países del entorno común, influido entre otras cosas por la cambiante realidad económica, es posible hablar de la existencia de un verdadero Derecho penal de la insolvencia[118].

---

*   Doctor en Derecho por la Universidad Pompeu Fabra. Máster en Ciencias Jurídicas. Abogado. Profesor asociado de Derecho Penal Universidad San Sebastián. Dirección electrónica ivan.navas@uss.cl

115   Hiltenkamps-Wisgalle: (1987) p. 14; Mommsen: (1899) p. 899.

116   Véase Reichart: (1899) pp. 241 y ss.; Pacheco: (1888) pp. 338 y ss.

117   Pacheco: (1888) p. 338.

118   Kindhäuser (2013); Tiedemann: (1996) p.7; el mismo *Konkurs-Strafrecht* (1985); Wittig: (2011) p. 308; Bacigalupo Saggese: (2011) pp. 1 y ss.

Observando el Derecho chileno, se puede encontrar actualmente una importante actualización que proviene de la reforma del año 2014 en virtud de la Ley N° 20.720 que en su Art. 345 introduce los nuevos artículos 463 y siguientes en el Código Penal[119]. Este conjunto de artículos configura el nuevo Derecho penal de la insolvencia o también denominado por el legislador como "delitos concursales". La distinción conceptual es importante en la medida de determinar qué papel juega la insolvencia en estos delitos, pues resulta que el legislador penal solo usa el concepto de insolvencia en el Art. 466 de alzamiento de bienes. En el resto de las figuras hace mención del deudor declarado en concurso. Técnicamente no corresponde hablar de delitos concursales abarcando todos los tipos penales, pues el 466 nada tiene que ver con un proceso concursal y sí dice relación con la causación de la insolvencia objetivamente imputable al deudor. A pesar de ello, en el Derecho comparado se le conoce más bien con el nombre de Derecho penal de la insolvencia[120].

En efecto, en relación con la denominación deben entenderse como delitos de insolvencia aquel conjunto de tipos penales que se basan en la producción de una situación de insolvencia o de su inminencia, y que reflejan, principalmente, un menoscabo a los intereses jurídico-penales del acreedor[121]. Este concepto de Derecho penal de la insolvencia es el que me parece más preciso por sobre el denominado Derecho penal concursal, que también es utilizado en algunas ocasiones en el derecho comparado[122]. La razón de la preferencia por el concepto de Derecho penal de la insolvencia es, junto con la expresada anteriormente en relación con el alzamiento de bienes, que estamos en presencia de maniobras del deudor asociadas a una disminución de su propio patrimonio de manera injustificada.

El Derecho penal de la insolvencia ha tenido últimamente importantes reformas, buscando adaptarse al sistema económico del cual tiene directa relación. A modo comparado, otro ordenamiento jurídico que ha tenido una

---

119   Para los problemas de aplicación temporal que esta modificación ha producido véase el trabajo de BASCUÑÁN RODRÍGUEZ "El principio de *lex mitior* ante el Tribunal Constitucional", en *Revista de Estudios de la Justicia*, N° 23, 2015.

120   TIEDEMANN (1996).

121   Tiedemann habla de intereses del acreedor, pero para evitar solapamientos con el derecho de obligaciones debe precisarse que se trata, en un sentido amplio, de intereses o bienes jurídico-penales del acreedor. Véase TIEDEMANN: (1985) p. 5.

122   En este sentido, CANESTRARI "Riesgo empresarial e imputación subjetiva en el Derecho penal concursal", en TERRADILLOS y ALCALE: (2004) pp. 67 y ss.

reforma reciente en la materia es el Derecho penal español. Allí las principales figuras delictivas son el delito de alzamiento de bienes (Art. 257 y siguientes) y los delitos de concurso que en virtud de la reforma de 2015 se tipifican a partir del Art. 259. No obstante, tanto alrededor del alzamiento de bienes como del delito de concursal orbita una serie de tipos penales que constituyen en cierta medida conductas específicas de alzamiento (por ejemplo, el Art. 258 en relación al alzamiento de bienes) o comportamientos relacionados con el nuevo delito concursal (así, el favorecimiento de acreedores del Art. 260.1) que castigan determinados hechos que atacan al principio de *par conditio creditorum*[123]. Además, existen otros tipos penales tanto en el Derecho penal español como en el chileno que, alejados de aquellos comportamientos propios de insolvencia, inciden indirectamente en el proceso de ejecución universal. Así por ejemplo la presentación de documentos falsos del Art. 261 Código Penal español y del Art. 463 ter N° 1 del Código Penal chileno[124].

Ahora bien, cabe recordar que el Derecho penal, ya sea a través del delito de alzamiento de bienes u otro tipo penal de este conjunto de delitos, viene a otorgar protección penal a una situación que se encuentra, en determinados aspectos, regulada previamente en otros subsistemas del ordenamiento jurídico. Me refiero especialmente al Derecho procesal civil, al Derecho comercial y al propio Derecho civil. Esta última disciplina construye, antes que el Derecho penal, todo un conjunto de reglas de protección, deberes y derechos para el deudor y el acreedor debido a que estos son los principales sujetos en la relación jurídica civil que constituye el punto de partida para los delitos de insolvencia. En efecto, sin acreedor y sin deudor no podría configurarse ningún delito de los establecidos en los numerales 463 y siguientes del Código Penal. Por este motivo, el Derecho penal debe tener en consideración la configuración normativa de los contactos entre las esferas jurídicas del deudor y del acreedor para mantener una coherencia dentro del mismo ordenamiento jurídico.

Pues bien, la confluencia de dos disciplinas tan especializadas como el Derecho civil y el concursal, obedece a que estamos frente a un delito que tiene directa relación y aplicación en el tráfico jurídico-económico de bienes y servicios. En efecto, suele señalarse que vivimos en una economía crediticia,

---

123 GONZÁLEZ LUSSAC, "Las insolvencias punibles en las sociedades mercantiles", en TERRADILLO y ACALE (2004), pp. 83 y ss.

124 Paradigmático es el caso del Art. 463 ter N° 1 que castiga la presentación de datos falsos relativos al estado contable del concursado y que podría por el criterio de especialidad del concurso aparente de leyes no tratado en los supuestos de falsedades documentales.

basada en la concesión del crédito y en la transmisión del derecho de crédito, donde la insolvencia se constituye en la mayor lesión del derecho de crédito al defraudar expectativas de cobro[125]. Debido a esta perspectiva interdisciplinar, no puede perderse de vista la configuración de la protección del acreedor como figura central de la relación obligacional y la necesidad de garantizar un espacio jurídico-penal de libertad del deudor. En un modelo económico que tiene como pilar fundamental de su existencia el tráfico jurídico y la libertad de contratación, las principales expectativas de los agentes económicos que participan en él son precisamente que las partes cumplan. Para que los agentes económicos sigan confiando en un sistema que se basa en el tráfico de bienes, se necesita confiar en el cumplimiento de las expectativas de cobro y en el valor económico que representan los derechos de crédito.

Anteriormente me he referido a la misión que tiene la teoría de la imputación objetiva en relación a la determinación de los riesgos permitidos y no permitidos en delitos como el alzamiento de bienes. Pues bien, un punto de tensión que de manera particular asoma en el alzamiento de bienes versa justamente sobre el riesgo permitido. En el Derecho penal, la institución del riesgo permitido viene a delimitar aquellas conductas creadoras de riesgos jurídico-penalmente relevantes de aquellos riesgos socialmente aceptados y que no tienen la entidad para configurar un delito. La cuestión, por así decirlo, "novedosa" en el alzamiento de bienes es que, a diferencia de lo que ocurre en otros delitos patrimoniales, como el hurto, el robo o la estafa, en el tipo de alzamiento la conducta del sujeto activo recae materialmente sobre un único objeto, su propio patrimonio en el cual confluyen dos esferas jurídicas. No hay en el alzamiento de bienes un apoderamiento o engaño a la víctima que produzca la disminución patrimonial, sino que el deudor como sujeto activo afecta a bienes que se encuentran dentro de su propia esfera de organización. A razón de esta peculiar situación, surgen algunas preguntas fundamentales desde un punto de vista dogmático: ¿Tiene el deudor un deber de mantener íntegro su patrimonio? ¿Qué clase de deber es? ¿Tiene el deudor un deber positivo de ayuda o mejora del patrimonio de su acreedor o, simplemente, se trata de un deber negativo de responder en virtud de su libertad de organización?

Por último, el otro aspecto relevante referido al fundamento de estos delitos es el relativo a su fundamento jurídico-penal, esto es, al objeto o bien jurídico

---

125 Véase OLIVENCIA RUIZ, "El Derecho concursal y el mercado del crédito", en PULGAR EZQUERRA: (2010) p. 152.

protegido. Si bien en este trabajo no se tratará este punto en específico, cabe partir de la idea asentada en la doctrina de que el objeto de protección penal es el derecho de los acreedores a satisfacer sus créditos. En concreto, el derecho de crédito del acreedor como elemento del patrimonio[126]. No obstante, frente a esta postura dominante en el debate científico, una parte de la doctrina, enfatizando la relevancia que para el sistema económico tienen las situaciones generalizadas de insolvencia, viene afirmando que junto a la protección del derecho de crédito del acreedor existe una protección de un bien jurídico supra individual que correspondería al buen funcionamiento del sistema crediticio o económico[127]. En efecto, se trata de aquel elemento que sería necesario de protección por parte de los delitos de insolvencia referido a "la confianza en el buen funcionamiento del sistema de crédito" o, en general, a ciertos "intereses transversales de la economía moderna"[128]. A pesar de la existencia de una opinión dominante, la irrupción de tesis supra individuales permite sostener que la discusión sobre el bien jurídico protegido por estas figuras penales sigue abierta. Evidentemente es posible diferenciar, aunque ya no con tanta claridad como antaño, un sector dominante y otro que con fuerza ha irrumpido en las últimas décadas con nuevos argumentos.

Ahora bien, este trabajo se centra en la aplicación de los últimos desarrollos de la victimodogmática a los delitos de insolvencia. En efecto, tradicionalmente la atención a la víctima en la configuración del delito se ha estudiado a partir de los desarrollos del delito de estafa[129]. Sin embargo, poca atención ha tenido la posible imputación al ámbito de responsabilidad de la víctima en otros delitos que guardan relación con el aspecto patrimonial. Así las cosas, aquí se presenta un desarrollo y se propone una tesis de aplicación de la victimodogmática para el conjunto de delitos que tiene como base las conductas del deudor que ocasionan una situación de insolvencia, perjudicando a un sujeto denominado acreedor.

126　En esta línea, RADTKE y PETERMANN (2014); KINDHÄUSER (2013); PÜSCHEL: (2011) p. 477; BAJO y BACIGALUPO: (2010) p. 423; ERDMANN: (2007) pp. 85, 211 y ss.; OTTO (2002); GONZÁLEZ CUSSAC: (2000) pp. 24 y ss.; MUÑOZ CONDE: (1999), p. 64.

127　Véase TIEDEMANN (2009); el mismo: (1996) pp. 30 y 31; el mismo: (1985) p. 25; QUERALT JIMÉNEZ: (2010) p. 747. Otros autores van incluso más lejos y ven al sistema crediticio como único bien tutelado. En este último sentido, BUSTOS RAMÍREZ: (1990) pp. 26 y ss.

128　DANNECKER y KNIERIM y HAGEMEIER: (2012) p. 26.

129　PASTOR MUÑOZ: (2004) p. 115.

II. VICTIMODOGMÁTICA Y DEBERES DE PROTECCIÓN DEL ACREEDOR

A, acreedor de B, contrata a un detective privado para investigar posibles comportamientos fraudulentos de su deudor. Como fruto de la investigación privada, el acreedor obtiene conocimiento de una serie de conductas de alzamiento de bienes que B está preparando para llevar a cabo (redacción de contratos simulados, cambio del régimen económico matrimonial, traspaso de bienes inmuebles a testaferros, venta simulada del patrimonio a una sociedad pantalla, etc.). Aun así, el acreedor no toma ninguna de las medidas civiles (o procesales) precautorias para evitar las futuras conductas fraudulentas de su deudor. ¿Es posible afirmar que existe un deber del acreedor consistente en recurrir en primer lugar a medidas de protección de otras ramas del ordenamiento jurídico y solo entonces merecer la protección del Derecho penal como medida de *última ratio*? ¿Puede, por lo tanto, sostenerse que la omisión por parte del acreedor (futura víctima) de las medidas cautelares de protección que pone a su disposición el Derecho procesal o civil ha contribuido a la creación del riesgo de insolvencia penalmente relevante de su deudor?

Las reflexiones anteriores están en directa relación con la vigencia y aplicación del principio de *ultima ratio* del Derecho penal. Según este, el Derecho penal es la última medida de protección que hay que considerar cuando fallen otros medios de solución –como la acción civil o las normas de policía–[130]. Si se toma en serio el cumplimiento del principio de *ultima ratio*, entonces lo que se debe afirmar (o rechazar) es si existe un deber de la potencial víctima de recurrir en primer lugar al Derecho civil o administrativo y solo cuando estos medios fallen podrá recurrir legítimamente al Derecho penal.

En este punto y respecto de los delitos de insolvencia, es interesante la opinión de SCHÜNEMANN. Para este autor, el delito de alzamiento de bienes del Art. 257.1 del Código Penal español y, en general, de todo el Derecho penal concursal representa una recepción expresa del principio de *ultima ratio* del Derecho penal. En opinión de este autor, cuando el acreedor (víctima) toma todos los mecanismos procesales civiles de protección, pero el deudor frustra su eficacia, entonces a través de la penalización de tales comportamientos del deudor se protege el patrimonio del acreedor primariamente mediante el Derecho

---

130   ROXIN (2006); MIR PUIG: (2011) p. 118.

civil y solo secundariamente a través del Derecho penal[131]. Según esto, el acreedor tendría un deber de recurrir primero a las medidas de protección que le otorga el Derecho procesal civil y solo cuando dichas medidas sean ineficaces (porque, por ejemplo, el deudor las burla) merecerá la protección del Derecho penal. Al menos esto es lo que debería afirmarse por quien, como Schünemann, sostenga que los delitos de insolvencia representan una manifestación expresa del principio de la *ultima ratio* del Derecho penal. Sobre este último punto se volverá más adelante.

Ante todo, cabe señalar que la respuesta a la pregunta de si existen determinados deberes de autoprotección que la víctima debe cumplir, para así merecer la protección del Derecho de acuerdo a principios como el de *ultima ratio* o subsidiariedad, se debe buscar en aquel enfoque según el cual la víctima constituye objeto central de estudio para la configuración del injusto. El estudio de tal aspecto, esto es, de la intervención de la víctima en la conformación del injusto, ha sido denominado por la doctrina "victimodogmática"[132]. La victimodogmática se encarga de examinar hasta qué punto (y en qué términos) el reconocimiento de la existencia de víctimas corresponsables del delito puede influir –en sentido eximente o atenuatorio– en la responsabilidad del autor[133]. En principio, la pregunta que ha girado al respecto en la doctrina es si esta corresponsabilidad de la víctima en los hechos puede excluir la tipicidad o la antijuridicidad[134].

Sin embargo, la evolución más reciente que ha tomado la victimodogmática apunta a centrar el debate en el ámbito de la tipicidad más que en la categoría de la justificación. Ocurre así, especialmente cuando los estudios apuntan a ubicar a la víctima en el centro de la imputación objetiva, ya que en determinados supuestos no parece ser suficiente la conducta del autor, sino que es necesaria una acción u omisión de la víctima para la cocreación del riesgo desaprobado. O, como también se señala, para aquellos casos en que la conducta del autor

---

131 Schünemann, "Das System des strafrechtlichen Unrechts: Rechtsgutsbegriff und Viktimodogmatik als Brücke zwischen dem System des Allgemeinen Teils und dem Bedonderen Teil", en Tiedemann/Schünemann (2002), pp. 60 y 61. Hay traducción al español: "Sistema de Derecho penal y victimodogmática", en Díez Ripollés: (2002) pp. 159-172.

132 Véase Schünemann: (1986) p. 439. Crítico con esta denominación y en general con su estudio aislado de la teoría del delito, véase Cancio Meliá: (2001) pp. 221 y ss.

133 Véase Silva Sánchez, en de la Cuesta y Dendaluze y Echeburúa: (1989) p. 635.

134 Roxin (2006).

solo adquirió la suficiencia jurídico-penal al sumársele el riesgo creado por la víctima[135].

La victimodogmática también plantea que, a través de la aplicación de los principios limitadores, de los fines del Derecho penal y de determinadas aportaciones de la víctima en la creación del riesgo permitido, puede concluirse que en algunos casos habría un deber de autoprotección cuya infracción implicaría el no-merecimiento o una falta de necesidad de la protección penal para la víctima del hecho[136]. Los autores parten de la base de que se debe considerar que la protección que otorga el Derecho penal a los bienes jurídicos debe estar regida siempre por los principios de *ultima ratio*, fragmentariedad y subsidiariedad[137]. Por ello cobra relevancia la posibilidad de afirmar o descartar la existencia de un deber de autoprotección de la posible víctima ya que, si dicho deber de la víctima existiera y fuera infringido, podría sostenerse que, desde un punto de vista político-criminal, la reacción jurídico-penal contra el autor constituye una infracción del principio de subsidiariedad[138]. Y, desde un punto de vista dogmático, podría afirmarse que se trataría de una vulneración del principio de proporcionalidad, pues la función del Derecho penal pasa por la protección de "bienes jurídicos" únicamente respecto a aquellas agresiones que son lo suficientemente graves para que la protección penal se estime ineludible[139].

Seguramente, la mayor consecuencia de aquellos autores que se pronuncian acerca de la victimodogmática la representa la opción sostenida por SCHÜNEMANN. Según este autor, la imposición de la pena como *ultima ratio* de la prevención estatal de conductas socialmente dañosas no debe tener lugar cuando la víctima no merece ni necesita protección. Haciendo una interpretación de los principios de *ultima ratio* y subsidiariedad que deben gobernar la actuación del Derecho penal, este autor señala que deben eliminarse del ámbito de lo punible aquellos comportamientos en contra de quien puede protegerse a sí mismo de una

---

135 SILVA SÁNCHEZ "La víctima en el futuro de la dogmática", en BERISTAIN Y DE LA CUESTA: (1990) p. 234.

136 SCHÜNEMANN "Methodologische Prolegomena zur Rechtsfindung im Besonderen Teil des Strafrecht" en KAUFMANN: (1979) pp. 129 y ss. Con amplias referencias, véase CANCIO MELIÁ: (2001) pp. 267 y ss.

137 SCHÜNEMANN: (1986) p. 439 y ss.

138 HÖRNLE, "Subsidiariedad como principio limitador. Autoprotección", en ROBLES PLANAS: (2012), p. 89.

139 SILVA SÁNCHEZ, en DE LA CUESTA Y DENDALUZE Y ECHEBURÚA: (1989) p. 640.

manera fácil y razonable[140]. A esta conclusión se llega también, según el propio Schünemann, por medio del postulado del contrato social. Según este autor, en el contrato social el ciudadano solo renuncia a la libertad que por sí mismo no puede proteger, necesitando por lo tanto al Estado y la protección penal de este último allí donde las propias fuerzas de la potencial víctima son insuficientes[141].

Matizando las conclusiones anteriores, recientemente Hörnle se ha apartado de la solución postulada por Schünemann en que se debe dejar sin castigo al autor del delito cuando la víctima, pudiendo tomar medidas de protección de manera fácil y razonable, no lo hace. Según Hörnle, la omisión de las medidas de protección de la víctima solo pueda tener como consecuencia "una disminución del injusto y no la supresión de él"[142]. Así, en su opinión, jamás puede desaparecer ni tener lugar una división del injusto entre autor y víctima. Por el contrario, esta autora sostiene que solo tendría lugar una disminución del injusto del autor ya sea como una disminución del desvalor de la conducta o del desvalor del resultado[143].

En contra de las posiciones que apuntan a una corresponsabilidad de la víctima, recientemente se ha pronunciado Ropero Carrasco. Esta autora descarta categóricamente la existencia de determinados deberes de autoprotección de la víctima. Resumidamente, en su opinión el Derecho vigente no permite en modo alguno exonerar la pena para el autor del delito considerando la contribución que tenga la víctima en la creación del riesgo. Señala que nunca puede afirmarse "que parte del injusto es atribuible a la víctima, pues el comportamiento de esta en ningún caso implica la creación de un riesgo desaprobado"[144]. En su opinión, contribuir al riesgo o consentirlo no representa la realización de un hecho desvalorado[145]. Ahora bien, la mayor dificultad que observa Ropero Carrasco consiste en que ningún tipo de la Parte Especial ni disposición alguna de la Parte General

---

140   Schünemann: (1986) p. 439.

141   Véase Schünemann "Protección de bienes jurídicos, *ultima ratio* y victimodogmática. Sobre los límites inviolables del Derecho penal en un Estado de Derecho liberal", en Robles Planas: (2012) pp. 80 y 81.

142   Hörnle, en Robles Planas: (2012) p. 95.

143   Hörnle, en Robles Planas: (2012) p. 95.

144   Ropero Carrasco "¿Hay que merecer la protección del Derecho penal?: Derechos y deberes de las víctimas", en Cuerda: (2006) p. 127.

145   Ropero Carrasco, en Cuerda: (2006) p. 127.

del Código Penal se refieren a la posibilidad de exoneración o atenuación para el caso en que la intervención de la víctima contribuya a la creación del riesgo[146].

Sin embargo, la opinión de la citada autora no puede ser aquí compartida. En efecto, tal estructura argumentativa de Ropero Carrasco aplicada en otros ámbitos de la dogmática penal traería negativas consecuencias al desconocer un avance que ha logrado la dogmática en décadas de trabajo. Me refiero a la similar situación que tiene la teoría del bien jurídico y a la teoría de la imputación objetiva. Ni respecto de la imputación objetiva ni de la existencia de bienes jurídicos existe norma alguna en el Derecho vigente ni de la Parte General ni en la Parte Especial que señale que lo protegido por el Derecho penal son bienes jurídicos. Tampoco se encuentra en alguna de ambas partes una norma que haga referencia a la teoría de la imputación objetiva como instrumento delimitador de conductas típicas y conductas permitidas.

Ninguna de estas instituciones dogmáticas se encuentra en una norma en el Derecho vigente y, aun así, son aceptadas y utilizadas por una comunidad jurídica interpretativa ampliamente dominante. Señalar lo contrario, esto es, aceptar la opinión de que, por la falta de existencia de norma de Derecho positivo, no se permita la utilización de estas dos instituciones dogmáticas de tanta relevancia me parece a todas luces bastante difícil de aceptar.

En mi opinión, la solución al planteamiento victimodogmático no pasa sin más por aplicar un criterio radical como el que sostiene Schünemann, según el cual se deba perder la protección penal por la no adopción de medidas razonables de protección por parte de quien puede tomarlas de manera fácil para autoprotegerse. Dicho planteamiento, sin una concreción profunda es difícilmente asumible, pues implica materialmente una retirada del Derecho penal que daría paso a soluciones privadas de justicia y debilitaría la capacidad comunicativa de motivación que la norma penal ejerce en los ciudadanos. Al respecto, tiene razón Silva Sánchez cuando sostiene que es bastante difícil aceptar que la exigencia generalizada de medidas activas de autoprotección (preventivas o reactivas) deba ser algo usual, razonable y exigible[147].

En opinión de Silva Sánchez, la solución del merecimiento de la protección penal pasa por una adecuada precisión del contenido de determinadas medidas de protección, consistentes en evitar actos dolosos o imprudentes que directa o indirectamente puedan redundar en una lesión de los propios bienes jurídicos

---

146   Ropero Carrasco, en Cuerda: (2006) p. 125.

147   Silva Sánchez en de la Cuesta y Dendaluze y Echeburúa: (1989) p. 641.

por terceros. Tal determinación viene dada, para este autor, por la existencia de un deber de la víctima de evitar favorecer conscientemente la puesta en peligro de los bienes jurídicos, así como evitar intensificar el grado de peligro al que ya están sometidos. Así, para SILVA SÁNCHEZ, quien no adopte esta mínima medida de protección quedará sin la protección penal o, al menos, la verá disminuida[148]. Hasta donde alcanzo a ver, esta última situación es lo que sucede en aquellos casos de estafa en que la víctima está en una situación de duda. Sería exigible que la posible víctima de estafa se informe más antes de realizar el acto de disposición patrimonial. Ahora bien, si aun así la víctima dispone patrimonialmente, lo haría mediante un engaño no bastante para producir error en ella. El riesgo insuficiente que había creado el autor a través del engaño no bastante se transforma en un riesgo suficiente por la omisión de una medida de autoprotección de la víctima. La medida de autoprotección exigible en este caso sería la obtención de información suficiente cuando se está en una situación de duda que pudiera implicar un perjuicio patrimonial.

El planteamiento de SILVA SÁNCHEZ tiene la virtud de que con él se evita caer en la imputación de los resultados desde un punto de vista estrictamente causal y permite una atribución del resultado a ámbitos de responsabilidad de autor y víctima[149]. Ello ocurre, por ejemplo, en los casos en que un comportamiento del autor solo adquiere relevancia jurídico-penal a partir del momento de interacción con la víctima. Así, se evita la arbitrariedad e irracionalidad de una pura interpretación gramatical de los tipos[150].

Después de observar a grandes rasgos el panorama de la victimodogmática, corresponde ahora abordar la respuesta al supuesto de hecho con el cual comenzó este capítulo. ¿Tiene el acreedor un deber de recurrir en primer lugar a las medidas civiles que pone el ordenamiento jurídico a su disposición, para merecer solo secundariamente la protección que otorga el Derecho penal? Con otras palabras, ha de intentar responderse si la omisión de una medida precautoria de índole procesal civil puede entenderse, o no, como una vulneración de un deber de autoprotección y, en consecuencia, como una cocreación de un riesgo típico.

Sobre este punto mi opinión es la siguiente: la configuración social y económica, basada principalmente en contactos sociales anónimos, hace bastante

---

148 SILVA SÁNCHEZ en DE LA CUESTA y DENDALUZE y ECHEBURÚA: (1989) p. 642.

149 SILVA SÁNCHEZ en DE LA CUESTA y DENDALUZE y ECHEBURÚA: (1989) pp. 640 y 642.

150 SILVA SÁNCHEZ en DE LA CUESTA y DENDALUZE y ECHEBURÚA: (1989) p. 642.

difícil configurar un deber para el acreedor de investigar cómo se comporta su deudor. En principio, toda persona tiene derecho a confiar en que los demás han de respetar las normas jurídicas, pues rige un principio de confianza en el cumplimiento estas. Ello evita justamente la necesidad de tomar medidas de investigación para averiguar si un deudor se comporta o no de acuerdo con las normas jurídicas vigentes. De lo contrario, exigir al acreedor un conocimiento de las conductas que va realizando el deudor tendría como consecuencia configurar un Estado policial en el que cualquiera debería averiguar cómo se comportan aquellos con los que se ha relacionado para evitar que se lesionen los propios derechos o bienes jurídicos.

Al respecto, no me parece posible afirmar que existe un deber de prevenir activamente las futuras agresiones cuando no se tiene conocimiento de ellas. No hay un deber del acreedor de informarse si su deudor se dispone a realizar actos fraudulentos o lícitos con su propio patrimonio. En este sentido, no se puede afirmar que el acreedor que omite la solicitud de medidas cautelares de índole procesal haya vulnerado sus deberes de autoprotección, pues no me parece que la realización de investigaciones sobre un potencial autor (el deudor) sean medidas razonables, proporcionales ni exigibles a una potencial víctima (acreedor).

Sostener la existencia de un deber de recurrir primero a las medidas del Derecho civil a través de la puesta en práctica de una medida de protección por parte del acreedor para solo así merecer en *ultima ratio* la protección del Derecho penal, sería exigir que el acreedor estuviera constantemente en conocimiento de las actuaciones de su deudor para, llegado el caso, tomar medidas precautorias o procesales de aseguramiento del patrimonio del deudor. Esta exigencia me parece desproporcionada e impracticable en el caso de los delitos de insolvencia.

III. EL ACREEDOR ANTE LA TENTATIVA DEL DEUDOR

Como se ha visto, es posible señalar que, en general, los planteamientos victimodogmáticos basados en los principios de *ultima ratio* y subsidiariedad sostienen que el Derecho penal debe actuar cuando otros medios de control social que suponen una intervención menos intensa no pueden ser aplicados[151].

---

151 Véase WOHLERS, "Derecho penal como *ultima ratio*. ¿Principio fundamental del Derecho penal de un Estado de Derecho o principio sin un contenido expresivo propio?", en ROBLES PLANAS: (2012) p. 110.

No obstante, esta máxima victimodogmática que estructuralmente parece ser bastante sencilla de aplicar frente a casos claros, como la víctima potencial de estafa frente a un engaño burdo, adquiere mayor dificultad cuando le añadimos la estructura del *iter criminis* en delitos distintos al de la estafa. En concreto, me refiero a la siguiente situación:

Un acreedor observa cómo su deudor está cargando en un camión el conjunto de maquinarias industriales que representan todo su patrimonio para trasladarlas a un país extranjero y así presentarse insolvente frente a sus acreedores. Desde la estructura de la teoría del delito, lo que ocurre es que la víctima tropieza *in situ* con el desarrollo del *iter criminis*, literalmente la víctima está "cara a cara" con la tentativa del autor.

Desde la posición de la víctima-acreedor, se puede razonar que quizás es preferible esperar a que el deudor consume el delito para iniciar así un proceso penal y hacer recaer en el autor del hecho el mayor peso del ordenamiento jurídico. Imaginemos, por ejemplo, que el deudor es al mismo tiempo el peor enemigo del acreedor: por consiguiente, tiene más motivos para dejar pasar el tiempo y recurrir a la justicia penal. Incluso se puede sostener que el transcurso del tiempo, desde el comienzo de la tentativa hasta la consumación, puede serle útil al acreedor para constituir pruebas que le permitan obtener con relativa facilidad una sentencia penal condenatoria en contra de su deudor.

Bajo los postulados de la victimodogmática, cabe preguntarse: ¿Debe el acreedor interrumpir el *iter criminis* del deudor, evitando la consumación bajo la amenaza de perder la protección del Derecho penal por infracción de deberes de autoprotección? ¿Puede deducirse en este sentido un deber de evitar la consumación del delito? Las respuestas a estas preguntas surgen desde los mismos argumentos de la victimodogmática y, en general, de la propia dogmática penal. En primer lugar, en el caso planteado como ejemplo parece ser que en realidad no se trata de medidas de autoprotección sino más bien de medidas que constituyen directamente un rechazo de la agresión que lleva a cabo el autor.

Desde el punto de vista de la justificación, la víctima de una agresión puede recurrir en todo caso a la legítima defensa para repeler el ataque. Podría, por ejemplo, en el supuesto de hecho anterior, utilizar la ayuda de un vehículo para encerrar al autor (deudor) en el lugar físico en que este último se encontrara cometiendo la tentativa del injusto de alzamiento de bienes (cargando sus bienes en el vehículo con el que pretendía partir al extranjero). Aparentemente, la víctima cometería un delito de detenciones ilegales que estaría justificado por la legítima defensa, pues el acreedor no haría otra cosa que rechazar la agresión del deudor. Sin embargo, no es menos cierto que la legítima defensa constituye un derecho y no un deber. Por lo tanto, el hecho de no recurrir a esta causa de justificación no tiene consecuencia alguna para la víctima, puesto que desde la dogmática de justificación no puede hablarse de que exista un deber de recurrir a la legítima defensa.

Ahora bien, desde la victimodogmática las consecuencias de no autoprotegerse pudiendo hacerlo no se presentan tan claras como desde la perspectiva de la justificación, pues, como se ha observado bajo los postulados del enfoque victimodogmático, se exige la realización por parte de la víctima de medidas tendentes a proteger sus propios intereses para que solo en aquellos casos en que los esfuerzos del propio ciudadano-víctima se presenten insuficientes, el Estado le otorgue protección penal[152]. Bajo este postulado, se entiende que el primero en defender sus propios intereses debe ser la propia víctima potencial y, cuando a ella no le sea posible, entonces tendrá la protección jurídico-penal del Estado.

Sin embargo, cabe hacer una matización al principio victimodogmático recién planteado. En mi opinión, debe atenderse aquí a la idea que plantea WOHLERS referida a que la autoprotección de la víctima es *una* alternativa a poner en práctica solo cuando dicha medida no menoscabe intereses propios importantes de la víctima potencial[153]. De acuerdo con ello, cabe preguntarse si puede exigirse al acreedor que, ante la tentativa del deudor, deba llevar a cabo alguna medida de protección para evitar la consumación. En mi opinión, exigir una medida que interrumpa la consumación en tales casos sí constituye un menoscabo de los derechos de la víctima. La exigencia de evitar la consumación del delito no constituye una medida razonable, proporcionada ni exigible a la potencial víctima. Lo contrario, exigir, por ejemplo, que el acreedor bloquee con un vehículo la salida del lugar en el que se encuentra el deudor realizando el *iter criminis* me parece una exigencia que vulneraría la proporcionalidad como principio básico que debe en todo caso regir para cualquier medida de autoprotección que se exija de la víctima.

De esta forma, no puede afirmarse que la víctima renuncie a sus intereses cuando no evita la consumación del delito o incluso cuando no interrumpe la tentativa. En realidad, sería la propia exigencia de llevar a cabo una medida de autoprotección tendente a rechazar la agresión del deudor la que puede representar un peligro para la propia víctima. Una exigencia como aquella, esto es, una exigencia de evitar la consumación, me parece que constituye una medida

---

152 Véase, por todos, SCHÜNEMANN en ROBLES PLANAS: (2012) pp. 80 y 81.

153 WOHLER en ROBLES PLANAS: (2012) p. 120.

que menoscaba un interés del acreedor como es el derecho a la seguridad e integridad de su propia vida. En este sentido, el Derecho penal no puede exigir tales actuaciones de las víctimas bajo la amenaza de revocar la protección penal, pues el merecimiento de protección no puede depender de acciones heroicas de las mismas víctimas[154].

Por el contrario, se han de exigir medidas de autoprotección que sean razonables, exigibles y proporcionales, pero que nunca constituyan un peligro para la propia víctima. Cualquier exigencia de autoprotección para todo ciudadano potencialmente víctima debe tener como límite que la misma no constituya un peligro propio[155]. Lo contrario, esto es, exigir acciones de protección que para autoproteger un determinado bien jurídico deban poner en peligro otro bien jurídico, puede configurar una política criminal insostenible en cualquier Estado social y democrático de Derecho. Resulta además bastante difícil afirmar que el ciudadano debe aceptar formar parte de un contrato social en el cual se obliga a poner en peligro su vida o integridad física para merecer la protección penal que el Derecho brinda a su patrimonio. En este sentido, no cabe otra cosa que afirmar que también las medidas de autoprotección han de estar sometidas al principio de proporcionalidad y de exigibilidad.

Desde un punto de vista dogmático y, siguiendo aquí a Silva Sánchez[156], creo que la omisión de una medida de autoprotección frente a una situación como el desarrollo del hecho delictivo del deudor no favorece conscientemente la puesta en peligro de los bienes jurídicos, ni parece posible afirmar que con dicha omisión se intensifique el grado de peligro al que ya está siendo sometido el bien jurídico del acreedor. El comportamiento del deudor-autor adquiere relevancia jurídico-penal por sí mismo sin necesidad de que el acreedor realice algo. En realidad, no hace falta ninguna interacción de la potencial víctima con el autor para que la conducta de este último sea considerada lesiva, pues ya sin necesidad de la existencia de un comportamiento de la víctima, la actuación del autor contiene el suficiente desvalor de acción.

De acuerdo con lo anterior, estimo que no existe un deber de evitar la consumación cuando con ello se crea un peligro para la propia víctima a la que

---

154 Si el deudor se hace ayudar de un grupo de "matones" durante las acciones de ocultación de su patrimonio, no se le puede exigir al acreedor-víctima que tome como medida de autoprotección la interrupción del *iter criminis* del deudor, pues con ello arriesga ya no solamente su patrimonio sino también su propia integridad física.

155 Hörnle en Robles Planas: (2012) p. 96.

156 Silva Sánchez en de la Cuesta y Dendaluze y Echeburúa: (1989) pp. 642 y ss.

se exige la adopción de medidas de autoprotección. Lo contrario, es decir, exigir la interrupción de la tentativa, puede producir que el remedio (medidas de autoprotección) acabe siendo más dañoso que la propia enfermedad (la consumación del delito). Por último, en el caso de que el deudor intentara apoderarse mediante violencia, intimidación o fuerza de un bien que pertenece a su acreedor podría apreciarse un delito de realización arbitraria del propio derecho tipificado en el Art. 455 del Código Penal.

IV. LA OMISIÓN DEL COBRO DE UN CRÉDITO

En algunas situaciones existen determinadas medidas idóneas para evitar la lesión de bienes jurídicos y que sí pueden considerarse medidas razonables que no representa menoscabo alguno para los intereses de la potencial víctima. La omisión de tales medidas puede presentarse estructuralmente como una contribución en la cocreación del riesgo típico. El supuesto de hecho de una situación como la descrita sería el siguiente:

El acreedor que deja pasar un tiempo considerable en el cobro de una deuda que se encuentra vencida, líquida y exigible, y que en momento de realizar el cobro se encuentra con la situación que el deudor obligado al pago se ha insolventado, ¿puede afirmarse que ha vulnerado sus deberes de protección al dejar pasar un amplio período de tiempo para cobro de la deuda?

Expliquemos mejor, a través de una fórmula, este complejo entramado de variables:

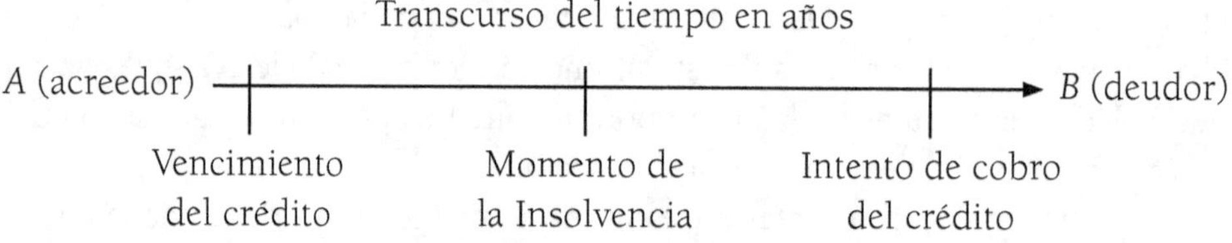

A, que es acreedor, omite el cobro del crédito que posee respecto de B durante el transcurso de un tiempo prolongado. Durante ese período, B se insolventa fraudulentamente, por lo que A no puede cobrar ya que su deudor está en insolvencia. La situación que aquí se presenta desde la victimodogmática es si la lesión del bien jurídico del acreedor puede imputarse a la propia víctima como corresponsable del hecho. Todo ello, bajo el presupuesto de que la omisión en el cobro durante un extenso periodo de tiempo ha contribuido a la cocreación del riesgo.

En mi opinión, la omisión del cobro del crédito durante un largo periodo de tiempo constituye una vulneración del deber de diligencia del acreedor y una infracción del deber de autoprotección de este. Efectivamente, estimo que puede afirmarse que se trata de una infracción de una medida mínima, razonable y exigible de autoprotección que recae en todo acreedor. Es razonable, porque *B* podía tomar tal medida sin que ello significase menoscabo alguno a sus intereses y bastando con realizar un mínimo esfuerzo. Es exigible, porque tal deber forma parte del modelo normativo de conducta tanto del buen padre de familia como del ordenado comerciante. Se trata de una medida mínima que busca evitar intensificar el grado de peligro al que ya está sometido el derecho de crédito del acreedor en un ámbito, como el económico, que está permanentemente sometido a riesgos.

Los postulados generales de la victimodogmática ya se han observado *grosso modo* en el comienzo de este capítulo. En términos generales, estos postulados establecen que cuando la víctima puede proporcionarse medidas mínimas razonables para evitar la lesión del bien jurídico sin menoscabo para sus intereses y omite tales medidas, entonces decae o se atenúa la punibilidad del hecho del autor. Por lo demás, resulta interesante la valoración que hace el Derecho mercantil de la situación del acreedor que no cobra un crédito. Como se ha observado, este subsistema jurídico ha venido institucionalizando un conjunto de deberes exigibles a todo aquel que opera en el tráfico económico bajo el modelo de conducta de un ordenado comerciante.

Pues bien, el Derecho comercial sostiene –para aquel sujeto que actúa bajo dicho modelo– que el hecho de no reclamar el importe de los créditos de la sociedad frente a los socios constituye una infracción del deber de diligencia que le corresponde a todo ordenado empresario[157]. Ello confirma, ya en este nivel normativo, una desvaloración de la omisión del cobro del crédito por parte de quien lo puede llevar a cabo y no lo hace. No es desproporcionado, en este sentido, afirmar que el cobro de un crédito constituye una medida exigible a un ordenado empresario, pues a través de esta mínima medida se evita intensificar el grado de riesgo al que ya está expuesto su derecho de crédito.

No puede argumentarse aquí que la retirada del Derecho penal deje desamparada a la víctima, ya que es ella misma la que conscientemente pone en

---

157   SÁNCHEZ CALERO: (2007) p. 185.

peligro adicional sus propios intereses a través de la infracción de no adoptar mínimas y sencillas medidas de autoprotección. Por ello, en este caso, me parece correcto afirmar que es posible mantener la integridad del bien jurídico con la autoprotección de la víctima a través del cobro del crédito dentro de un período prudente de tiempo, pues en definitiva tal medida es del todo razonable y sencilla como forma de autoprotección exigible a la potencial víctima[158].

Si hasta aquí se ha llegado a la conclusión de que en este caso sí hay una vulneración de los deberes de autoprotección, ha de poder establecerse entonces cuáles son, en concreto, las consecuencias que se derivan en relación a la valoración del injusto y de la pena. Sobre este punto, HÖRNLE ha sostenido que las consecuencias han de repercutir bien en una disminución del desvalor de conducta o bien desde el desvalor de resultado efectuando una división de competencias respecto al resultado acaecido. Sin embargo, señala la citada autora que en ningún caso el injusto puede desaparecer ya que siempre queda el desvalor de la conducta del desprecio a la norma[159].

Por lo demás, cabe señalar que cualquier propuesta al respecto deberá ser respetuosa con el principio de legalidad. Ello quiere decir que toda consecuencia que se derive de la afirmación de que se han vulnerado deberes de autoprotección debe tener en cuenta el Derecho positivo. Hasta donde veo, la solución en estos casos de vulneración de deberes de autoprotección se encuentra en una disminución del injusto en el desvalor de acción a través de la aplicación de una atenuante analógica del Art. 21.6 del Código Penal.

Por último, la omisión del cobro de un crédito puede también dar lugar a un delito de administración desleal. Esto tendría lugar en el caso de que el administrador de una sociedad deje prescribir conscientemente un crédito que tiene la sociedad que administra con otra entidad, pues el no reclamar el crédito a tiempo se puede entender bajo la modalidad típica de "disponer" de los bienes sociales[160].

---

158   Véase SCHÜNEMANN en ROBLES PLANAS: (2012) p. 80.

159   HÖRNLE en ROBLES PLANAS: (2012) p. 95.

160   Sobre la comisión por omisión del delito de administración desleal, véase CASTRO MORENO: (1998) pp. 425 y ss.

V. CONCLUSIONES

La autoprotección del acreedor como potencial víctima es una alternativa a poner en práctica solo cuando dicha medida no menoscabe intereses propios importantes de la víctima potencial. En este sentido, se configurarán deberes en la medida en que se cumpla con esta máxima. Se han de exigir medidas de autoprotección que sean razonables, exigibles y proporcionales, pero que nunca constituyan un peligro para la propia víctima.

No parece factible entender la existencia de un deber de investigación y autoprotección del acreedor, que le exija averiguar qué conductas está realizando su deudor. De lo contrario, una exigencia como ella tendría como consecuencia configurar un Estado policial en el que se debería averiguar cómo se comportan aquellos con los que se ha relacionado para evitar que se lesionen los propios derechos o bienes jurídicos.

En otras palabras, no existe un deber de prevenir activamente las futuras agresiones cuando no se tiene conocimiento de ellas. En este sentido, como se ha señalado, no se puede afirmar que el acreedor que omite la solicitud de medidas cautelares de índole procesal haya vulnerado sus deberes de autoprotección, pues no me parece que la realización de investigaciones sobre un potencial autor (el deudor) sean medidas razonables, proporcionales ni exigibles a una potencial víctima (acreedor).

De acuerdo con lo anterior, no existe un deber de recurrir primero al Derecho civil o procesal civil a través de sus medidas cautelares para que solo entonces pueda afirmarse que así ha de merecer en *ultima ratio* la protección del Derecho penal. En efecto, no puede declararse inadmisible una querella penal en virtud de alguno de los tipos penales del 463 al 466, argumentando que debe recurrir primero al juicio ejecutivo para ver si el deudor tiene o no bienes con los cuales realizar los pagos al acreedor. Finalmente, en relación a lo señalado en los párrafos anteriores, cabe sostener que tampoco existe un deber de evitar la consumación de un delito de insolvencia si con ello se crea un peligro para la propia víctima, a la que se exige la adopción de medidas determinadas. No obstante, si son medidas razonables y proporcionadas, la solución dependerá del caso concreto que permita afirmar que frente a tales casos sí le eran exigibles.

BIBLIOGRAFÍA CITADA

Bacigalupo Saggese, Silvina (2011): "Insolvencia y Derecho penal", en *Revista de Derecho concursal y paraconcursal: Anales de doctrina, praxis, jurisprudencia y legislación*, N°13: pp. 1 y ss.

Bajo Fernández, Miguel y Bacigalupo, Silvina (2010): *Derecho Penal económico* (Madrid, Editorial Universitaria Ramón Areces, segunda edición).

Bascuñán Rodríguez, Antonio (2015): "El principio de *lex mitior* ante el Tribunal Constitucional", en *Revista de Estudios de la Justicia*, N° 23.

Bustos Ramírez, Juan (1990): "Política criminal y bien jurídico protegido en el delito de quiebra", en *ADPCP*, pp. 26 y ss.

Cancio Meliá, Manuel (2001): *Conducta de la víctima e imputación objetiva en Derecho penal* (Barcelona, Editorial Bosch, segunda edición).

Canestrari, Stefano (2004): "Riesgo empresarial e imputación subjetiva en el Derecho penal concursal", en Terradillos, Juany Alcale, Maria (coord.) *Temas de Derecho penal económico* (España, Editorial Trotta), pp. 67 y ss.

Castro Moreno, Abraham (1998): *El delito societario de administración desleal* (Madrid-Barcelona, Editorial Marcial Pons).

Dannecker, Gerhard y Knierim, Thomas y Hagemeier, Andrea (2012): *Insolvenzstrafrecht* (Müller, Editorial Heidelberg-München-LandsbergFrechen-Hamburg, segunda edición).

Erdmann, Sven (2007): *Die Krisenbegriffe der Insolvenzstraftatbestände* (Alemania, Editorial Duncker & Humblot GmbH).

González Cussac, José Luis (2000): *Los delitos de quiebra* (Valencia, Editorial Tirant Le Blanch).

González Cussac, José Luis (2004): "Las insolvencias punibles en las sociedades mercantiles", en Terradillos, Juan y Alcale, María (coord.), *Temas de Derecho penal económico* (España, Editorial Trotta) pp. 83 y ss.

Hiltenkamps-Wisgalle, Ursula (1987): *Die Bankrottdelikte* (Alemania, Editorial N. Brockmeyer).

Hörnle, Tatjana (2012): "Subsidiariedad como principio limitador. Autoprotección", en Robles Planas, Ricardo (ed.), *Límites al Derecho penal* (Barcelona, Editorial Atelier), p.95.

Kindhäuser, Urs (2013): *Nomos Kommentar: Vor §283 nm. 1* (Baden-Baden, Editorial Nomos, cuarta edición).

Mir Puig, Santiago (2011): *Derecho penal. Parte general* (Barcelona, Editorial Reppertor, novena edición).

Mommsen, Theodor (1899): *Römisches Strafrecht* (Alemania, Editorial Beck).

MUÑOZ CONDE, Francisco (1999): *El delito de alzamiento de bienes* (Barcelona, Editorial Bosch, segunda edición).

OLIVENCIA RUIZ, Manuel (2010): "El Derecho concursal y el mercado del crédito" en PULGAR EZQUERRA, Juana (dir.), *Tendencias actuales en torno al mercado del crédito* (España, Editorial Marcial Pons), p.152.

OTTO, Harro (2002): *Grundkurs Strafrecht* (Alemania, Editorial De Gruyter, sexta edición).

PACHECO, Joaquín (1888): *El Código Penal. Comentado y concordado* (Madrid, Imprenta y función de Manuel Tello, sexta edición).

PASTOR MUÑOZ, Nuria (2004): *La determinación del engaño típico en el delito de estafa* (España, Editorial Marcial Pons).

PÜSCHEL, Christof (2011): "Boom der Insolvenzdelikte", en FISCHER, Thomas y BERNSMANN, Klaus (edits.), *Festschrift für Rissing-van Saan* (Alemania, Editorial De Gruyter), p. 477.

QUERALT JIMÉNEZ, Joan (2010): *Derecho penal español: parte especial* (Barcelona, Editorial Atelier, sexta edición).

RADTKE, Henning Y PETERMANN, Stefan (2014): "Vor §283", en HEFENDEHL, Roland Y HOHMANN, Olaf (edits.), *Münchener Kommentar zum Strafgesetzbuch* (München, Editorial C.H. Beck).

REICHART, Jürgen (1899): "Der strafbare Bankrott", en *Revista Goldtammer für Archiv Strafrecht*, N°47: pp. 241 y ss.

ROBLES PLANAS, Ricardo (2012): *Límites al Derecho penal* (Barcelona, Editorial Atelier).

ROPERO CARRASCO, Julia (2006): "¿Hay que merecer la protección del Derecho penal?: Derechos y deberes de las víctimas", en CUERDA (dir.), *La respuesta del Derecho penal ante los nuevos retos* (Madrid, Editorial Dykinson), p. 125-127.

ROXIN, Claus (2006): *Strafrecht. Allgemeiner Teil* (München, Editorial C.H. Beck, cuarta edición).

SÁNCHEZ CALERO, Fernando (2007): *Los administradores en las sociedades de capital* (Navarra, Editorial Aranzadi, segunda edición).

SILVA SÁNCHEZ, Jesús (1989): "¿Consideraciones victimológicas en la teoría jurídica del delito? Introducción al debate sobre la victimodogmática", en DE LA CUESTA, José Luis y DENDALUZE, Iñaki Y ECHEBURÚA, Enrique (comp.), *Criminología y Derecho penal al servicio de la persona* (España, Instituto Vasco de Criminología = Kriminologiaren Euskal Institutoa), pp. 635-640-641-642.

SILVA SÁNCHEZ, Jesús (1990): "La víctima en el futuro de la dogmática", en BERISTAIN, Antonio, y DE LA CUESTA, José Luis (dir.) *Victimología* (España, Editorial Universidad del País Vasco/Euskal Herriko Unibertsitatea), p. 234.

SCHÜNEMANN, BERND (1979): "Methodologische Prolegomena zur Rechtsfindung im Besonderen Teil des Strafrecht", en KAUFMANN, Arthur (edits.), *FS für Paul Bockelmann* (München, Editorial C.H.Beck), pp. 129 y ss.

SCHÜNEMANN, Bernd (1986): "Zur Stellung des Opfers im System der Strafrechtspflege", en *NStZ*, p. 439.

SCHÜNEMANN, Bernd (2002): "Das System des strafrechtlichen Unrechts: Rechtsgutsbegriff und Viktimodogmatik als Brücke zwischen dem System des Allgemeinen Teils und dem Bedonderen Teil", en TIEDEMANN, Klaus y SCHÜNEMANN Bernd (edits.), *Strafrechtssystem und Betrug* (Verlag, Editorial Centaurus Verlag & Media UG), pp. 60 y 61.

SCHÜNEMANN, Bernd (2002): "Sistema de Derecho penal y victimodogmática", en DÍEZ RIPOLLÉS, Luis (ed.), *La ciencia del Derecho penal ante el nuevo siglo* (España, Editorial Tecnos), pp. 159-172.

SCHÜNEMANN, Bernd (2012): "Protección de bienes jurídicos, *ultima ratio* y victimodogmática. Sobre los límites inviolables del Derecho penal en un Estado de Derecho liberal", en ROBLES PLANAS, Ricardo (ed.), *Límites al Derecho penal. Principios operativos en la fundamentación* del *castigo* (Barcelona, Editorial Atelier), pp. 80 y 81.

TIEDEMANN, Klaus (1985): *Konkurs-Strafrecht* (Alemania, Editorial De Gruyter).

TIEDEMANN, Klaus (1996): *Insolvenz-Strafrecht* (Alemania, Editorial De Gruyter, segunda edición).

TIEDEMANN, Klaus (2009) Leipziger Kommentar: Vor §283(Berlin, Editorial De Gruyter Recht, 12ª edición).

WITTIG, PETRA (2011): *Wirtschaftsstrafrecht* (Alemania, Editorial C.H. Beck, segunda edición).

WOHLERS, Wolfgang (2012): en ROBLES PLANAS (ed.), *Límites al Derecho penal* (Barcelona, Editorial Atelier), p. 120.

§ 3. ¿EXACTAMENTE QUIÉNES SON AQUELLAS PERSONAS NATURALES QUE PROVOCAN LA RESPONSABILIDAD PENAL DE LA PERSONA JURÍDICA?

Ignacio Sebastián Moya Guzmán*

RESUMEN: El presente artículo tiene por objeto abordar una de las problemáticas relativas a los requisitos para la configuración de la responsabilidad penal de las personas jurídicas, específicamente, la cuestión de identificar quiénes son aquellos sujetos idóneos al interior de la empresa cuya conducta ilícita permite configurar este tipo de responsabilidad. Se observa que el problema de determinar el alcance de estos sujetos no ha sido suficientemente tratado en doctrina, no existiendo un criterio interpretativo claro que permita identificar su extensión. A fin de determinar la amplitud de este requisito, el artículo analiza los sistemas español e italiano, a la vez que se incluyen elementos hermenéuticos para delimitar el concepto de relación directa entre el ejecutivo principal y aquellas personas que están bajo su dirección.

ABSTRACT: The purpose of this article is to address one of the problems related to the requirements for the configuration of criminal liability of legal persons, specifically, the question of identifying who are those suitable subjects within the company whose illicit conduct allows configuring this type of responsibility. It is observed that the problem of determining the

---

* Doctorando en Derecho, Universidad de los Andes. Magíster en Derecho Penal, Universidad de Talca/Pompeu Fabra. El presente artículo corresponde al trabajo de habilitación para obtener el grado de Magíster en Investigación Jurídica por la Universidad de los Andes.

Agradezco los comentarios y observaciones aportados en la elaboración de este artículo, tanto de mi profesor guía Gonzalo García Palominos, así como los comentarios y observaciones de los profesores Sebastián Contreras Aguirre y Javier Escobar Veas. Evidentemente, los errores que puedan aparecer en el artículo me pertenecen.

scope of these subjects has not been sufficiently dealt with in doctrine, and there is no clear interpretive criterion that allows identifying its extension. In order to determine the breadth of this requirement, the article analyzes the Spanish and Italian systems, at the same time that hermeneutical elements are included to define the concept of a direct relationship between the chief executive and those people who are under his direction.

Palabras clave: Autorregulación, Ley N° 20.393, responsabilidad penal de las personas jurídicas.

Key words: Self-regulation, law 20,393, criminal liability of legal persons.

INTRODUCCIÓN

Con anterioridad a la entrada en vigencia de la Ley N° 20.393, solamente las personas naturales podían ser responsables penalmente en el sistema chileno. Sin embargo, dicha situación cambió con la dictación de la referida ley, estableciéndose la responsabilidad penal de las personas jurídicas. El nuevo sistema, no obstante, limitó los "delitos base"[161] por los cuales las personas jurídicas pueden ser penalmente responsables, incorporando un modelo de catálogo cerrado de delitos[162].

La publicación de la Ley N° 20.393 produjo un verdadero *giro copernicano*[163] en nuestro sistema de atribución de responsabilidad penal. Dudas y controversias surgieron de inmediato, y se generaron importantes discusiones tanto en relación con la naturaleza de la sanción[164] como con la conveniencia de implementar un modelo de sanción penal a estas organizaciones, en circunstancias de que, como

---

161 Esto es, solo responde por los siguientes delitos: cohecho, financiamiento del terrorismo, lavado de activos, receptación, apropiación indebida, negociación incompatible, corrupción entre particulares, tráfico de influencias entre particulares, administración desleal, contaminación de aguas, violación de veda de productos, pesca ilegal de recursos del fondo marino y procesamiento y almacenamiento ilegal de productos escasos.

162 HERNÁNDEZ: (2010) p. 215.

163 PIÑA: (2012), p. 1.

164 Véase al respecto, a nivel nacional, VAN WEEZEL: (2010) pp. 114-142; MANRÍQUEZ: (2016) p. 907. a nivel internacional, entre otros: BAJO: (2016) p. 32, quien propone una *"tercera vía"* para imputar delitos a las personas jurídicas; SILVA: (2016) p. 354, quien entiende que se trata de medidas de seguridad, y FRISCH: (2013) pp. 834 y sig.

algunos autores han señalado, sería preferible un sistema de sanciones como el que promueve el llamado derecho administrativo sancionador[165].

Más allá de la razonabilidad de estos y otros reparos, es un hecho indiscutible que la decisión político criminal de sancionar penalmente a las personas jurídicas se ha consolidado tanto en Chile como a nivel comparado. Todo esto parece ser el corolario natural, primero, de todo el conjunto de instrumentos internacionales, entre ellos los establecidos por la OCDE, que encaminan la cuestión de la imputabilidad de las personas jurídicas en la dirección señalada y, segundo, por esta especie de "americanización del derecho" que afecta a los países de la región, fenómeno que ha provocado que los diferentes ordenamientos jurídicos paulatinamente hayan comenzado a aplicar sanciones de carácter penal a las personas jurídicas, además de la condena particular que corresponde al infractor[166].

La definición de las personas jurídicas como destinatarias de sanciones penales presenta una serie de desafíos para el quehacer dogmático y jurisprudencial. Responsabilizar criminalmente a estos órganos supone, a todas luces, un tipo de imputación penal excepcional[167] muy diferente del sistema tradicional, el cual ha siempre considerado como centro de la imputación a las personas naturales.

No obstante lo anterior, la nueva dogmática sobre responsabilidad penal de las personas jurídicas requiere ciertamente mantener algún grado de respeto por los principios que sustentan la teoría del delito, en la medida que la naturaleza de la pena mantenga sus contornos y significados sociales como acto comunicativo[168]. De otro modo, se correría el riesgo de terminar configurando un sistema de punición de las personas jurídicas basado exclusivamente en una lógica de la coacción[169], desprovista de contenido ético, desnaturalizando así el significado social de "lo penal", cuya principal característica consiste en hacerse cargo de

---

165   Cfr. COLLADO: (2013), p. 33. Asimismo, ORTIZ DE URBINA: (2013) p. 264. En contra de ellos, considera insuficiente la responsabilidad civil o administrativa de estas organizaciones, BUSATO: (2019) pp. 63 y sig.

166   A este respecto, NIETO: (2016) p. 173. Sobre el proceso de convergencia de ambos sistemas, véase ORTIZ DE URBINA: (2019) pp. 37 y sig.

167   Cfr. GARCÍA, Relevancia del elemento "interés o provecho" en la responsabilidad penal de las personas jurídicas en Chile, artículo aún no publicado, p. 1. En el mismo sentido véase DE LA FUENTE: (2019) pp. 240 y sig. Sobre el origen de la idea de imputación extraordinaria, HRUSCHKA: (2009) pp. 24 y sig.

168   PAWLIK: (2019) p. 61.

169   VAN WEEZEL: (2010) p.117.

aquellas conductas que "atenta[n] contra los bienes de mayor importancia para la organización social respectiva"[170].

Conforme al Art. 3° de la Ley N° 20.393, las personas jurídicas serán responsables de los delitos señalados en el Art. 1° de la misma ley que fueren cometidos directa e inmediatamente en su interés o para su provecho. La citada norma exige cuestionarse sobre los requisitos que permiten atribuir responsabilidad penal a la persona jurídica por la conducta realizada por una persona natural. En el fondo, se trata de resolver si el mecanismo de imputación referido por la ley permite responsabilizar al ente colectivo a partir de la conducta individual de la persona natural o si existe alguna vía de imputación alternativa.

En este contexto, no solo es necesario resolver la cuestión de quiénes son las personas que pueden cometer alguno de los delitos base, sino que, además, definir en qué medida dicha decisión "aporta" como criterio de imputación penal. Lo anterior adquiere particular relevancia si se tiene en cuenta que el Art. 3° dispone que los delitos base pueden ser cometidos "por sus dueños, controladores, responsables, ejecutivos principales, representantes o quienes realicen actividades de administración y supervisión", así como por cualquier persona que esté bajo la dirección o supervisión directa de alguno de los sujetos anteriormente mencionados.

Como se puede apreciar, la norma alude a quién tiene la capacidad de tomar decisiones al interior de la empresa. Sin embargo, la misma no es clara respecto de aquellas personas naturales que ejecutan trabajos de mando intermedio o que están sujetas a regímenes de subcontratación laboral. Una interpretación literal de la disposición legal citada podría llegar a abarcar a cualquier sujeto que actúe al interior del entramado corporativo de la persona jurídica, esto es, sujetos de toda la estructura del ente y no solo a aquellos que tienen capacidad de decisión, ya sea directa o indirecta.

Tal conclusión, según se sostendrá en los siguientes acápites, debería ser rechazada por cuanto carece del debido sustento normativo en el ordenamiento jurídico nacional, específicamente por lo dispuesto en el Art. 3°, además de resultar contradictoria con el ámbito de imputación en que se inserta la responsabilidad penal de las personas jurídicas.

En nuestra opinión, no son completamente satisfactorias las soluciones elaboradas por la doctrina nacional para el problema de la identificación de los sujetos idóneos que pueden cometer alguno de los delitos base a fin de tener

---

170 GUZMÁN: (2017) p. 1045.

por configurada la responsabilidad penal de las personas jurídicas. En efecto, el principal problema de las distintas soluciones que se han planteado es la indebida y asistemática ampliación del círculo de autores idóneos. El asunto no es trivial, si tenemos en cuenta que nuestro sistema penal de responsabilidad penal de las personas jurídicas está construido sobre la base de un modelo restrictivo de autor en lo que respecta a la persona natural. Haciendo frente a estas dificultades y buscando proponer una respuesta adecuada a los inconvenientes que aquí se han señalado, en este trabajo se busca proponer una nueva lectura del sistema de imputación criminal para personas jurídicas vigente en Chile.

La estructura del presente trabajo se divide en cuatro secciones: en la primera de ellas se analiza la lógica subyacente del modelo de imputación de la Ley N° 20.393, en la segunda sección se precisa el modelo de imputación instaurado en la referida ley, la tercera sección aborda el sistema de responsabilidad penal de las personas jurídicas en Italia y España a fin de evidenciar las inconsistencias detectadas en la tesis sostenida por la mayoría de la doctrina nacional, y, finalmente, en la cuarta sección el trabajo se pretende caracterizar el elemento directo entre el órgano representante y el sujeto activo.

I. ¿CUÁL ES LA LÓGICA SUBYACENTE DEL MODELO DE IMPUTACIÓN DE LA LEY N° 20.393?

No cabe duda de que, en las últimas décadas, el ordenamiento jurídico chileno ha experimentado importantes cambios en su configuración interna. Son modificaciones que estuvieron motivadas, en parte, por la incorporación de un sistema económico de economía social de mercado desde principios de los años 80[171], situación que ha transformado los procesos productivos, permitiendo el mejoramiento de la calidad de vida de la población en su conjunto[172]. La modificación indicada significa mayores riesgos, pues permite que se generen nuevos mecanismos de interacción social en los que se incluyen más sujetos que realizan nuevas y más sofisticadas actividades, riesgos que el Estado intenta controlar y mantener dentro de márgenes tolerables para las personas. De forma conjunta a este fenómeno modernizador de la economía, ha surgido un enorme caudal de nuevo conocimiento técnico, que se encuentra cada vez más especializado, que

---

171   MARDONES: (2020) p. 48.

172   Cfr. ALVEAR: (2017) pp. 269 y sig.

se actualiza y desarrolla con una rapidez inapreciable, caudal de información del que la administración ordinaria carece[173]. Todo ello hace imposible que el Estado reaccione a tiempo para establecer adecuadamente los márgenes razonables de actuación dentro del riesgo permitido, lo que trae como consecuencia un aumento sostenido de la complejidad de los cuerpos intermedios[174].

Como consecuencia del proceso descrito anteriormente, el Estado deja de tener la capacidad técnica para controlar los diferentes procesos productivos y de desarrollo que la iniciativa privada genera. Se dice, así, que el Estado se encuentra "desbordado por la realidad que le envuelve, por falta de control sobre su entorno, por falta de conocimiento y por la imposibilidad de penetrar en unos subsistemas cada vez más opacos y encapsulados en su propia autorreferencialidad"[175]. Incluso más: el Estado tampoco puede hacer mucho para absorber los costos que significa satisfacer los requerimientos de control y sanción de estos nuevos riegos[176].

Dentro de las funciones que se reconocen al Estado, se encuentra la exclusividad de la investigación y sanción de los ilícitos que se producen en su territorio. Dicha facultad se vio alterada por el sistema incorporado por la Ley N° 20.393, dado que esta asigna a las personas jurídicas el deber de estar adecuadamente organizadas para no permitir que en su seno se cometan determinados ilícitos, imponiendo de esta forma a particulares una función que anteriormente era de exclusividad del Estado. En este contexto, tanto en nuestro ordenamiento jurídico como en otros ordenamientos, se constata un proceso de intervencionismo público o *self-regulation* que, hasta donde se alcanza a visualizar, contempla dos concepciones del fenómeno: i) por una parte, se trataría de una *delegación* o *desplazamiento*[177] a las empresas de las funciones propias del Estado

---

173   ESTEVE: (2013) p. 96.

174   Por ello, DARNACULLETA (2005), ha indicado "el dominio de los conocimientos científicos y técnicos, conduce a que se produzca, en el seno de la sociedad, una progresiva diferenciación funcional, con el correlativo surgimiento de numerosos subsistemas sociales cada vez más organizados y más especializados. Estos subsistemas, situados extramuros del Estado, gozan de su propia racionalidad y de su propio lenguaje, y poseen en exclusiva el dominio de un caudal de información que, cada vez de forma más habitual, es esencial para la adopción de decisiones públicas", p. 43.

175   DARNACULLETA: (2005) p. 50-51. Sobre la idea de autorreferencialidad como elemento esencial para sustentar el modelo constructivista de la responsabilidad penal de las personas jurídicas, véase GÓMEZ-JARA: (2010) p. 15 y sig.

176   COCA: (2013) p. 46.

177   KUHLEN: (2013) p. 68 y sig.

de prevención de ilícitos[178] y, por la otra, ii) un mandato de minimización de los riesgos penalmente relevantes[179].

Si entendemos que la Ley N° 20.393 hace responsable a la persona jurídica por los delitos que cometen los particulares, parece evidente que se está optando por el segundo de estos modelos, pues el mecanismo de imputación no se basa en una especie de transferencia de funciones de policía por parte del Estado a la persona jurídica[180], sino que se trata de un modelo en que, de algún modo, la persona jurídica asume "excepcionalmente" competencia en el control o vigilancia de las conductas de terceros autorresponsables[181]. De esta manera, el modelo de imputación sigue la lógica de la incumbencia como forma de imputación extraordinaria en el Derecho penal, que se manifiesta a partir de "requerimientos de conducta que han concurrir para que opere frente a la persona una determinada ventaja o beneficio"[182].

Se puede postular, entonces, que el Art. 3° de la Ley N° 20.393 establece un sistema de imputación que presupone un mandato impuesto a las personas jurídicas, esto es, por las actuaciones cometidas por sus dueños, controladores, responsables, ejecutivos principales, entre otros. Dado que el modelo en cuestión no especifica un tipo penal particular propio para el ilícito de la persona jurídica, sino que más bien supone que el ente colectivo "interviene en el hecho ejecutado por un miembro individual"[183], es razonable describir el modelo construido como una "concurrencia de intervenciones"[184].

El Derecho penal se encuentra en condiciones de formular el respectivo juicio de reproche tras constatar la pertenencia del hecho al agente conforme a los diversos criterios de atribución vigentes en un determinado sistema legal[185]. Para ello, dos son los mecanismos que existen para determinar el fundamento de la responsabilidad penal: (i) *responsabilidad por organización* y (ii) *responsabilidad institucional*.

---

178   SILVA: (2013) p. 100. En el mismo sentido, BEDECARRATZ: (2018) p. 209.

179   GARCÍA: (2014) p. 55.

180   GARCÍA, ¿Imputación penal por el ámbito de organización de terceros?: el caso chileno de la responsabilidad penal de las personas jurídicas, artículo no publicado aún, p. 13.

181   Cfr. GARCÍA, ¿Imputación penal por el ámbito de organización de terceros?: el caso chileno de la responsabilidad penal de las personas jurídicas, artículo no publicado aún, p. 14.

182   ROBLES: (2009) p. 10-11. En el mismo sentido, véase BOCK: (2013) p. 111.

183   GARCÍA: (2019) p. 28.

184   GARCÍA: (2019) p. 28.

185   KRAUSE: (2015) p. 213.

La solución que aquí se propone parte del hecho de que el fundamento de la responsabilidad penal de las personas jurídicas puede estructurarse únicamente sobre la base del principio de *primum non nocere*. Desde esta perspectiva, no resulta apropiado reconocer deberes institucionales[186] o de solidaridad a la empresa, toda vez que dichos deberes se encuentran al margen de las acciones o conductas exigibles para la persona jurídica.

Considerando la estructura del Art. 3° de la Ley N° 20.393, es posible afirmar que esta tiene como objetivo que la persona jurídica coopere con el Estado en evitar que, en ciertas esferas especialmente riesgosas, limitadas a los ámbitos de actuación del ente colectivo, se produzcan determinados ilícitos a partir de su propio defecto de organización. La utilización conceptual de esta especie de incumbencia permite imputar a la persona jurídica el acto individual del sujeto al interior de la organización como un acto propio del ente colectivo. Para ello, el autor individual asume la figura central del hecho, con lo que se imputa el injusto individual también al ente colectivo, el cual hace posible la realización delictiva inicial.

Este razonamiento tiene la ventaja de hacer compatible la participación individual de la persona natural con la responsabilidad penal de la persona jurídica, sin que el presupuesto de atribución de responsabilidad al ente colectivo requiera de una *condición objetiva de punibilidad*[187], circunstancia que significaría, en la práctica, responsabilidad por el hecho de otro.

II. MODELO DE IMPUTACIÓN EN LA LEY N° 20.393

La teoría del delito se ha elaborado sobre la base de un esquema metodológico que tiene como presupuesto la existencia de un sujeto libre y capaz de reproche ético social[188], concentrándose en la acción y la culpabilidad individuales[189]. Es evidente que este esquema desarrollado para atribuir responsabilidad a las personas naturales no funciona para imputar responsabilidad a las personas jurídicas,

---

186   Como lo plantea ORTÚZAR: (2012) pp. 247 y sig.

187   GÓMEZ: (2016) p. 86. A nivel nacional, NÁQUIRA: (2018) p. 37.

188   Sobre el origen y evolución de la teoría del delito, véase MUÑOZ: (2001) pp. 253 y sig.

189   CIGÜELA: (2015) p. 33. En el mismo sentido, GOENA: (2017) pp. 142-143.

pues estas últimas no son un ente moral, carecen de psiquis y de vinculación subjetiva con la realidad[190].

Debido a lo anterior, son tres los principales modelos que se han elaborado para atribuir responsabilidad penal a las personas jurídicas[191]. En primer lugar, encontramos el modelo de responsabilidad derivada o de *heterorresponsabilidad*, el cual encuentra sus orígenes en el Derecho civil[192]. Este modelo vincula la actuación inicial realizada por una persona natural con el ente colectivo, transfiriendo el injusto individual desde la primera a la segunda. Este modelo concibe a las personas naturales como representantes de la persona jurídica. Distinto es el caso del segundo modelo, el de responsabilidad originaria[193], en el cual el elemento determinante no es el hecho concreto de la persona humana, sino que la forma defectuosa en que la empresa conduce los riesgos generados por su actividad. Este tipo de modelos "se caracterizan por colocar su acento en el 'comportamiento de la empresa' como criterio determinante para la justificación de la imposición de la responsabilidad jurídico-penal"[194]. En tercer y último lugar, se encuentra el modelo de responsabilidad mixto[195], el que justifica la culpabilidad de la empresa en un deficiente modelo de organización pero que, a la vez, requiere establecer previamente la participación de una persona natural en la comisión del delito base.

Conforme al modelo establecido en la Ley N° 20.393, los requisitos para atribuir responsabilidad penal a la persona jurídica son los siguientes: (a) que el delito base sea cometido por sus dueños, controladores, responsables, ejecutivos principales, representantes o quienes realicen actividades de administración; (b) que el delito haya sido cometido directa e inmediatamente en interés o provecho de la persona jurídica, y (c) que la comisión del delito fuere consecuencia del incumplimiento de los deberes generales de dirección y supervisión de la persona jurídica.

A nuestro entender, el sistema chileno, a diferencia de otros modelos extranjeros que permiten sancionar a la persona jurídica sin necesidad de identificar

---

190 MATUS: (2009) p. 64.

191 NIETO: (2008) p. 85.

192 ARTAZA: (2013), p. 85; GÓMEZ-JARA: (2010) pp. 235 y sig.

193 TIEDEMANN: (1988) pp. 1172 y sig.

194 ARTAZA: (2013) p. 75.

195 COLLADO: (2013) p. 33.

al agente[196], exige tener certeza de que el delito ha sido cometido por alguna persona perteneciente al segmento directivo. Por esta razón, el sistema chileno debe ser entendido como un modelo mixto, en el que ante todo es necesaria la intervención de un ser humano para intentar establecer la vinculación entre el injusto cometido y la persona jurídica. De esta manera, se descarta la tesis que describe el modelo chileno como un sistema autónomo, postura que se sostiene en la literalidad del Art. 5° inciso final de la Ley N° 20.393, donde se indican los casos en que la ley admite la sanción del ente colectivo sin la condena conjunta de la persona natural[197].

III. ¿QUIÉNES SON AQUELLOS SUJETOS IDÓNEOS AL INTERIOR DE LA EMPRESA CUYA CONDUCTA ILÍCITA PERMITE CONFIGURAR LA RESPONSABILIDAD PENAL DE LA PERSONA JURÍDICA? Y ¿EN QUÉ MEDIDA LA SELECCIÓN FACILITA LA IMPUTACIÓN Y CONFIGURA EL SISTEMA?

Como se ha precisado en este trabajo, el sistema chileno exige identificar quiénes son aquellos sujetos idóneos al interior de la empresa cuya conducta ilícita permite configurar la responsabilidad penal de la persona jurídica. A este respecto, el Art. 3° de la Ley N° 20.393 precisa quiénes son aquellos sujetos que permiten configurar este verdadero *vínculo corporativo*[198] entre la persona natural y la jurídica, indicando para ello: "Las personas jurídicas serán responsables de los delitos señalados [...] que fueren cometidos [...] por sus dueños, controladores, responsables, ejecutivos principales, representantes o quienes realicen actividades de administración y supervisión (...)". Añadiendo en el inciso siguiente: "Bajo los mismos presupuestos del inciso anterior, serán también responsables las personas jurídicas por los delitos cometidos por personas naturales que

---

196 Cfr. NIETO: (2008) p. 98, en relación con el sistema norteamericano; en el mismo sentido, SALINAS: (2017) p. 126, en relación con el sistema australiano; GÓMEZ-JARA: (2010) pp. 465 y sig., en relación con el sistema suizo.

197 En este sentido, tal como lo ha planteado HERNÁNDEZ: (2010) pp. 15-16, las consecuencias que significan la exigencia de que se requiera prueba de que el delito debió haberse cometido necesariamente "dentro del ámbito" de funciones y atribuciones de los sujetos relevantes en vez de "por" uno de dichos sujetos, así como que el problema interpretativo que puede generar deba estar acreditado "fehacientemente".

198 ARTAZA y GALLEGUILLOS: (2018) p. 230.

estén *bajo la dirección o supervisión directa de alguno de los sujetos mencionados en el inciso anterior"*.

En ese contexto, la primera hipótesis del Art. 3° incluye a aquellas personas que tienen una condición legal o societaria, establecida en la ley o en el estatuto social que rige la vida de la persona jurídica. Respecto a la delimitación de cada una de las figuras indicadas por el precepto legal, nos remitimos a trabajos realizados a nivel nacional[199], los cuales, tanto desde la perspectiva civil como comercial, han fijado adecuadamente cada una de ellas.

Con todo, a partir de una lectura detenida del Art. 3° es posible advertir que este incluye dos categorías distintas de personas: i) en general, aquellas personas que realizan actividades de administración de la persona jurídica, ya sea de manera legal o *de facto*, y ii) personas naturales que estén bajo la dirección o supervisión directa de alguno de los sujetos que realizan actividades de administración. Las categorías indicadas no permiten, sin embargo, precisar los innumerables posibles escenarios que se pueden producir al interior de una organización corporativa, dada la multiplicidad de estructuras existentes y las enormes diferencias que puede contener una empresa en cuanto a la cantidad de trabajadores y sucursales.

A fin de precisar los contornos y amplitud de los sujetos que provocan la responsabilidad penal de la persona jurídica, se analizarán los modelos español e italiano, para luego, en un tercer momento, proceder al análisis del sistema chileno de imputación.

i. El modelo italiano

La normativa que regula la responsabilidad de las personas jurídicas en el ordenamiento italiano fue incorporada por el Decreto Legislativo N° 231, de 2001, modificación legal que introdujo una responsabilidad formalmente administrativa de tales entidades[200]. El sistema se estructura sobre la base del conocido brocardo *societas delinquere non potest*, y, a nivel dogmático, se sostiene en el Art. 27 de la Constitución italiana que, desde el punto de vista doctrinal, se

---

199 BALMACEDA, GUERRA y JUPPEET: (2019) p. 106 y sig. En el mismo sentido FERNÁNDEZ: (2010) p. 83 y sig.

200 SALVINA: (2018) p. 35. En contra de ello, quien entiende que se trata de una responsabilidad propiamente criminal, CARNEVALI: (2010) p.297.

reconoce el principio de personalidad de las penas[201]. De esa manera, la mayoría de la doctrina concluye que se trata de una responsabilidad solo administrativa, pese a dictarse en el curso de un procedimiento penal, lo cual ha generado que parte de la doctrina caracterice el modelo como un fraude de etiquetas[202]. A nivel operativo, el Art. 5° del citado decreto legislativo contempla las hipótesis en que las personas físicas provocan responsabilidad en la persona jurídica. Al respecto, se lee:

> "La entidad será responsable de las infracciones penales cometidas en su interés o beneficio:
> Por personas que ejerzan funciones de representación, administración o dirección de la entidad o de una unidad organizativa dotada de autonomía financiera y funcional dentro de la entidad, así como por personas que ejerzan, también de hecho, la gestión y el control de la entidad;
> Por personas sometidas a la dirección o a la vigilancia de una de las personas indicadas en la letra a)".

Se advierte que en el modelo establecido por el Decreto Legislativo N° 231, el autor del delito "debe estar en una posición significativa, como 'apical' o sujeto 'subordinado'"[203]. Así, el modelo contiene dos subsistemas de responsabilidad: uno para aquellos casos en que el delito es cometido por un sujeto que está en el vértice de la entidad y otro para los delitos cometidos por sus subordinados[204].

Aquellos sujetos que se encuentran en el vértice de la entidad son los llamados "apicales" y se definen como "las personas que tienen funciones de representación, administración o dirección de la entidad o de una de sus unidades de organización con autonomía financiera y funcional"[205]. En cuanto a los otros, se trata de aquellos que están sometidas a la dirección de los primeros. En este modelo se aprecia la identificación entre el hecho cometido por el directivo y el ente colectivo, pues se trata de sujetos en posición significativa –altos directivos–, sin que pueda entenderse entre ellos los niveles inferiores de su estructura jerárquica. En cuanto a los sujetos de la categoría b), se debe mencionar que

---

201 AGUILERA: (2018) p. 80.

202 GIMENO: (2016) p. 36.

203 SALVINA: (2018) p. 40.

204 NIETO: (2008) p. 198.

205 SALVINA: (2018) p. 41.

serán aquellos que se encuentren sometidos a la dirección o a la vigilancia de los altos directivos.

ii. El modelo español

Por su lado, en el sistema español, tras la reciente modificación del año 2015, el Art. 31bis del Código Penal indica una doble vía para imputar responsabilidad penal a la persona jurídica:

> Por sus representantes legales o por aquellos que, actuando individualmente o como integrante de un órgano de la persona jurídica, estén autorizados para tomar decisiones en nombre de la persona jurídica u ostenten facultades de organización y control dentro del mismo.
>
> Por quienes, estando sometidos a la autoridad de las personas naturales mencionadas en el párrafo anterior, han podido realizar los hechos por haberse incumplido gravemente por aquellos los deberes de supervisión, vigilancia y control de su actividad atendidas las concretas circunstancias del caso.

Es importante destacar que la normativa española está *inspirada* en el Decreto Legislativo 231 italiano[206]. De ahí que contemple un modelo de sujeto activo en el cual, al igual que el sistema italiano, se diferencian dos clases: (i) la primera categoría son los indicados en la letra *a*, y corresponde a aquellos "representantes legales o por aquellos que actuando individualmente o como integrantes de un órgano de la persona jurídica estén autorizados para tomar decisiones en nombre de la persona jurídica". Tal categoría incluye a aquellos sujetos directivos cuya función al interior de la persona jurídica es de toma de decisiones[207]. Por otra parte, la segunda categoría de sujetos comprende aquellos *subordinados a la autoridad de los sujetos de la primera categoría*[208], esto es, delitos cometidos por empleados[209] sin que sea razonable extender conductas de

---

206   GIMENO: (2016) p. 123.

207   DEL ROSAL: (2015) p. 85.

208   SILVA: (2016) p. 332.

209   DEL ROSAL: (2015) p. 85.

cualquier tipo de sujetos, excluyéndose por tanto aquellas personas empleadas o dependientes de las instrucciones de otra persona jurídica[210].

Como se puede apreciar, respecto de aquellos sujetos subordinados existe un planteamiento restrictivo, circunscrito solamente a quienes trabajan materialmente en la entidad. Frente a dicho planteamiento han surgido otras opiniones que indican que la segunda categoría de sujetos puede incorporar sujetos que no estén insertos en el perímetro formal de la entidad, siempre y cuando se encuentren en el perímetro de su dominio social[211]. En nuestra opinión, la normativa foránea recién citada, permite concluir para esos modelos de imputación, la categoría amplia de sujetos.

El análisis de los modelos italiano y español de responsabilidad de las personas jurídicas permite advertir que ambos presentan dos categorías de sujetos que permiten ser susceptibles de imputación. Por una parte, están aquellos que representan a la persona jurídica: tales sujetos se insertan en el esquema del modelo apical italiano, estando representados principalmente por cargos directivos y gerenciales de la compañía. Por otra parte, están los empleados o dependientes, en cuyo caso se exige como elemento del tipo la acreditación de la infracción por parte del órgano apical de sus deberes de vigilancia y control. De esta manera, sin tal infracción no hay lugar para tener por configurada una eventual responsabilidad de la persona jurídica. Dicho más claramente, para imputar el delito cometido por la persona natural a la persona jurídica es necesario acreditar el incumplimiento grave de los deberes de vigilancia y cuidado por parte de los directivos y gerentes.

Lo antes descrito permite a las empresas limitar adecuadamente el ámbito de responsabilidad, pues se incorpora como requisito que el ente persecutor acredite tanto la actuación ventajosa para la persona jurídica de la persona natural que cometió el delito, así como la omisión grave de deberes de vigilancia y cuidado por parte del órgano directivo. Con ello se mantiene un adecuado balance entre la necesidad de investigación y sanción de ciertas conductas ilícitas, y la necesaria certeza jurídica que debe existir a la hora de imponer una sanción penal.

---

210   FEIJOO: (2016) p. 80.

211   GALÁN: (2017) p. 161. En el mismo sentido, DOPICO: (2018) p. 142, y ZUGALDIA: (2013) p. 79.

iii. El modelo chileno

En nuestro ordenamiento jurídico, el Art. 3° precisa que el hecho debe cometerse por un círculo determinado de sujetos que está compuesto por dueños, controladores, responsables, ejecutivos principales, representantes o quienes realicen actividades de administración y supervisión. El referido Art. agrega un segundo segmento de sujetos, sin poder de representación, quienes se encuentran bajo la dirección o supervisión directa de alguno de los sujetos anteriormente mencionados.

La pregunta que surge de inmediato es qué tan extenso debe entenderse el abanico de representantes para configurar el delito base, pues, pese a que el Art. 3° precisa en detalle la denominación de estos sujetos, fijando taxativamente quiénes pueden cometer el delito base, la parte final del precepto añade "o quienes realicen actividades de administración y supervisión". Luego, pareciera que el precepto adhiere o reconoce una interpretación más extensa que aquella que se refiere solo a los sujetos ahí señalados.

En lo que respecta al primer círculo de autores, es claro que se debe tratar únicamente de aquellos que se encuentren en el segmento directivo de la persona jurídica y tengan funciones de representación de la empresa. Como parece claro, la categoría de aquellos mencionados en esta hipótesis es restrictiva, pues se entiende que la normativa referida recogió en su inicio las tendencias del derecho norteamericano y europeo, *particularmente el italiano*[212], siendo su objetivo el de limitar las personas que permiten atribuir responsabilidad a la persona jurídica a aquellas *en la cúspide de la organización*[213]. El legislador buscaba, de esta manera, delimitar con precisión, por exigencias de seguridad jurídica, el universo de posibles actores[214]. En relación con este círculo de sujetos, no se producen mayores inconvenientes dogmáticos, puesto que se trata de un círculo limitado de sujetos que corresponde, además, a aquellas personas con la capacidad de representar a la compañía[215].

---

212 MATUS RAMÍREZ, Jean Pierre, Historia de la ley. Informe Comisión de Constitución, p. 16.

213 Historia de la Ley N° 20.393, preparada por la BCN, segundo trámite constitucional, p. 46.

214 GARCÍA: (2012) p. 68.

215 Salvo la excepción planteada por HERNÁNDEZ: (2012) p. 8, y SALVO: (2014) p. 295, quienes adhieren a un modelo amplio aún para este tipo de sujetos. El resto de los autores nacionales entienden que en esta categoría se trata solo de aquellos directivos o personas con capacidad de representar a la persona jurídica.

Sin perjuicio de lo señalado, existe una duda en cuanto a si dicha hipótesis reconoce la posibilidad de incluir en esta categoría al administrador de hecho. En cuanto a la hipótesis del *autor de hecho*[216], es sabido que algunas funciones al interior de una persona jurídica pueden ser asumidas por un determinado sujeto que formalmente no ejerce la calidad que requiere el tipo penal. Se ha entendido que el Art. 3° incluye a esta persona en su cláusula de cierre, cuando la norma citada incorpora a *"quienes realicen actividades de administración y supervisión (…)"*. En este sentido se ha pronunciado la doctrina, entendiendo que dicha cláusula incluye la figura del administrador de hecho[217], opción que nos parece correcta, siempre y cuando efectivamente se encuentre en el segmento directivo de la empresa y tenga la capacidad de tomar decisiones.

El segundo círculo de sujetos incorpora a aquellas personas naturales que carecen del poder de representación de la compañía, pero *que están bajo la dirección o supervisión directa de alguno de los sujetos con capacidad de tomar decisiones.*

Respecto a la interpretación de este segundo segmento de sujetos, se han elaborado dos posturas: i) por un lado, aquella que plantea un modelo restrictivo de autor[218] y, por el otro, ii) aquella que propone un sistema amplio de autor[219].

Este segmento de sujetos ha significado posiciones doctrinarias a nivel nacional que amplían excesivamente el círculo de posibles autores, no obstante que en general los autores nacionales no abordan mayormente las razones de una u otra postura, ni las consecuencias jurídicas que se derivarían de adherir a uno u otro modelo de extensión. No obstante ello, el centro de la discusión se resume en la pregunta de si es posible aceptar mandos intermedios como sujetos activos, si es que es necesario exigir una relación formal con la persona jurídica, o si pueden trabajadores franquiciados ser aquellos sujetos que permitan hacer surgir la responsabilidad penal de la persona jurídica. De esa manera, para aceptar cada una de tales hipótesis, se precisa que lo fundamental sería evitar lagunas de punibilidad[220].

---

216 GÓMEZ (2015) define el autor de hecho como "cualquier persona que tenga capacidad real de tomar decisiones socialmente relevantes, globales o parciales, sobre las cuestiones atinentes al giro de la empresa", p. 102.

217 NAVAS Y JAAR: (2018) p. 1035.

218 BEDECARRATZ: (2018) p. 15, FERNÁNDEZ: (2010) p. 83, GARCÍA: (2012) p. 68, BALMACEDA, GUERRA Y JUPPEET: (2019) p. 115.

219 NÁQUIRA: (2018) pp. 39 y sig., HERNÁNDEZ: (2013) pp. 80 y sig., SALVO: (2014) p. 295, MORALES: (2013) p. 97, BOFILL: (2011) p. 185.

220 NÁQUIRA: (2018) p. 40.

En nuestra opinión, el problema no se debe centrar en la cuestión de si los sujetos activos se enmarcan en una categoría amplia o restrictiva. El problema es de otra índole y tiene relación con el intento de acomodar por parte de nuestra doctrina nacional, sin más, los razonamientos del modelo español a la legislación nacional, sin considerar que ese sistema gira en torno a la producción de una infracción grave de parte del órgano apical de sus deberes de vigilancia y cuidado, algo que la ley chilena no exige. En efecto, cuando se sostiene que el "círculo" de posibles autores de la categoría empleados puede ser incluso el de aquellos subcontratados, de mandos intermedios o de aquellos que trabajan en franquicias vinculadas a la empresa principal, se olvida que el Art. 3° exige que el empleado se encuentre bajo supervisión *directa* del círculo de sujetos de la primera categoría, elemento que precisamente fue incorporado en el trámite legislativo con el objeto de limitar este círculo de autores[221].

IV. ¿CÓMO DEBE ENTENDERSE EL ELEMENTO DIRECTO?

El elemento directo como requisito del Art. 3° es una innovación en la Ley N° 20.393 en relación con el sistema italiano y español, toda vez que dichos ordenamientos no exigen que el empleado se encuentre bajo supervisión directa del círculo de sujetos apicales. La ausencia de tal requisito es compensada con otro: con la exigencia de que se acredite una infracción grave de parte de los órganos directivos de la empresa a sus deberes de vigilancia y cuidado respecto de la persona natural que ha cometido el delito, requisito que, por su parte, la ley chilena no contempla.

El requisito de supervisión directa del órgano representante sobre el sujeto activo obliga a preguntarse sobre el significado de dicho término. A este respecto, y dada la inexistencia de análisis previos a nivel local sobre este punto[222], se debe tener presentes los siguientes argumentos:

---

221   A partir de la intervención del entonces senador Espina.

222   Solo se alcanza a vislumbrar el análisis realizado por GARCÍA PALOMINOS, en el trabajo "Relevancia del elemento 'interés o provecho' en la responsabilidad penal de las personas jurídicas en Chile".

a) Desde la perspectiva de la historia de la ley, en primer lugar, se debe destacar que el proyecto original no incorporaba el requisito en estudio[223], situación que se hizo notar a lo largo de la tramitación legislativa, con lo que se concluyó preliminarmente que se estaba estableciendo una categoría amplia de sujeto activo[224]. A fin de solucionar ese inconveniente, uno de los intervinientes en la discusión legislativa indicó:

> La responsabilidad fundamental recae en aquellos sujetos que se ubican en la cúspide de la organización, es decir, sus dueños, controladores, ejecutivos principales. Sin embargo, agregó, en organizaciones con cierto grado de complejidad, esas personas actúan a través de unidades o departamentos, de manera que entre estos y quienes están en la cúspide de la empresa hay una vinculación importante que se expresa en una relación de dirección o supervisión. Esta relación, añadió, debe ser, en todo caso, directa con quien toma la decisión. Concretamente, en el ámbito de la iniciativa en debate, lo que ocurrirá normalmente es que, si los directivos máximos de una persona jurídica deciden cometer un delito, no lo materializarán personalmente, sino que instruirán para ello a las personas que están bajo su dirección o supervisión.[225]

---

223 "Artículo 3°.- Atribución de responsabilidad legal. Las personas jurídicas serán responsables de los delitos señalados en el artículo 1° cometidos en su interés o para su provecho, por sus dueños, controladores, responsables, representantes o administradores, así como por personas que realizan, inclusive de hecho, actividades de administración y supervisión de dicha persona jurídica, siempre que la comisión del delito se haga posible por el incumplimiento por parte de esta, de los deberes de dirección y supervisión.

Bajo los mismos presupuestos, serán también responsables dichas personas jurídicas por los delitos cometidos por personas naturales que estén bajo la dirección o supervisión de alguno de los sujetos mencionados en el inciso anterior". Historia de la Ley N° 20.393, preparada por la BCN, Primer trámite constitucional, mensaje presidencial, p. 8.

224 "Distinguió diferentes niveles en los que se pueden encontrar estas personas. Un primer grupo lo integran los representantes legales y órganos de administración de las empresas, como el gerente general, los directores y, eventualmente, sus mandatarios. Un segundo grupo de personas lo forman quienes de facto cumplen funciones de organización y administración, como el 'gerente' a que se refiere la ley de sociedades anónimas. Otra categoría, dijo, está compuesta por personas que se encuentran bajo la dirección o supervisión de alguien de los dos grupos anteriores. Esta tercera categoría, resaltó, es muy amplia, tanto que cualquier dependiente de la empresa puede cometer el delito o concretar el vínculo de responsabilidad penal con la persona jurídica. Por lo tanto, sugirió revisar con atención este punto al momento de decidir el diseño del modelo de responsabilidad que se adopte". Historia de la Ley N° 20.393, preparada por la BCN, segundo trámite constitucional, p. 30.

225 Historia de la Ley N° 20.393, preparada por la BCN, segundo trámite constitucional, p. 46.

Luego, recogiendo la explicación anterior, el entonces senador Espina, "[p]ropuso agregar en el inciso segundo el calificativo "directa" a continuación de la expresión "supervisión"[226].

Así, se puede apreciar que, en el origen del precepto legal, la intención del legislador no fue azarosa, sino que pretendía restringir el círculo de aquellos sujetos que se encuentran bajo la supervisión de los cargos directivos. En ese sentido, se logra advertir que el elemento directo persigue restringir el círculo de estos sujetos a aquellos que se encuentren *inmediatamente* bajo la dirección o supervisión del órgano apical.

b) Desde la perspectiva de la aplicación del término "directo" en otras instituciones de nuestro Código Penal, destaca primeramente la existencia del Art. 15 N° 1 en donde se regula la principal forma de participación criminal, esto es, el autor directo: "Los que toman parte en la ejecución del hecho, sea de una manera inmediata y directa; sea impidiendo o procurando impedir que se evite". Interpretando el elemento directo, ETCHEBERRY ha entendido que esto se realiza cuando se produce "sin valerse de intermediarios"[227].

Del mismo modo, en el Art. 15 N°2 del Código Penal, norma que regula la instigación como forma de participación criminal, se establece que se consideran autores de un delito aquellos que fuerzan o inducen "directamente a otro a ejecutarlo". En relación al inductor, CURY entiende que este debe actuar "mediante actos positivos orientados a ese objeto"[228]. La interpretación mayoritaria del precepto excluye la "inducción en cadena o sucesiva"[229], así como la hipótesis omisiva o culposa[230]. De esta forma, el análisis del término "directamente" en la figura de la inducción permite establecer una idea de enlace y relación inmediata o continua entre las personas que intervienen en dicha relación.

c) Desde el punto de vista gramatical, el término "directo" es un adjetivo que el Diccionario de la Real Academia de la Lengua Española define en los siguientes términos: "Que va de una parte a otra sin detenerse en los puntos

---

226   Ídem.

227   ETCHEBERRY: (1998) p. 88.

228   CURY: (2005) p. 624.

229   COUSO Y HERNÁNDEZ: (2011) p. 409.

230   CURY: (2005) p. 624. En los mismos términos, POLITOFF, MATUS Y RAMÍREZ: (2004) p. 428.

intermedios". Sin duda alguna, esta sola definición permite reconocer la cercanía que ha de existir entre dos cosas que se encuentran en la llamada relación directa.

Por lo indicado, se puede sostener que cuando una organización corporativa supera un cierto umbral de trabajadores necesariamente requiere un sinnúmero de mandos intermedios, los cuales permitan llevar a cabo las funciones del ente colectivo. De esa manera, el modelo establecido en el Art. 3° no incluye los mandos intermedios, pues dichos sujetos, por definición, no tienen las facultades de los órganos directivos, de manera tal que el mando intermedio nunca podrá entenderse incluido en la primera parte del Art. 3°, pues carece de la capacidad de tomar decisiones o de representar a la empresa. Sin perjuicio de lo expuesto, el mando intermedio sí puede estar en la situación del empleado como sujeto activo, siempre que mantenga una relación directa con uno de aquellos sujetos con poder de representación.

Otro de los problemas que se deben abordar es la situación de las personas sometidas a modelos de subcontratación laboral. En palabras de UGARTE, la subcontratación laboral, definida en el Art. 183 A del Código del Trabajo, tiene lugar "cuando la actividad desplazada hacia fuera de la empresa es asumida por una empresa, en principio, distinta y ajena, que asume la ejecución de dicha tarea desplazada con el uso de sus propios trabajadores, generando una suerte de triángulo laboral"[231].

La interrogante que entonces se plantea es si un trabajador subcontratado puede ser considerado un sujeto idóneo para tener por configurada la responsabilidad penal de la persona jurídica. En nuestra opinión, en principio, no es posible entender que el requisito de relación directa se pueda materializar entre un sujeto del órgano administrador con un trabajador subcontratado. En efecto, pareciera ser que se mantiene ausente el requisito de una relación directa, esto es, inmediata y continua sin intermediarios. Por ello, *a priori* debiera descartarse la hipótesis en dichos casos, salvo que se trate de una situación de claro fraude a la ley.

---

231 UGARTE: (2006) p. 1.

CONCLUSIONES

El modelo de imputación establecido en Chile por la Ley N° 20.393 reconoce una serie de sujetos, ya sea directivos o empleados, que forman parte de la persona jurídica, quienes, en caso de cometer un delito en interés de la empresa, pueden configurar responsabilidad penal para la persona jurídica. El modelo de atribución escogido por la referida ley es de aquellos de imputación mixta, que requieren de un ser humano que actúe en el seno e interés de una persona jurídica, y que esta última no se haya organizado adecuadamente.

El círculo de autores capaces de la realización de la mencionada conducta, reconocido por el Art. 3°, incluye dos tipos de sujetos del interior de la estructura empresarial: a) aquellos con poder de representación y b) aquellos que estén bajo la dirección o supervisión directa de alguno de los que representan la persona jurídica.

En lo que concierne al segundo tipo de sujetos, se advierte, en una parte importante de los autores nacionales, una injustificada ampliación de aquellos que permiten atribuir responsabilidad en el ente colectivo. Esta interpretación no se condice con el modelo doctrinario adoptado, ni con la historia de la Ley N° 20.393, ni con el aspecto gramatical del Art. 3°.

El argumento principal de la tesis propuesta en este trabajo se sustenta en que el término directo utilizado en el Art. 3° resulta de una incorporación legislativa fruto del debate de rigor, que, a partir de la elaboración de un modelo estricto de autor, incluye únicamente aquellos miembros del órgano apical y sus subordinados directos: así, se pretende limitar la aplicación de este círculo de sujetos con el fin de precisar debidamente la extensión de ellos. Con base en ese objetivo se incorpora el término "directo" para evidenciar la necesidad de establecer un requisito en relación con aquellos sujetos subordinados. Dicha exigencia probatoria alude a una relación —no necesariamente laboral— pero sí concreta, inmediata, continua y determinada, en donde se acredite una relación cercana y constante entre el órgano apical y el sujeto subordinado que comete la acción antijurídica. Del mismo modo, el término "directo" permite excluir aquellos sujetos que pertenezcan a otro entramado empresarial.

En consideración a lo expuesto, se concluye en el trabajo que, salvo que se trate de una situación de claro fraude a la ley, deben ser rechazados los planteamientos que abogan por una interpretación amplia del círculo de sujetos referidos, o aquellos que consideran posible la imputación de aquellos que trabajan en régimen de subcontratación laboral, así como aquellos trabajadores franquiciados.

BIBLIOGRAFÍA CITADA

Aguilera Gordillo, Rafael (2018): *Compliance penal en España. Régimen de Responsabilidad Penal de las Personas Jurídicas. Fundamentación analítica de base estratégica. Lógica predictiva y requisitos del Compliance Program Penal* (Pamplona, Editorial Thomson Aranzadi).

Alvear Téllez, Julio (2017): *Libertad económica, libre competencia y derecho del consumidor. Un panorama crítico. Una visión integral* (Valencia, Editorial Tirant lo Blanch).

Artaza Varela, Osvaldo (2013): *La empresa como sujeto de imputación de responsabilidad penal. Fundamentos y límites* (Barcelona, Editorial Marcial Pons).

Artaza Varela, Osvaldo y Galleguillos, Sebastián (2018): "El deber de gestión del riesgo de corrupción en la empresa emanado de la ley 20393 de Chile: especial referencia a las exigencias de identificación y evaluación de riesgo". Derecho PUCP, n° 81, pp. 227-262.

Bajo Fernández, Miguel (2016): "Vigencia de la RPPJ en el derecho sancionador español", en Bajo, Miguel; Feijoo, Bernardo; Gómez-Jara, Carlos (edits), *Tratado de responsabilidad penal de las personas jurídicas* (Navarra, Aranzadi, 2ª ed.), pp. 25-55.

Balmaceda Hoyos, Gustavo, Guerra Espinosa, Rodrigo, Juppeet Ewing, María Fernanda (2019): *Compliance. Visión general desde una perspectiva penal y comercial* (Santiago, Editorial Thomson Reuters).

Bedecarratz Scholz, Francisco (2018): "La indeterminación del criminal compliance y el principio de legalidad", Polít. crim., Vol. 13, N° 25 Art. 6, pp. 208-232.

Bock, Denis, (2013): "Compliance y deberes de vigilancia en la empresa", en Kuhlen, Lothar, Montiel, Juan Pablo, Ortíz De Urbina Gimeno, Íñigo (edits.), *Compliance y teoría del Derecho Penal* (Madrid: Marcial Pons), pp. 107- 120.

Bofill Genzsch, Jorge (2011), "Estructuras de imputación y prevención de delitos al interior de la persona jurídica", en Wilenmann Von Bernath, Javier (coord.), *Gobiernos corporativos. Aspectos esenciales de las reformas a su regulación* (Santiago: Legal Publishing Chile), pp. 175-195.

Busato, Paulo (2019): *Tres tesis sobre la responsabilidad penal de personas jurídicas* (Valencia, Editorial Tirant lo Blach).

Carnevali Rodríguez, Raúl (2010): "La criminalidad organizada. Una aproximación al Derecho Penal italiano, en particular la responsabilidad de las personas jurídicas y la confiscación", Revista Ius et Praxis, año 16, N° 2, Universidad de Talca, Chile, pp. 273-330.

Cigüela Sola, Javier (2015): *La culpabilidad colectiva en el derecho penal. Crítica y propuesta de una responsabilidad estructural de la empresa* (Madrid, Editorial Marcial Pons).

COCA VILA, Ivo (2013): ¿Programas de cumplimiento como forma de autorregulación regulada?, en: SILVA SÁNCHEZ, Jesús María (Dir.); MONTANER FERNÁNDEZ, Raquel (Coord.) Criminalidad de empresa y compliance. Prevención y reacciones corporativas (Barcelona, Editorial Atelier), pp. 43-76.

COLLADO GONZÁLEZ, Rafael (2013): *Empresas criminales. Un análisis de los modelos legales de responsabilidad penal de las personas jurídicas implementados en Chile y en España* (Santiago, Editorial Legal Publishing).

COUSO, Jaime y HERNÁNDEZ, Héctor (2011): *Código Penal comentado Parte General – Doctrina y jurisprudencia* (Santiago, Editorial Abeledo Perrot, Legal Publishing).

CURY URZUA, Enrique (2005): *Derecho penal. Parte general* (Santiago, Ediciones Universidad Católica de Chile, 7ª ed.

DARNACULLETA I GARDELLA, Mercè (2005): *Derecho administrativo y autorregulación: La autorregulación regulada* (Madrid, Editorial Marcial Pons).

DE LA FUENTE HULAUD, Felipe (2019): "¿Prohíbe la norma las acciones previas al resultado? Observaciones a la teoría analítica de la imputación", en Sánchez-Ostiz, Pablo (dir), Comprender el Derecho Penal IV Jornadas Internacionales de Derecho penal en Homenaje a Jesús María Silva Sánchez (Buenos Aires, Editorial BdeF), pp. 229-302.

DEL ROSAL BLASCO, Bernardo (2015): "Responsabilidad penal de las personas jurídicas: títulos de imputación y requisitos para la excepción", en Morillas (dir), Estudios sobre el Código Penal reformado (leyes orgánicas 1/2015 y 2/2015) (Madrid, Editorial Dykinson), pp. 81-125.

DOPICO GÓMEZ-ALLER, Jacobo (2018): "Responsabilidad penal de las personas jurídicas" en MATA, Norberto J. de la; DOPICO, Jacobo; NIETO, Adán; LASCUARAIN, Juan Antonio, Derecho Penal Económico y de la empresa (Madrid, Editorial Dykinson) pp. 129-168.

ESTEVE PARDO, José (2013): *La nueva relación entre Estado y sociedad. Aproximación al trasfondo de la crisis* (Madrid, Editorial Marcial Pons).

ETCHEBERRY ORTHUSTEGUY, Alfredo (1998): *Derecho penal. Parte especial* (Santiago, Editorial Jurídica de Chile, 3ª edición, Tomo II).

FEIJOO SÁNCHEZ, Bernardo (2016): "Las características básicas de la responsabilidad penal de las personas jurídicas en el Código Penal español", en: BAJO, Miguel; FEIJOO, Bernardo; GÓMEZ-JARA, Carlos, *Tratado de responsabilidad penal de las personas jurídicas* (Navarra, Editorial Aranzadi, 2° ed.), pp. 67-73.

FERNÁNDEZ ARACENA, Hernán (2010): Comentarios al modelo de responsabilidad penal de las personas jurídicas establecido por la ley 20.393 en relación a los delitos de cohecho, en *Revista Jurídica del Ministerio Público* (Santiago, N° 45), pp. 79-96.

Frisch, Wolfang (2013): "Sobre la punibilidad de personas jurídicas" (trad. Hernández), en Van Weezel, Alex (edit.), *Humanizar y renovar el Derecho penal. Estudios en memoria de Enrique Cury* (Santiago, Editorial Thomson Reuters), pp. 805-839.

Galán Muñoz, Alfonso (2017): *Fundamentos y límites de la responsabilidad penal de las personas jurídicas tras la reforma de la LO 1/2015* (Valencia, Editorial Tirant lo Blanch).

García Cavero, Percy (2012): "Esbozo de un modelo de atribución de responsabilidad penal de las personas jurídicas", *Revista de Estudios de la Justicia*, N° 16, pp. 55-74.

García Cavero, Percy (2014): *Criminal Compliance* (Lima, Palestra Editores).

García Cavero, Percy (2019): *Intervención delictiva en estructuras empresariales* (Lima, Editorial ideas).

García Palominos, Gonzalo: Relevancia del elemento "interés o provecho" en la responsabilidad penal de las personas jurídicas en Chile, artículo aún no publicado.

García Palominos, Gonzalo: ¿Imputación penal por el ámbito de organización de terceros?: el caso chileno de la responsabilidad penal de las personas jurídicas, artículo no publicado aún.

Gimeno Bevia, Jordi (2016): *Compliance y proceso penal. El proceso penal de las personas jurídicas, Adaptada a las reformas del CP y LECRIM* (Pamplona, Editorial Thomson Reuters).

Goena Vives, Beatriz (2017): *Responsabilidad penal y atenuantes de la persona jurídica* (Madrid, Editorial Marcial Pons).

Gómez-Jara Diez, Carlos (2010): *Fundamentos modernos de la responsabilidad penal de las personas jurídicas. Bases teóricas, regulación internacional y nueva legislación española* (Buenos Aires, Editorial BdeF).

Gómez Tomillo, Manuel (2015): *La introducción a la responsabilidad penal de las personas jurídicas* (Navarra, Thomson Aranzadi, 2ª ed.).

Gómez Tomillo, Manuel (2016): *Compliance penal y política legislativa. El deber personal y empresarial de evitar la comisión de ilícitos en el seno de las personas jurídicas* (Valencia, Editorial Tirant lo Blanch).

Guzmán Dalbora, José Luis (2017): "Sentido de la pena y reparación", Política criminal. Vol. 12, N° 24, diciembre, Art. 10, pp. 1044-1065.

Hernández Basualto, Héctor (2010): "La introducción de la responsabilidad penal de las personas jurídicas en Chile", *Política criminal*. Vol. 5, N° 9, pp. 207-236.

Hernández Basualto, Héctor (2012): "Desafíos de la ley de responsabilidad penal de las personas jurídicas", *Revista de Estudios de la Justicia*, N° 16, pp. 75-98.

Hruschka, Joachim (2009): *Imputación y derecho penal Estudios sobre la teoría de la imputación* (Buenos Aires, Editorial BdeF, 2ª ed.).

Krause Muñoz, María Soledad (2015): *Responsabilidad: Lo unitario en los sistemas civil y penal* (Santiago, Editorial Thomson Reuters).

KUHLEN, Lotar (2013): Cuestiones fundamentales del compliance y Derecho Penal, en: KUHLEN, Lothar, MONTIEL, Juan Pablo, ORTIZ DE URBINA GIMENO, Íñigo (Eds.), *Compliance y teoría del Derecho Penal* (Madrid, Editorial Marcial Pons).

MANRÍQUEZ ROSALES, Juan Carlos (2016): Responsabilidad penal de las personas jurídica por negligencia inexcusable en el delito de lavado de activos: ¿Cómo se pueden leer el Art. 27 de la ley N° 19.913 y los Art. 3° y 5° de la ley 20.393?, en *El derecho penal como teoría y como práctica*. Libro en homenaje a Alfredo Etcheberry Orthusteguy (Santiago, Editorial Thomson Reuters), pp. 901- 915.

MATUS RAMÍREZ, Jean Pierre (2009): "presente y futuro de la responsabilidad pena de las personas por los delitos cometidos por sus directivos y empleados", En: *Revista de Derecho*. Consejo de Defensa del Estado, N° 21, pp. 47-68.

MARDONES OSORIO, Marcelo (2020): *Lecciones de Derecho Penal Económico. Regulación económica de los mercados* (Valencia, Editorial Tirant lo Blanch, V. 1).

MORALES PEÑA, Roberto (2013): "La imputación de responsabilidad penal a los órganos de las empresas, en relación con los presupuestos para que las acciones realizadas por personas individuales les puedan ser imputadas, cuando estas exceden el ámbito propio del giro de la empresa", en *Revista Jurídica del Ministerio Público*, N° 55, junio, pp. 93-108.

MUÑOZ CONDE, Francisco (2001): *Introducción al Derecho penal* (Montevideo/Buenos Aires, Editorial BdeF, 2ª ed.).

NÁQUIRA RIVEROS, Jaime (2018): "Aproximación al Art. 3° de la Ley N° 20.393: de la responsabilidad penal de las personas jurídicas en Chile", en *Estudios de Derecho penal económico chileno* (Santiago, Ediciones UC), pp. 3-72.

NAVAS MONDACA, Iván; JAAR LABARCA, Antonia (2018): "La responsabilidad penal de las personas jurídicas en la jurisprudencia chilena", en *Política Criminal*, Vol.13, n.26, pp.1027-1054.

NIETO MARTÍN, Adán (2008): *La responsabilidad penal de las personas jurídicas: un modelo legislativo* (Madrid, Editorial Iustel).

NIETO MARTÍN, Adán (2016):"El programa político criminal del corporate governance, en Derecho penal económico y de la empresa" en *Derecho penal económico y de la empresa*, Reategui/Requejo (coord.) (Lima, Ara Editores), pp. 141-178.

ORTIZ DE URBINA, Iñigo (2013): Sanciones penales contra empresas en España (hispánica societas delinquere potest) en: KUHLEN, Lothar, MONTIEL, Juan Pablo, ORTIZ DE URBINA GIMENO, Íñigo (Eds.), *Compliance y teoría del Derecho penal* (Madrid, Editorial Marcial Pons), pp. 263-282.

ORTIZ DE URBINA, Iñigo (2019): Responsabilidad penal de las personas jurídicas: The American Way, en *Responsabilidad de la empresa y compliance* (Montevideo/Buenos Aires, Editorial BdeF), pp. 35-88.

Ortúzar Gjuranovic, Andrés (2012): Modelo de atribución de responsabilidad penal en la Ley N° 20.393 que establece la responsabilidad penal de las personas jurídicas: ¿culpabilidad de la empresa, heterorresponsabilidad o delito de infracción de deber? Revista de Estudios de la Justicia, N° 16, pp. 195-257.

Pawlik, Michael (2019): *Confirmación de la norma y equilibrio en la identidad. Sobre legitimación de la pena estatal* (Barcelona, Editorial Atelier).

Piña Rochefort, Juan Ignacio (2012): *Modelos de prevención de delitos en la empresa* (Santiago, Editorial Abeledo-Perrot/Thomson).

Politoff, Sergio; Matus, Jean Pierre; Ramírez, María Cecilia (2004): *Lecciones de Derecho Penal. Parte General* (Santiago, Editorial Jurídica de Chile, 2ª ed.).

Robles Planas, Ricardo (2009): "El "hecho propio" de la persona jurídica y el Informe del Consejo General del Poder Judicial al Anteproyecto de Reforma del Código Penal de 2008", InDret Penal, 2/2009, pp. 1-12.

Salinas Mora, Richard (2017): *Responsabilidad penal de las personas jurídicas. Análisis de derecho comparado* (Sevilla, Tesis doctoral).

Salvina Valenzano, Anna (2018): Notas sobre la responsabilidad de las personas jurídicas por los delitos de las personas jurídicas por los delitos en el sistema italiano, con particular referencia a la denominada "culpa de organización", DESC - Direito, Economia e Sociedade Contemporânea, pp. 33-55.

Salvo, Nelly (2014): Modelos de imputación penal a personas jurídicas: estudio comparado de los sistemas español y chileno (Barcelona, Tesis Doctoral, Universidad Autónoma de Barcelona).

Silva Sánchez, Jesús María (2013): "Deberes de vigilancia y compliance empresarial", en: Kuhlen, Lothar, Montiel, Juan Pablo, Ortiz De Urbina Gimeno, Íñigo (Eds.), *Compliance y teoría del Derecho penal* (Madrid, Editorial Marcial Pons), pp. 79-106.

Silva Sánchez, Jesús-María (2016): *Fundamentos del Derecho penal de empresa* (Madrid, Edisofer, 2° ed.).

Tiedemann, Klauss (1988): Bewunbung von Unternehmen nach dem 2, Gesetz zur Bekampfung der Wirtschaftskriminalitat, pp. 1169-1179.

Ugarte Cataldo, José Luis (2006): *Sobre relaciones laborales triangulares: La subcontratación y el suministro de trabajadores.* Ius et Praxis, Vol.12, N° 1, pp. 11-29.

Van Weezel, Alex (2010): "Contra la responsabilidad penal de las personas jurídicas", Polít. Crim., Vol. 5, N° 9, pp. 114-142.

Zugaldía Espinar, José Miguel (2013): *La responsabilidad penal criminal de las personas jurídicas, de los entes sin personalidad y de sus directivos. Análisis de los artículos 31 bis y 129 del Código Penal* (Valencia, Editorial Tirant Lo Blanch).

PARTE ESPECIAL

§ 4. GARANTÍAS CONSTITUCIONALES Y EL LAVADO DE DINERO

Rafael Berruezo*

RESUMEN: En el presente artículo se trata de visualizar una problemática que está sucediendo desde la legislación y la justicia, esto es, que a quienes son investigados en delitos de lavado de dinero se les violan garantías constitucionales, como el debido proceso o el principio de inocencia, y se les invierte la carga de la prueba.

ABSTRACT: This article tries to visualize a problem that is happening from legislation and justice, that is, that those who are investigated in money laundering crimes are violated constitutional guarantees, such as due process, the principle of innocence and the burden of proof is reversed.

Palabras claves: Garantías constitucionales, lavado de dinero, presunción de inocencia, delito precedente, carga de la prueba.

Key words: Constitutional guarantees, money laundering, presumption of innocence, previous crime, burden of proof.

---

* Profesor titular de Derecho Penal I, Facultad de Derecho Universidad Católica de Cuyo, Sede San Luis. Magíster de la Universidad del Rey Juan Carlos de España. Prof. en la Maestría de Derecho Penal y Procesal Penal de la Universidad Rene Gabriel Moreno de Santa Cruz de la Sierra, Bolivia.

INTRODUCCIÓN

Con la legislación del delito de lavado de dinero, se han dispuesto distintas medidas, en algunos casos impuestas desde organismos internacionales que son de duda constitucionalidad y, sin embargo, los legisladores las aprueban sin un mayor análisis.

Así tenemos, por ejemplo, el decomiso sin condena o la inversión de la carga de la prueba, yendo en contra de la Constitución Nacional, ya que se afectan el debido proceso penal y la presunción de inocencia, entre otras garantías.

Nuestra Constitución Nacional ha aceptado el sistema piramidal, esbozado por Hans Kelsen. Fue él quien configuró el ordenamiento jurídico al modo de una estructura jerárquica (*Stufenbau der Rechtsordnung*) en la que la norma inferior encontraba su razón de validez en la norma superior, hasta alcanzar, en el vértice, la norma fundamental (*Grundnorm*) que da validez y unidad a todo el ordenamiento jurídico[232].

Así lo dispone el Art. 31 Constitución Nacional (C.N.), que reza: *"Esta Constitución, las leyes de la Nación que en su consecuencia se dicten por el Congreso y los tratados con las potencias extranjeras son la ley suprema de la Nación; y las autoridades de cada provincia están obligadas a conformarse a ella, no obstante cualquiera disposición en contrario que contengan las leyes o constituciones provinciales, salvo para la provincia de Buenos Aires, los tratados ratificados después del Pacto de 11 de noviembre de 1859"*.

No cabe duda, y así lo ha manifestado en forma pacífica la doctrina constitucionalista de nuestro país, que el Art. 31 de la C.N. establece un orden jerárquico de las leyes, disponiendo que por encima de todas se encuentra la Constitución y, luego, por debajo, el resto de las normativas.

En el ámbito del Derecho penal, la Constitución es de vital importancia y a ella hay que respetar sin dudarlo, aunque en los tiempos que corren desde el poder legislativo no siempre es así. La Constitución nos impone garantías legislativas y procesales, que nuestra Carta Magna define y extrae de *"la soberanía del pueblo y la forma republicana de gobierno"*.

---

[232] Cfr. por todos KELSEN: (1967) pp. 228-282.

GARANTÍAS CONSTITUCIONALES

Para introducirnos en la parte medular del presente artículo, podemos definir a las garantías constitucionales como todos aquellos instrumentos que, en forma expresa o implícita, están establecidos por la Ley Fundamental para la salvaguarda de los derechos constitucionales y del sistema constitucional. Y en protección del justiciable, como un límite al *ius puniendi* del Estado.

En un sentido más restringido, Bidart Campos manifiesta que el término "garantía" apunta a la disponibilidad que tiene la persona para movilizar al Estado en protección suya, tanto para evitar ataques como para restablecer la situación anterior al ataque o para compensarle el daño sufrido, sin dejar de lado la sanción al transgresor[233].

Como dice Badeni[234], las garantías son los medios que la Ley Fundamental pone a disposición de las personas para sostener y defender sus derechos frente a las autoridades, los individuos y los grupos sociales, y sin ellas el reconocimiento de aquellos sería un simple catálogo de buenas intenciones. La garantía es el instrumento que la ley otorga al individuo para que, por su intermedio, pueda hacer efectivo cualquiera de los derechos que esa misma ley le reconoce, y el instrumento que tiene el sistema constitucional para asegurar su subsistencia. En definitiva, es la protección práctica y concreta que se dispensa a los derechos de las personas, de modo que la inexistencia o fracaso de una garantía no significa la negación de un derecho, sino su inaplicabilidad positiva por la inexistencia de aquella, y la eventual suspensión de una garantía no significa la suspensión del derecho respectivo. Por otra parte, la suspensión de un derecho implica, necesariamente, la suspensión de la garantía, al privar a esta de su objetivo específico.

Las garantías constitucionales, desde el Derecho penal sustantivo, implican el principio de estricta legalidad o taxatividad de los hechos punibles, a los de su lesividad, materialidad y culpabilidad. En tanto, respecto al proceso, se corresponden con las garantías procesales y orgánicas: la contradictoriedad, la paridad entre acusación y defensa, la estricta separación entre acusación y juez, la presunción de inocencia, la carga acusatoria de la prueba, la oralidad y la publicidad del juicio, la independencia interna y externa de la magistratura, y el principio del juez natural. Así, pues, mientras las garantías penales se orientan a minimizar los delitos –es decir, a reducir al máximo lo que el poder legislativo

---

233   Bidart Campos, German J.: (2004) p. 183.

234   Badeni, Gregorio: (2006) p. 1069.

puede castigar–, las garantías procesales se orientan a minimizar el poder judicial, es decir a reducir al máximo sus márgenes de arbitrio[235].

Hay que decir que garantismo es sinónimo de "estado constitucional de derecho", es decir, de un sistema que recoge el paradigma clásico de Estado liberal, extendiéndolo en dos direcciones: de un lado, a todos los poderes, no solo al judicial sino también al legislativo y al ejecutivo, y no solo a los poderes públicos, sino también a los privados; de otro lado, a todos los derechos, no solo a los de libertad sino también a los sociales, con el consiguiente surgimiento de obligaciones, además de prohibiciones, para la esfera pública[236].

Por otro lado, Ferrajolli[237] nos dice que el paradigma del Estado constitucional de Derecho –o sea, el modelo garantista– no es otra cosa que esta doble sujeción del Derecho al Derecho, que afecta a ambas dimensiones de todo fenómeno normativo: la vigencia y la validez, la forma y la sustancia, los signos y los significados, la legitimación formal y la legitimación sustancial o, si se quiere, la "racionalidad formal" y la "racionalidad material" weberianas. Gracias a la disociación y a la sujeción de ambas dimensiones a dos tipos de reglas diferentes, ha dejado de ser cierto que la validez del derecho dependa, como lo entendía Kelsen, únicamente de requisitos formales, y que la razón jurídica moderna sea, como creía Weber, solo una "racionalidad formal". Todos los derechos fundamentales –no solo los derechos sociales y las obligaciones positivas que imponen al Estado, sino también los derechos de libertad y los correspondientes deberes negativos que limitan sus intervenciones– equivalen a vínculos de sustancia y no de forma que condicionan la validez sustancial de las normas producidas y expresan, al mismo tiempo, los fines a que está orientado ese moderno artificio que es el Estado constitucional de Derecho.

GARANTÍAS CONSTITUCIONALES EN EL PROCESO PENAL

En nuestro Estado de Derecho liberal y democrático, los derechos individuales de la persona que es sometida a proceso penal están expresamente previstos en la Primera Parte, Capítulos Primeros y Segundo de la Constitución Nacional, en la que se establecen las declaraciones, derechos y garantías desde el Art. 1º al

---

235   FERRAJOLI, Luigi: (2006) p. 11.

236   FERRAJOLI, Luigi: (2006) p. 18.

237   FERRAJOLI, Luigi: (2016) p. 22.

23, resultando de interés los arts. 18, 19 y 75, inciso 22. Los dos primeros, por estar contenidos en ellos los derechos y garantías originariamente consagrados por la Carta Magna, y el tercero, de gran importancia, presentes desde que la reforma constitucional de 1994 se incorporó como parte integrante de la misma la Declaración Americana de los Derechos y Deberes del Hombre de 1948; la Declaración Universal de Derechos Humanos de 1948; la Convención Americana sobre Derechos Humanos de 1969; el Pacto Internacional de Derechos Civiles y Políticos, y su Protocolo facultativo de 1966, y la Convención contra la Tortura y otros Tratos o Penas Crueles, Inhumanos o Degradantes de 1984, entre otros[238].

La Constitución Nacional Argentina es una inagotable fuente de garantías y de seguridad jurídica para el individuo y para la colectividad. Como fuente primaria de la realización del Derecho, se ubica en la cúspide legislativa, de la cual descienden todas las normas realizadoras destinadas a garantizar la satisfacción de los intereses públicos y privados, evitando su encuentro irreconciliable y la destrucción de unos por otros. Cuando esos intereses aparecen comprometidos por causa de la necesaria actividad penal tendiente a reconstruir el orden jurídico y se ponen en juego la libertad individual y la justicia, los principios constitucionales surgen como enérgicos resortes reguladores de la función pública represiva. Son bases firmes e irrenunciables cuya vulneración o desconocimiento por la ley, por la autoridad o por el individuo, destruirían más el orden so pretexto de componerlo. La ley o la sentencia que no se acomode a esas bases, las contradigan o desconozca, no deben ser aplicadas o deben ser revocadas, cualesquiera sean las normas particulares que prevean la situación concreta[239].

La Corte Suprema de Justicia de la Nación en el fallo "Samuel Kot S.R.L."[240], dijo:

"Cuando las 'garantías constitucionales' han sido reglamentadas, deben ejercitarse en la forma y dentro de los términos prescriptos por las leyes de procedimiento, que son de orden público y de cumplimiento inexcusable" (Voto de los doctores Aristóbulo D. Aráoz de Lamadrid y Julio Oyhanarte).

"Las 'garantías constitucionales' no son sino restricciones a la acción de los gobiernos, tendientes a impedir extralimitaciones de los poderes públicos, y han sido dadas

---

238 JAUCHEN, Eduardo: (2012) p. 83.
239 CLARIÁ OLMEDO, Jorge A.: (2008) p. 223.
240 Fallo "Samuel, Kot S.R.L." 1958, T. 241, p. 291.

a los particulares contra las autoridades" (Voto de los Doctores Aristóbulo D. Aráoz de Lamadrid y Julio Oyhanarte).

Las garantías constitucionales procuran asegurar que ninguna persona pueda ser privada de defender su derecho vulnerado (por el delito) y reclamar su reparación (incluso penal, lo que es incuestionable en casos de acción penal privada, mientras avanza la idea para el caso de la acción pública) ante los tribunales de justicia. Asimismo, las garantías procuran asegurar que ninguna persona pueda ser sometida por el Estado en sentido general, y en especial por los tribunales, a un procedimiento ni a una pena arbitraria ("acto o proceder contrario a la justicia, la razón o las leyes, dictado solo por la voluntad o el capricho") en lo fáctico o en lo jurídico, tanto porque el Estado no probó fehacientemente su participación en un hecho definido (antes de su acaecimiento) por la ley como delito, como también porque no se respetaron los límites impuestos por el sistema constitucional a la actividad estatal destinada a comprobarla y a aplicar la sanción[241].

Completando lo dicho anteriormente, las garantías constitucionales se erigen como resguardo de los derechos del acusado no solo frente a posibles resultados penales arbitrarios, sino también respecto del uso de medios arbitrarios para llegar a imponer una pena. Luego de la incorporación a la Constitución Nacional de los principales tratados sobre derechos humanos, y de situarlos a su mismo nivel (art. 75 inc. 22, CN), puede hablarse de un nuevo "sistema constitucional" integrado por disposiciones de igual jerarquía "que abreva en dos fuentes: la nacional y la internacional". Sus normas, "no se anulan entre sí ni se neutralizan entre sí, sino que se retroalimentan", formando un plexo axiológico y jurídico de máxima jerarquía, al que tendrá que subordinarse toda la legislación sustancial o procesal secundaria, que deberá ser dictada "en su consecuencia" (art. 31, C.N.). Además, la paridad de nivel jurídico entre la Constitución Nacional y esa normativa supranacional obliga a los jueces a "no omitir" las disposiciones contenidas en esta última "como fuente de sus decisiones", es decir, a sentenciar también "en su consecuencia"[242].

Debemos agregar que los derechos fundamentales son defensas que tienen los individuos frente a las intervenciones del Estado. De ello se deduce que el

---

241 CAFFERATA NORES, José I. y otros: *Manual de Derecho procesal penal*. Libro donado a la Universidad Nacional de Córdoba, p. 116.

242 *Ibid.*, p. 117.

ejercicio de un derecho fundamental no requiere justificación alguna; lo que requiere justificación es la limitación de un derecho fundamental[243].

Es muy importante y hay que resaltar, para evitar cualquier confusión, que los derechos fundamentales nunca pueden ser invocados por las autoridades públicas en contra de un individuo: por ejemplo, el Ministerio Fiscal no puede invocar derechos fundamentales que lo amparen contra el procesado. No existe en este sentido ninguna teoría que autorice una desnaturalización semejante[244].

Siguiendo a Cafferata Nores[245], podemos hablar de dos tipos de garantías:

1. **Las garantías penales.** El sistema constitucional argentino, por ideología y en sus disposiciones expresas, consagra las siguientes garantías penales:

   a. *Legalidad*: Solo la ley, es decir, un acto emanado del Poder Legislativo –y no de los otros poderes–, de alcance general y abstracto, puede definir qué acción u omisión de una persona es punible como delito, estableciendo a la vez la pena que le corresponderá al infractor. *La garantía de legalidad,* o de ley anterior al hecho, armónicamente integrada a la de reserva, es una de las más importantes condiciones de seguridad jurídica. Precisa Núñez: "La exigencia de que la punibilidad de un hecho solo puede ser establecida por una ley anterior a su comisión, obedece a la idea política de reservarles a los individuos, como zona exenta de castigo, la de aquellos hechos que por ilícitos, inmorales o perjudiciales que sean, no están configurados y castigados por una ley previa a su acaecer"[246].

   b. *Reserva*: Solo podrá aplicarse pena a quien incurra en la conducta descrita por la ley como delito (con sus notas de tipicidad, antijuridicidad, culpabilidad y punibilidad). Nunca otras no atrapadas por aquella descripción (todo lo que no está penalmente incriminado, estará penalmente autorizado) ni con una especie o cantidad diferente de pena que la prevista (lo que excluye la posibilidad de aplicación analógica de la ley penal).

   Este principio de reserva de la ley penal tiene enorme trascendencia frente al derecho penal integrador, pero al mismo tiempo significa

---

243 Bacigalupo, Enrique: (1999) p. 27.

244 Id.

245 Cafferata Nores, José I., *op. cit.*, pp. 122 y ss.

246 Núñez, Ricardo, *Fundamentos del Derecho penal argentino*, T. I, p. 105.

una limitación al poder penal de realización del Estado en mérito a la protección de la zona de libertad reconocida a los individuos[247].

c. *Ley previa*: Solo podrá reprimirse una conducta humana si se encuentra descrita por la ley como punible, antes de su acaecimiento y solo con la pena prevista en ese momento.

d. *Irretroactividad*: No podrá invocarse para reprimir esa conducta una ley posterior a su ocurrencia, sea porque recién la tipifique como delictiva, o porque le asigne una sanción más grave (sí podrá aplicarse retroactivamente la ley penal más benigna).

Todas estas garantías se encuentran consagradas en la conocida máxima *"nullum crimen nulla poena sine proevia lege poenali"*, expresamente receptada en nuestro sistema constitucional (Art. 18, C.N.; Art. 15, PIDCP).

2) **Las garantías procesales**. Dentro de este grupo de garantías vamos a citar las siguientes:

1.- **Debido Proceso**, que incluye, a.- **Juicio Previo**; b.- **Juez Natural**; c.- **Imparcial e Independiente**; d.- **Duración Razonable del Proceso**; e.- **Publicidad**; f.- **Prohibición de Juzgamiento Múltiple**; g.- **Principio de Inocencia**; h.- **Derecho a la Defensa**; i.- **Derecho a ser oído**; j.- **Derecho a ser asistido jurídicamente**; k.- **La prohibición de autoincriminación**.

Las garantías procesales, y en estos casos, el sujeto a quien se le atribuye participación en un hecho delictivo, es decir, el imputado, es reconocido por el sistema constitucional (Constitución Nacional y tratados internacionales incorporados a su mismo nivel –Art. 75 inc. 22 CN–) como titular de derechos que emanan de su condición de persona humana, la que se valoriza en su dignidad (Preámbulo

---

247 CLARIÁ OLMEDO, Jorge A.: (2008) p. 232. Puede ocurrir que la jurisdicción funcione plenamente, pero si no se da el supuesto de la ley previa, su ejercicio no podrá dar vida al poder punitivo por cuanto faltará su base ineludible: la declaración afirmativa sobre la existencia del hecho imputado y consiguiente condena, emanada legalmente del órgano jurisdiccional. La jurisdicción se había movido frente a un hecho que objetivamente no constituye delito o que no merece sanción, por no haber estado incriminado o punido legalmente en el momento de su comisión. La incriminación o punición posterior no puede atraparlo: irretroactividad de la ley penal; ni puede ser atrapada por una disposición anterior análoga: prohibición de la analogía. Debe tratarse de una ley en su estricta significación, o sea, sancionada por el poder constitucionalmente instituido para legislar, manteniéndose el principio aun durante la permanencia de los gobiernos de facto, no pudiendo aplicarse, por lo tanto, a los juicios penales, la jurisprudencia de la Corte Suprema nacional por la cual se daba validez a los decretos del gobierno de facto.

de la CADH). De allí que se le reconozcan derechos como tal y se los proteja aun durante el proceso penal. Pero el sistema constitucional le confiere además otros derechos y garantías (mínimas) especiales en virtud de su específica condición de penalmente perseguido, procurando asegurarle un "juicio justo". Esta concepción debe tener como reflejo (muchas veces, no lo tiene en la práctica) una firme actitud de todos los poderes del Estado en el marco de sus respectivas competencias, actitud tendiente a evitar cualquier afectación a los derechos del imputado que no pueden ser restringidos bajo ningún concepto (*v. gr.*, la integridad física) durante el curso del proceso, y a minimizar la restricción de aquellos que sí puedan verse limitados por razones procesales, a la medida de lo estrictamente imprescindible, limitaciones que siempre serán de aplicación e interpretación restrictiva[248].

IMPORTANCIA DE LAS GARANTÍAS CONSTITUCIONALES

Ahora bien, ¿por qué son necesarias las garantías constitucionales? Por un lado, digamos que el proceso penal es cauce institucional para el ejercicio del *ius puniendi* del Estado, en el que se desarrolla una actividad del poder público tendiente al descubrimiento de los delitos, identificación de los responsables, imposición de las penas y de las restantes consecuencias jurídicas de la infracción penal, incluida, en su caso, la reparación del daño de la víctima. Pero, a la vez, constituye un instrumento para la salvaguardia de las garantías del ciudadano frente a la imputación penal. Es, por tanto, al mismo tiempo medio necesario para el castigo del delincuente y para la protección social (en particular, de las víctimas del delito) y medio de autocontrol o limitación del poder punitivo del Estado[249]. Por otro lado, la razón de un sistema de garantías deriva de la necesidad social de poner límites a la violencia, ya que sus efectos destructores pueden socavar las bases de convivencia; en tal sentido, así como el delito puede entenderse como una agresión a bienes imprescindibles para la coexistencia, así como es preciso evitar que el hombre sea lobo para el hombre y para ello se requiere de un poder general que controle a los individuos, cuando tal poder es ejercido indiscriminadamente se genera el mismo efecto que se pretendía evitar. Tenemos abundantes experiencias históricas sobre los males derivados de un uso abusivo

---

248   CAFFERATA NORES, José I., *op. cit.*, p. 126.

249   FERNÁNDEZ MONTALVO, Rafael, *Garantías constitucionales del Proceso penal*, Dialnet-Garantias ConstitucionalesDelProcesoPenal-1050508, p. 57.

del poder estatal y de las consecuencias del uso indiscriminado de la violencia. Ello, no solo desde el punto de vista de quienes soportaron tales desbordes, sino dentro de una perspectiva más general, ya que salvo en supuestos de un predominio completo de un grupo sobre otro, los excesos de dominación a la corta o a la larga generan reacciones incontrolables[250].

Por otra parte, la existencia de las garantías limitativas del poder penal estatal hace a la necesidad de contar con márgenes objetivos de seguridad que dificulten el arbitrio e impidan el desborde autoritario y, con él, la incertidumbre. De tal manera, las mismas razones que llevan a justificar el poder que la sociedad puede ejercer sobre el individuo conducen a los límites infranqueables que tal poder, para ser legítimo, debe encontrar en su ejercicio. La amplia perspectiva de esta cuestión hace a las relaciones entre autoridad e individuo, entre poder y libertad, y abarca por entero el ámbito de la organización política de una sociedad. Pero es dentro del sistema penal, en general, y en el campo realizativo, en particular, donde alcanzan una especial significación[251].

En síntesis, las garantías existen como una condición de seguridad limitadora de la autoridad, la que, como poder, se legitima en su ejercicio dentro de los carriles establecidos por la Constitución, la que, a su vez, positiviza valores que derivan de la personalidad humana y generan derechos individuales cuya protección es fundamento del Estado Democrático de Derecho. Asimismo, operan como una exigencia de razón para la determinación de los modos de averiguación y de atribución de responsabilidad[252].

EL DEBIDO PROCESO LEGAL EN GENERAL

En todo proceso penal tenemos tres actividades fundamentales: la jurisdiccional, la requirente y la defensiva, que han de cumplirse conforme a las atribuciones e imposiciones emergentes de la ley procesal para sus respectivos titulares: juez, acusador e imputado, y, en la forma, oportunidad, modo, y por los medios y con las limitaciones que la ley procesal penal establezca[253], fundada en la letra de la Constitución Nacional, respetando las garantías expresadas arriba.

---

250 Vázquez Rossi, Jorge: (1995) p. 247.

251 *Ibid.*, p. 252.

252 *Ibid.*, p. 254.

253 Clariá Olmedo, Jorge A.: (2008) p. 393.

El principio del debido proceso está basado en la dignidad de la persona y en su pleno reconocimiento como sujeto de un proceso rodeado de todas las garantías constitucionales desde el inicio de las actuaciones, respetándose el derecho de defensa y de presunción de inocencia. Esto impone al acusador la carga de abstenerse de cualquier tipo de coacción orientada a la declaración o confesión de culpabilidad por el acusado. Entonces, la tarea esencial del juzgador en materia penal es arribar a la verdad real, es decir, la correlación de la realidad de los hechos tal como efectivamente ocurrieron cuando se ha violado un bien jurídico tutelado o protegido, ponderando, a tal fin, en debida forma, las probanzas de la causa, como requisito *sine qua non* del principio de debido proceso que regula la función punitiva del Estado[254].

La preocupación por la forma y el proceso está también presente en la llamada Escuela Clásica del Derecho Penal. Así, Carrara (1805 a 1888) pone de manifiesto la importancia de la forma y del proceso:

"El hombre, al no tener presente con certeza absoluta lo que es justo, no puede tampoco, por una prodigiosa intuición, tener la conciencia de la justicia intrínseca de un fallo. Lo presume justo cuando lo ve surgir de una serie de actos que obedecen a la ley y a la razón. Por ello, los ciudadanos tienen derecho a presumir injusta una resolución, aunque pueda ser intrínsecamente justa, si ha sido el resultado de un fallo irracional, arbitrario e ilegítimo. Por eso, a los efectos políticos, tanto vale que una sentencia sea justa como que el pueblo tenga razón para presumirla tal por el cumplimiento de unas formalidades ineludibles". En el proceso penal no puede hablarse solo de defensa de la sociedad, ya que ello equivaldría a legitimar en ciertos casos la violación del derecho individual por generalizar el peligroso principio *salus publica suprema lex*, lo que no puede admitirse en el derecho penal porque conduce a las leyes de la violencia, posibilidad que está fuera de la fórmula "defensa del derecho" en la que se encuentra el origen de la potestad punitiva. En suma, la Justicia Penal debe conciliar la tutela del derecho del acusado con el de la sociedad, de tal forma que, manteniendo el derecho al castigo del culpable, se proclame también el principio de que el acusado no debe ser sometido al castigo sin culpa, o más allá de la justa medida de sus deméritos[255].

---

254 ALDERETE MARCOS, María Cecilia: (2009) p. 118.

255 CARRARA, F.: (1994) pp. 178, 190 y 196.

Así, el primer aspecto del derecho de defensa, como lo ha destacado la interpretación jurisprudencial, refiere al "proceso legal", o "debido proceso", como condición *sine qua non* para un procedimiento válido[256], y con ello la prohibición de autoincriminación, que debe ser reconocido desde el primer momento de toda investigación, cualquiera sea la autoridad que la inicie.

En tal aspecto, Linares[257] ha entendido el concepto jurídico del debido proceso como un instrumento de valoración, como un componente axiológico fundamental para el contralor de la constitucionalidad de la jurisdicción. De las ideas del citado autor puede desprenderse un esquema interpretativo sobre los componentes y requisitos de la noción de debido proceso, esquema que combina adecuadamente requisitos procesales y sustantivos, y del que surge la estructura plenaria del instituto. Tal esquema responde a la explicitación de requisitos que deben integrar la noción constitucional de "juicio", que debe comprenderse como la estructuración de garantías que refieren a la primera y fundamental manifestación del derecho de defensa.

En tal sentido, como lo sostiene Linares, el debido proceso exige que nadie pueda ser privado judicialmente (y, agregamos, administrativamente) de su libertad, sin el estricto cumplimiento de procedimientos establecidos por la ley. Al mismo tiempo, tal ley no puede ser una mera apariencia formal, sino que debe dar al imputado la posibilidad real de exponer razones para su defensa, probar esas razones y esperar sentencias fundadas.

Linares Quintana, acorde con esto, comprende como criterios guía para una adecuada interpretación: a) restricción de poderes públicos y afianzamiento de la libertad individual: *"La finalidad suprema y última de la norma constitucional -dice- es la protección y la garantía de la libertad y la dignidad del hombre, frente al Estado y a los demás habitantes"*; b) amplitud, liberalidad y practicidad en la aplicación del sentido de tales normas; c) comprensión de las palabras y frases empleadas, sin marginar ni suprimir las ideas mentadas; d) interpretación totalizadora e integral; e) adaptación a las circunstancias históricas y sociales de la evolución de los tiempos; f) idea restrictiva sobre excepciones y privilegios[258].

---

256 Vázquez Rossi, Jorge Eduardo: (1996) p. 96.

257 Linares, Juan Francisco (1944).

258 Linares Quintana, voz Interpretación constitucional, en E. J. O., t. XVI, pp. 481 y ss.

PRESUNCIÓN DE INOCENCIA

Toda persona imputada de un delito mantiene, como persona, su estado de inocencia durante todo el proceso penal hasta tanto se demuestre con certeza su culpabilidad y, consecuentemente, sea condenado por sentencia firme[259].

La presunción de inocencia constituye la máxima garantía constitucional del imputado, que permite a toda persona conservar el estado de "no autor del delito" en tanto no se expida una resolución judicial firme; por lo tanto, toda persona es inocente, y así debe ser tratada, mientras no se declare en juicio su culpabilidad. La formulación "nadie es culpable sin una sentencia que lo declare así" implica que: solo la sentencia tiene esa virtualidad; al momento de la sentencia, solo existen dos resultados: inocente o culpable; la culpabilidad debe ser jurídicamente construida y esa construcción implica la adquisición de un grado de certeza; el imputado no tiene que construir su inocencia y no debe ser tratado como culpable; y que no deben existir ficciones de culpabilidad, es decir, partes de la culpabilidad que no necesitan ser probadas.

Por lo tanto, como lo afirma Clariá Olmedo[260], mientras no sean declarados culpables por sentencia firme, los habitantes de la Nación gozan de un estado de inocencia, aun cuando con respecto a ellos se haya abierto causa penal, cualquiera sea el progreso de esa causa. Es un estado que el imputado goza desde antes de iniciarse el proceso y durante todo el período cognoscitivo de este. Ese estado no se destruye con la denuncia, el procesamiento o la acusación, sino que se requiere una sentencia penal condenatoria pasada en autoridad de cosa juzgada: "juicio previo".

El principio de inocencia es un poderoso baluarte de la libertad individual para poner debido freno a los atropellos a ella y proveer de seguridad jurídica. Sea que se lo plantee como presunción o como estado de inocencia, formulado positiva o negativamente, lo cierto es que este principio coloca a todo habitante de la nación en situación de no culpable mientras una sentencia firme, conclusiva de un proceso regular y legal, no lo declare tal como consecuencia de haberse demostrado la culpabilidad, esto es, de haberse destruido por el juzgador, sobre la base de las pruebas del proceso, la presunción o estado de inocencia[261].

---

259   Jauchen, Eduardo: (2012) p. 178.

260   Clariá Olmedo, Jorge A.: (2008) p. 241.

261   Clariá Olmedo, Jorge A.: (2008) p. 242. Durante el proceso, el imputado goza de ese estado de inocencia, que solo podrá ser modificado por la sentencia firme que declare su culpabilidad.

La presunción de inocencia trabaja en dos sectores conectados. Uno se encuentra en el campo de las garantías procesales de base constitucional, convirtiendo al precepto en una suerte de reaseguro contra la arbitrariedad judicial. El otro aspecto se ubica en la aplicación práctica que tiene, sea como una pauta de interpretación o valoración de la prueba habida en el proceso[262].

Esta garantía en el Derecho internacional se la puede encontrar en: la Declaración de los Derechos del Hombre y del Ciudadano, Artículo 9°, que señala que *"todo hombre se presume inocente mientras no sea declarado culpable"*; la Declaración Universal de los Derechos Humanos en su Artículo 11, que expresa: *"Toda persona acusada de delito tiene derecho a que se presuma su inocencia mientras no se pruebe su culpabilidad, conforme a la ley y en juicio público en el que se le hayan asegurado todas las garantías necesarias para su defensa"*; y, finalmente, la Convención Americana sobre Derechos Humanos, que establece en su Art. 8°, segunda parte: *"Toda persona inculpada de delito tiene derecho a que se presuma su inocencia mientras no se establezca legalmente su culpabilidad"*.

La Corte Interamericana de Derechos Humanos, en el caso "Suárez Rosero", sentencia del 12 de noviembre de 1997, declaró que en el principio del estado de inocencia *"subyace el propósito de las garantías judiciales, al afirmar la idea de que una persona es inocente hasta que su culpabilidad sea demostrada. De lo dispuesto en el artículo 8.2 de la Convención se deriva la obligación estatal de no restringir la libertad del detenido más allá de los límites estrictamente necesarios para asegurar que no impedirá el desarrollo eficiente de las investigaciones y que no eludirá la acción de la justicia, pues la prisión preventiva es una medida cautelar, no punitiva. Este concepto está expresado en múltiples instrumentos del derecho internacional de los derechos humanos y, entre otros, en el Pacto Internacional de Derechos Civiles y Políticos, que dispone que la prisión preventiva de las personas*

Si esa sentencia firme no lo declara culpable, frente al hecho al cual ella se refiere permanecerá eternamente inocente. Es el caso de la sentencia absolutoria y del sobreseimiento pasado en autoridad de cosa juzgada, frente a los cuales funciona el principio del *"non bis in idem"*, p. 244.

262 GOZAÍNI, Osvaldo Alfredo (2004), *El debido proceso*, T. I, edit. Rubinzal Culzoni, p. 78. La primera visión es genérica: nadie puede ser condenado sin ser oído, ni sentenciado sin prueba corroborante de los cargos imputados. La prueba es un trabajo del que acusa y el imputado puede descansar, en principio, en la garantía de inocencia. La segunda perspectiva se instala en las posibilidades jurisdiccionales; vale decir, ¿cómo aplica el juez el principio a la hora de sentenciar? Si no hay prueba suficiente, ¿puede condenar? Y en su caso, ¿es igual la valoración de la prueba en todo tipo de procesos, al punto de que la inocencia sea una garantía aplicable a toda materia de conflictos?

que hayan de ser juzgadas, no debe ser la regla general (art. 9.3). En caso contrario, se estaría cometiendo una injusticia al privar de libertad, por un plazo desproporcionado respecto de la pena que correspondería al delito imputado, a personas cuya responsabilidad criminal no ha sido establecida. Sería lo mismo que anticipar una pena a la sentencia, lo cual está en contra de los principios del derecho universalmente reconocido"[263].

En tanto, en el caso "Cantoral Benavides", cuya sentencia se emitió el 18 de agosto de 2000, la Corte Interamericana sostuvo: *"El principio de la presunción de inocencia, tal y como se desprende del artículo 8.2 de la Convención, exige que una persona no pueda ser condenada mientras no exista prueba plena de su responsabilidad penal. Si obra contra ella prueba incompleta o insuficiente, no es procedente condenarla, sino absolverla"*[264]. Jauchen, en relación al fallo indicado, considera que este es relevante por cuanto, si bien se expresa con otra terminología, resulta claro que la Corte confiere explícitamente rango superior al principio de que la duda debe favorece al acusado, cuestión que siempre fue motivo de fallos reticentes, al menos por la Corte argentina. De este modo, ante el importante contenido de la sentencia del tribunal internacional al interpretar el alcance del estado de inocencia, queda despejada la controversia sobre este extremo. Por lo tanto, cualquier sentencia de los tribunales locales que al resolver se pronuncien por una decisión condenatoria, contrariando las pruebas incorporadas a la causa con ilogicidad e irracionalidad cuando de ellas no se desprende con certeza la responsabilidad penal, es inconstitucional por menosprecio al principio del *in dubio pro reo*, configurando un supuesto de arbitrariedad que es susceptible de casación y recurso extraordinario[265].

Se puede decir que la presunción de inocencia genera efectos tanto procesales como extraprocesales. Desde el punto de vista extraprocesal, genera, como ya estuvimos viendo, un derecho subjetivo por el cual al imputado se le debe dar un trato de "no autor". Es decir, nadie, ni la policía, ni los medios de comunicación, puede señalar a alguien como culpable hasta que una sentencia lo declare como tal, a fin de respetar su derecho al honor e imagen.

---

263 CIDH, párrafo 77.

264 CIDN, párrafo 120.

265 JAUCHEN, Eduardo: (2012) p. 189.

CARGA DE LA PRUEBA

Una derivación del principio de inocencia es el de la carga probatoria en el proceso penal. Por carga de la prueba se entiende la necesidad de acreditación que corresponde a una determinada parte o sujeto procesal. El principio general es que quien invoca determinados hechos deberá ofrecer las constancias que lo demuestren. Pero, dentro del proceso inquisitivo, dominado por el principio de oficialidad, es el órgano jurisdiccional instructor, como director de la investigación, el que determina por sí las diversas constancias en orden a la acreditación de una eventual conducta delictiva. En tal sentido, incluso dentro de los códigos modernos, rige la regla, propia del proceso penal, de la denominada "investigación integral" o búsqueda de la verdad real, a lo que ya nos hemos referido, cuya consecución parece estar al cuidado preponderante, y a veces exclusivo, del juez instructor[266].

Respecto al proceso penal, quien es investigado debe ser tratado como no autor hasta que un régimen de pruebas obtenidas debidamente produzca condena. *Contrario sensu*, para ser tratado como autor, es necesario destruir la presunción de inocencia y, en consecuencia, la carga de la prueba o, mejor dicho, quien tiene la carga de probar el hecho, es aquel que acusa: este es quien tiene que probar la culpabilidad. Por otro lado, nadie está obligado a probar su inocencia, pues esta se encuentra presupuesta. En los casos de duda, se favorecerá al acusado, determinando la aplicación de la consecuencia más benigna. El aforismo *"in dubio pro reo"* representa la garantía constitucional derivada del principio de inocencia, cuyo ámbito de actuación es la sentencia, pues exige que el tribunal alcance la certeza sobre todos los extremos de la imputación delictiva para condenar y aplicar una pena.

Como dijimos, el imputado no tiene que probar su inocencia, pues ya de antemano es constitucionalmente considerado así. Corresponde al Estado, mediante sus órganos predispuestos, demostrar lo contrario para poder revertir ese estado y obtener una condena. El imputado no tiene ni la carga ni el deber de probar nada. Es más, su posición estática y pasiva no puede ser tomada como prueba, presunción ni indicio en su contra[267].

No obstante, el imputado tiene derecho de acreditar –mejor, de "confirmar"– su inocencia o las circunstancias que atenúen su responsabilidad; esto

---

266 Vázquez Rossi, Jorge E.: (1995) p. 338.

267 Jauchen, Eduardo: (2012) p. 191.

es, de la esencia misma del derecho de defensa, pero, como decimos arriba, no tiene la obligación de hacerlo o no tiene la carga probatoria. Al imputado no se le puede restringir mientras no signifique abuso del derecho; su ejercicio implica, a la vez, colaboración con la justicia. En virtud de la amplitud de este derecho las leyes imponen al tribunal evacuar todas las citas que el imputado hiciere en su declaración indagatoria[268].

LA AMPLITUD DEL DELITO DE BLANQUEO DE DINERO

Habiendo realizado un recordatorio de lo que significan las garantías constitucionales y tras repasar alguna de las más importantes, ahora veremos qué pasa concretamente con el delito de lavado de dinero y sus problemas de redacción.

Asistimos a una era de indudable expansión del Derecho penal, específicamente, de los delitos económicos, y más concretamente, en relación al delito de lavado de dinero. Así, en los últimos años visualizamos, casi sin proferir palabra, cómo se legisla sobre el ilícito indicado en forma totalmente descoordinada con el resto del Código Penal y sin analizar correctamente el tipo delictivo.

Como bien se ha dicho en doctrina, el tipo penal de lavado de dinero funciona como una suerte de *"cajón de sastre"*, donde toda conducta con la cual no se sabe bien qué hacer, será considerada lavado de dinero sin advertir las consecuencias ni reparar en que, en algunos casos, hasta se inventan delitos que no están legislados en el Código Penal.

Esto pareciera darse por una clara desesperación de la dirigencia política que, para congraciarse con organismos internacionales, sanciona normas rayanas en la inconstitucionalidad y, en otras ocasiones, creando figuras sin analizar pormenorizadamente sus consecuencias colaterales, creyendo que solo es cuestión de agregar nuevos verbos típicos. En su origen se consideró que prever como delito al blanqueo de dinero era imprescindible para la efectiva lucha contra el narcotráfico, pero en la actualidad se ha constituido en una herramienta imprescindible en la lucha contra la financiación del terrorismo internacional, la evasión tributaria, el delito de corrupción, tráfico de armas y de personas, entre los delitos más graves.

---

268   Cfr. CLARIÁ OLMEDO, Jorge A.: (2008) p. 255.

Dice Fernández[269] que el origen del hecho ilícito llamado "Lavado de dinero" tiene su comienzo en los primeros años de la década del 60, destacándose que es una causa de ocultamiento mediante una serie de operaciones, a efectos de poder legitimar los bienes que provienen de una actividad ilícita previa. Las ingentes cantidades de dinero producidas por la actividad criminal se relacionan de esta forma con delitos graves, como el tráfico ilegal de armas, de animales exóticos, de seres humanos o de sus órganos, la corrupción, el juego, el contrabando y el enriquecimiento ilícito de funcionarios públicos.

En general, se entiende por blanqueo de dinero al proceso en virtud del cual los bienes de origen delictivo se integran al sistema económico legal con apariencia de haber sido obtenidos de forma lícita[270]. Esta actividad puede definirse como el procedimiento tendiente a obtener la aplicación en actividades económicas lícitas de una masa patrimonial derivada de cualquier género de conductas ilícitas –con independencia de cuál sea la forma que esa masa adopte– mediante la progresiva concesión a la misma de una apariencia de legalidad[271]. Con la expresión "lavar dinero" se hace referencia a una acción pasada ilegal que produjo activos, los cuales, sin un tratamiento apropiado, dejan a sus autores o beneficiarios con altos riesgos frente a una acción judicial. De manera general, digamos que el lavado de dinero se compone de una serie de transacciones destinadas a ocultar el origen de los activos financieros de manera que los criminales puedan utilizarlos sin comprometerse[272].

La Convención de las Naciones Unidas contra el tráfico ilícito de estupefacientes y sustancias sicotrópicas adoptada en Viena el 20 de diciembre de 1988, en su Art. 3° dispone que los Estados parte adoptarán las medidas que sean necesarias para tipificar como delitos penales en su derecho interno, cuando se comentan intencionalmente: "*i) La conversión o la transferencia de bienes a sabiendas de que tales bienes proceden de alguno o algunos de los delitos de tráfico ilícito de estupefacientes y sustancias sicotrópicas que tengan una dimensión internacional previstos en la Convención o de un acto de participación en tal delito o delitos, con objeto de ocultar o encubrir el origen ilícito de los bienes o de ayudar a cualquier*

---

269   Fernández, Jorge R. (2003).

270   Blanco Cordero, Isidro: (1997) p. 101.

271   Caparros, Fabián: (1998) p. 115.

272   Guía Práctica de Prevención, Detección y Represión del Financiamiento del Terrorismo. Países Latinoamericanos. Comité Interamericano Contra el Terrorismo Organización de los Estados Americanos, p. 19.

persona que participe en la comisión de tal delito o delitos a eludir las consecuencias jurídicas de sus acciones; ii) La ocultación o el encubrimiento de la naturaleza, el origen, la ubicación, el destino, el movimiento o la propiedad reales de bienes, o de derechos relativos a tales bienes, a sabiendas de que proceden de alguno o algunos de los delitos anteriormente indicados o de un acto de participación en tal delito o delitos".

No escapa a nuestra consideración la importancia que tiene el delito de lavado de dinero a nivel mundial, por su transnacionalidad, y así, Abel Souto afirma que el blanqueo de dinero constituye un "delito de globalización", cuya importancia en la actualidad resulta trascendental debido a la crisis económica que padecemos, pues las organizaciones criminales, caracterizadas por una creciente naturaleza transnacional, con sus actividades ilegales debilitan cada vez más la economía y penetran en el sistema financiero, en las haciendas públicas o en servicios aduaneros a causa de su vulnerabilidad[273].

La prevención y sanción del blanqueo de dinero se ha convertido en una tarea en la que se ven implicados los más diversos organismos internacionales, los poderes públicos nacionales y determinadas entidades privadas, especialmente aquellas de mayor relevancia para el conjunto del sistema financiero[274].

Esta preocupación de los Estados en relación al delito de lavado de dinero ha llevado a, por un lado, la "demonización" que se ha hecho del delito tratado, que se considera parte de la macro criminalidad y al que refieren con insistencia varios instrumentos elaborados por la comunidad internacional. Es así, al punto de elaborarse verdaderas "listas negras" de países no colaboradores en su represión, considerados como "paraísos fiscales", que resultan gravemente afectados por tal calificación, y que pretenden escapar de ella ampliando el ámbito de la punición. Se ha constituido así un sistema penal, como lo denomina Jakobs, "derecho penal del enemigo"; y que, por otro lado, es consecuencia de la "expansión" de los mecanismos de represión, que van desde postular la libre convicción como elemento de valoración de la prueba, la inversión de la carga de la prueba y la consecuente negación en el caso del principio de inocencia, el castigo por dolo eventual, por culpa y la omisión impropia, lo que a veces se hace especificando claramente que determinados profesionales (contadores, abogados y escribanos), tienen posición de garante respecto de la protección

---

273   ABEL SOUTO, Miguel: (2012) p. 1.
274   BLANCO CORDERO, Isidoro: (2004) pp. 117-138.

del bien jurídico involucrado, que no es otro, que el "orden socioeconómico" del Estado[275].

Es cierto que del estudio de las diferentes posiciones doctrinarias sobre el tema se han extraído dos enfoques predominantes: aquellos que consideran que el blanqueo se basa en la mera ocultación de los bienes de ilícita procedencia, y los que mantienen que lo fundamental en el blanqueo es la reintroducción de esos bienes en la economía legal[276]. Una adecuada interpretación nos lleva a considerar que estas operaciones no solo tienden a ocultar o a encubrir el origen ilícito de los bienes o el dinero[277], sino a hacer aparecer como lícito el producto de operaciones delictivas, enmarcadas bajo actividades comerciales, empresariales y financieras, perfectamente disimuladas como lícitas.

En el Código Penal argentino, el lavado de dinero está previsto en el Art. 303[278], en el cual se agregan distintos verbos que no hacen más que traer inseguridad jurídica, ya que la norma no es ni clara ni precisa ni *concreta*, características todas que son exigencias del principio de legalidad.

Así dice,: "*...el que convirtiere, transfiriere, administrare, vendiere, gravare, disimulare o de cualquier otro modo pusiere en circulación en el mercado...*". Como

---

275   Langón Cuñarro, Miguel: (2007) p. 351.

276   Aránguez Sánchez, Carlos: (2000) p. 32.

277   Donna, Edgardo Alberto: (2007) p. 540.

278   Art. 303 CP.: 1) Será reprimido con prisión de tres (3) a diez (10) años y multa de dos (2) a diez (10) veces del monto de la operación, el que convirtiere, transfiriere, administrare, vendiere, gravare, disimulare o de cualquier otro modo pusiere en circulación en el mercado, bienes provenientes de un ilícito penal, con la consecuencia posible de que el origen de los bienes originarios o los subrogantes adquieran la apariencia de un origen lícito, y siempre que su valor supere la suma de pesos trescientos mil ($300.000), sea en un solo acto o por la reiteración de hechos diversos vinculados entre sí. 2) La pena prevista en el inciso 1 será aumentada en un tercio del máximo y en la mitad del mínimo, en los siguientes casos: a) Cuando el autor realizare el hecho con habitualidad o como miembro de una asociación o banda formada para la comisión continuada de hechos de esta naturaleza; b) Cuando el autor fuera funcionario público que hubiera cometido el hecho en ejercicio u ocasión de sus funciones. En este caso, sufrirá además pena de inhabilitación especial de tres (3) a diez (10) años. La misma pena sufrirá el que hubiere actuado en ejercicio de una profesión u oficio que requirieran habilitación especial. 3) El que recibiere dinero u otros bienes provenientes de un ilícito penal, con el fin de hacerlos aplicar en una operación de las previstas en el inciso 1, que les dé la apariencia posible de un origen lícito, será reprimido con la pena de prisión de seis (6) meses a tres (3) años. 4) Si el valor de los bienes no superare la suma indicada en el inciso 1, el autor será reprimido con la pena de prisión de seis (6) meses a tres (3) años. 5) Las disposiciones de este artículo regirán aún cuando el ilícito penal precedente hubiera sido cometido fuera del ámbito de aplicación espacial de este Código, en tanto el hecho que lo tipificara también hubiera estado sancionado con pena en el lugar de su comisión.

vemos además de agregar distintos verbos, remata diciendo "de cualquier otro modo", dejando al arbitrio judicial cuáles serán esos modos, trayendo inseguridad jurídica.

EL LLAMADO AUTOLAVADO, Y LA VIOLACIÓN
DEL PRINCIPIO *NON BIS IN ÍDEM*

Se ha dado en llamar el *"auto lavado"*, cuando es el propio autor o partícipe del delito precedente quien sea el que luego realice la conducta de lavado de dinero que obtuvo del ilícito. La principal crítica que realiza una parte de la doctrina es que tal incriminación vulnera "el principio de culpabilidad"[279].

Asimismo, en el caso de la legislación de española, doctrinarios importantes de nuestro país, como del extranjero, claramente dejan sentado que el auto lavado permite una doble persecución penal, por el delito precedente y por el lavado de activos.

La doctrina considera que no puede castigarse como autor de blanqueo a quien participó de la conducta anterior generadora de las ganancias que pretenden reciclarse. *"El sujeto activo es indiferenciado, de forma que cualquiera puede cometer el delito de blanqueo de bienes. Ahora bien, de acuerdo con la doctrina mayoritaria, deben excluirse quienes hayan participado por cualquier título en la comisión del delito grave del cual provienen los bienes que se blanquean"*[280]. El único modo de contrarrestar la tendencia centrífuga del lavado, que constantemente expande sus contornos para abarcar fenómenos cada vez más alejados de la criminalidad organizada que justificara su tipificación, es con una hermenéutica centrípeta inversamente proporcional, que reduzca sus límenes por vía de la interpretación restrictiva. Y esta reflexión general aplica en particular para el autolavado.

Son distintos los fundamentos que sustentan la posición de quienes se oponen al auto lavado, pero quien magistralmente los enuncia es Fernández Zacur[281], quien expresa:

---

279 López Biscayart, Javier, y LINARES, María Belén: (2012) p. 34.

280 Faraldo Cabana, Patricia: (1998) p. 130.

281 Fernández Zacur, José Miguel, *El ilícito, fuente del lavado en el Derecho penal paraguayo*, obra en confección.

1. Todo hecho punible tiene (en principio) cuatro fases: ideación, ejecución, consumación y agotamiento. Los temperamentos que adopta el autor o partícipe para asegurar o realizar el beneficio patrimonial obtenido en la fase de consumación se encuadran en la fase de agotamiento del mismo ilícito y no pueden tipificarse de manera independiente. Cuando el autor o partícipe de un hecho punible alcanza los fines lucrativos que procuraba al perpetrarlo sirviéndose de sus frutos, no hace sino agotarlo en prosecución del mismo *iter criminis*.

2. Dicho de otro modo, los subterfugios que utiliza el autor o partícipe de un ilícito para disfrutar de su producido económico quedan absorbidos por aquel, deviniendo impunes como "actos posteriores copenados".

3. Como el aprovechamiento económico constituye la finalidad de cualquier ilícito de connotación patrimonial (nadie delinque haciendo *votos de pobreza*), forma parte de su entelequia y se castiga con aquel; sancionarlo separadamente violenta el principio *non bis in idem*.

4. En el marco penal de todo hecho punible que genere algún beneficio pecuniario, ya se presupone que el participante lucrará con aquel. O sea, la penalidad por "lavar el botín" ya está incluida en la conminación de la conducta criminal que le diera origen. Una pena superpuesta resulta desproporcionada y no hace sino elevar artificialmente los límites de la anterior.

5. No existe, por ende, un concurso real, sino un simple concurso aparente de leyes penales por consunción (los actos de disfrute son consumidos por los actos anteriores de producción). *"En estos casos, se entiende que solamente uno de estos preceptos (denominado prevalente) es suficiente para abarcar el reproche penal del supuesto fáctico previsto en las dos normas, implicando ello la aplicación solo del precepto prevalente y descartando la otra norma, ya que de aplicarse las consecuencias jurídicas de las dos normas se estaría incurriendo en una violación del principio del ne bis in idem"*[282].

6. El goce de los bienes obtenidos desde una conducta delictiva no implica (para el mismo delincuente) un aumento del riesgo jurídicamente desaprobado que ya produjera con aquella.

7. A nadie escapa que quien obtiene una ganancia derivada de algún injusto penal, lo hace para utilizarla de una u otra manera o, cuanto

---

menos, para guardarla procurando evitar la detección de su origen; inhibir esta tendencia natural implica desconocer la inexigibilidad de otra conducta.

8. Raya lo absurdo pretender que el delincuente se motive en una norma que le impida gastar el producido de un ilícito, cuando ya no se motivó en la norma que le prohibía perpetrarlo.

9. El usufructo de los rendimientos subrepticios no llega a profundizar la lesión al bien jurídico afectado con su obtención; al menos de un modo que permita aumentar el rango de punición aplicable. *"Parecería que no debe penarse aparte el blanqueo que consiste simplemente en alejar aún más la propiedad de su legítimo titular"*[283].

10. La **Convención de las Naciones Unidas Contra el Tráfico Ilícito de Estupefacientes y Sustancias Psicotrópicas** o Convención de Viena (Ley N° 16/90) no hace referencia al autoblanqueo, mientras que la **Convención de las Naciones Unidas Contra la Delincuencia Organizada Transnacional** o Convención de Palermo (Ley N° 2.298/03) supedita la figura a los principios jurídicos fundamentales de los países signatarios (Art. 6 inc. 2.e).

11. Las conductas de ocultamiento, disimulación y frustración efectiva o eventual integran la dinámica del autoencubrimiento, que goza igualmente de protección constitucional a fuerza del principio *nemo tenetur seipsum accusare*. *"Así como nadie puede ser imputado de autoencubrimiento (participación en el hecho encubierto), ninguna responsabilidad cabe por el autoblanqueo (ocultamiento de bienes provenientes de un ilícito en el que se ha participado)"*[284].

ACERCA DE LA AUTONOMÍA DEL DELITO PRECEDENTE

Cuando hablamos de blanqueo de dinero, comprendemos que, en su génesis, existe un hecho delictivo. Este hecho ilícito, que sirve de fuente al dinero mal habido, es lo que se conoce como delito precedente o delito subyacente, cuya mancha pretende borrarse con el posterior lavado.

---

283 DE LA MATA Barranco, Norberto y otros: (2018) p. 511.

284 BOUMPADRE, Jorge E.: (2004) p. 284.

Este es un elemento sumamente importe en la estructura del blanqueo de dinero, que hace surgir la pregunta de qué delitos podrán constituir el hecho ilícito precedente idóneo para dar lugar al blanqueo.

En general, los diversos ordenamientos establecen dos sistemas bien marcados. El primero es el de *numerus clausus*, donde se tipifica cada uno de los hechos que constituyen delito precedente, de modo que el intérprete no tiene más que corroborar el hecho de la realidad con la descripción textual de las conductas obrantes en el tipo, y de allí determinar si hay delito precedente. El segundo, que adopta nuestra legislación patria, es el sistema de *numerus apertus*, de determinación amplia, que alude genéricamente a un ilícito o delito penal, y habrá que analizar en cada caso si se configura o no un hecho precedente apto para dar lugar al blanqueo. Dentro de esta tesitura, se admiten tanto las interpretaciones latas como las restringidas.

La evolución jurídico-internacional del blanqueo de dinero va en la dirección de la configuración autónoma y universal, de tal forma que la gama de delitos determinantes sea lo más amplia posible, con independencia del lugar de comisión del delito principal o determinante, y de la existencia de una condena judicial previa. Esta pretensión está prevista en la Recomendación N° 3 GAFI (2012), cuando se exhorta a los Estados a aplicar el delito de blanqueo de dinero a todos los delitos graves, con el fin de incluir la más amplia gama de delitos.

Al aplicar el criterio del umbral del que habla la recomendación N° 3, los delitos deben, como mínimo, incluir aquellos que se castigan con una pena máxima de prisión de más de un año o, para los países que tienen un umbral mínimo en su ordenamiento jurídico, los previos deben comprender a todos los que se castigan con una pena mínima de más de seis meses de prisión. En nuestro país tenemos que el hurto simple con pena máxima de dos años de prisión puede ser considerado delito precedente.

La Nota interpretativa a dicha recomendación es muy clarificante, cuando precisa "*…2. Los países deben aplicar el delito de lavado de activos a todos los delitos graves, con la finalidad de incluir la gama más amplia de delitos determinantes. Los delitos determinantes se pueden describir mediante referencia a todos los delitos o a un umbral ligado ya sea a una categoría de delitos graves o a la sanción de privación de libertad aplicable al delito determinante (enfoque de umbral) o a una lista de delitos determinantes o a una combinación de estos enfoques.*

3. Cuando los países apliquen un enfoque de umbral, los delitos determinantes deben, como mínimo, comprender todos los delitos que están dentro de la categoría de delitos graves bajo sus leyes nacionales, o deben incluir delitos que son sancionables con una pena máxima de más de un año de privación de libertad, o, para los países que tienen un umbral mínimo para los delitos en sus respectivos sistemas jurídicos, los delitos determinantes deben comprender todos los delitos que son sancionables con una pena mínima de más de seis meses de privación de libertad…".

En nuestro Código Penal, por obra de la Ley N° 26.683, que incorpora el Art. 303 inciso primero del Código Penal, no se especifica cuáles son los ilícitos precedentes respecto de los que proviene el dinero blanqueado. Hasta la actual redacción del mencionado artículo, el cual refiere a los bienes procedentes de un ilícito penal, se hacía referencia al delito del cual provenían los bienes que luego serían lavados, aparentemente acotando las conductas de las cuales pudiese provenir el dinero blanqueado. Por el contrario, no se confeccionó un catálogo de delitos de los cuales pudiese provenir el dinero luego lavado, tampoco ahora se lo hace. En esta inteligencia, la exigencia del objeto material de la figura de blanqueo de dinero es que los bienes provengan o hayan sido obtenidos como consecuencia de la comisión de un ilícito por parte del mismo autor, otra persona u otras personas. Este vínculo entre el bien que se pretende legitimar mediante el blanqueo y el ilícito previo es esencial para la configuración del lavado[285].

El Art. 6° de la Ley 25.246, nos indica cuáles son los delitos que *"preferentemente"* deberá tener presentes la Unidad de Información Financiera, pero no los únicos a la hora de intentar prevenir e investigar el blanqueo de dinero. A saber: *"…a) Delitos relacionados con el tráfico y comercialización ilícita de estupefacientes (ley 23.737); b) Delitos de contrabando de armas y contrabando de estupefacientes (ley 22.415); c) Delitos relacionados con las actividades de una asociación ilícita calificada en los términos del artículo 210 bis del Código Penal o de una asociación ilícita terrorista en los términos del artículo 213 ter del Código Penal; d) Delitos cometidos por asociaciones ilícitas (artículo 210 del Código Penal) organizadas para cometer delitos por fines políticos o raciales; e) Delitos de fraude contra la administración pública (artículo 174, inciso 5, del Código Penal); f) Delitos contra la Administración Pública previstos en los capítulos VI, VII, IX y IX bis del título XI del Libro Segundo del Código Penal; g) Delitos de prostitución de menores y pornografía infantil, previstos en los artículos 125, 125 bis, 127 bis y 128 del Código Penal; h) Delitos de financiación del terrorismo (artículo 213 quáter del Código Penal); i) Extorsión (artículo 168 del Código Penal); j) Delitos previstos en la ley 24.769[286]; k) Trata de personas…".*

---

285   CAPOZZOLO, Francisco (2013).

286   La Ley N° 24.769 que regulaba el Régimen Penal Tributario, fue abrogada por el Art. 208 de la Ley N° 27.430, que ahora es la que legisla sobre la materia.

Recalcamos la incorporación del término "preferentemente", agregado por la Ley N° 26.683, el que nos indica que, hoy en día, la UIF o la Justicia no tendrían límites para investigar, sea cual sea, el delito precedente que dé lugar al blanqueo.

Esta particularidad, sumada a la imprecisión de los términos en que está redactada la norma penal del blanqueo de dinero, configuran un cóctel peligroso donde el poder punitivo estatal puede ser extendido hasta límites ciertamente insondables, poniendo a cualquier ciudadano que se viera enfrascado en una investigación penal, por el delito que sea, ante la hipótesis de ser condenado por lavado de dinero.

LA INDEPENDENCIA DEL LAVADO DE DINERO SOBRE EL DELITO PRECEDENTE

La cuestión de la autonomía del delito de lavado se relaciona con la carga de la prueba del delito anterior y, de esta forma, es importante establecer cuáles son los requisitos que resulta necesario considerar probados en un juicio criminal para tener por acreditada esta circunstancia[287].

Nuestro ordenamiento exige que el hecho del cual provenga el dinero a blanquear configure un ilícito penal y no un delito. Esta distinción no es de menor importancia, ya que en principio será suficiente con que el "delito precedente" sea un hecho típico y antijurídico, y no requiere que sea probada la culpabilidad de los autores, y menos aún que sean punibles.

En general, la doctrina considera que no se exige siquiera la prueba cabal de la existencia del hecho precedente, como así tampoco la necesidad de un proceso judicial en trámite ni el dictado de una sentencia condenatoria.

Desde esta perspectiva, el fiscal y/o juez con jurisdicción para investigar un caso de lavado deberá ser quien demuestre, suficientemente, que los "bienes" sometidos a un proceso de blanqueo provienen de algún "ilícito penal" previo, y aquello, independientemente de que exista o no una investigación en curso a raíz del posible delito previo. El delito autónomo de blanqueo de capitales puede ser investigado, procesado o condenado independientemente del delito precedente; justamente, porque se trata de un delito pluriofensivo que debe

---

287   Pinto, Ricardo, y CHEVALIER, Ophelie: (2002) pp. 52-53.

salvaguardar valores jurídicos plurales e independientes a los protegidos por cualquier otro delito penal[288].

En este marco, ha cobrado peso en estos tiempos la mera invocación de indicios para tener por comprobado el delito base y proseguir, de ese modo, hacia la condena del delito de lavado.

En relación a la prueba del ilícito penal, si se tiene en cuenta que la finalidad del derecho penal es proteger bienes jurídicos respetando las garantías constitucionales y, esencialmente, el debido proceso, no encontraríamos reparo alguno en argumentar a favor de la autonomía del delito de blanqueo de dinero en los supuestos en que el delito previo se comprueba a partir de indicios que permitan afirmar, conforme a las reglas de la sana crítica, que el dinero o los activos que se hallan secuestrados provienen de un delito. La prueba indiciaria permite comprobar el origen ilegal de bienes producto de delitos graves y no es necesaria una condena o resolución judicial de un delito previo por cuanto el blanqueo de dinero es un crimen autónomo en el cual su objeto puede ser probado por cualquier medio[289].

Diversos precedentes judiciales a nivel nacional cristalizaron esta vertiente doctrinal. Citamos solo algunos ejemplos:

"Al respecto, debe decirse no hace falta contrastar cual ha sido el hecho ilícito precedente del que provienen las sumas de dinero incautadas. En efecto, no es preciso verificar que hecho ha sido culpable y punible, sino que basta que haya sido típico y antijurídico, es decir un hecho ilícito. Asimismo, cabe recordar que aquél hecho del cual provienen los bienes, no es objeto del proceso, de modo que su existencia no precisa ser probada con la precisión y el detalle que sí sería necesario si fuese objeto de juzgamiento, dado que la función del tipo penal en cuestión precisa únicamente la caracterización del origen ilícito de los bienes, por lo que es suficiente que se prueben las circunstancias a partir de las cuales pueden inferirse inequívocamente la comisión de un hecho ilícito" (cfr. Juzgado Penal Económico N°8, C.A.B.A., Rosi, Giancarlo S/Infraccion Ley 22.415, 26/02/2018).

De modo consecuente, y advirtiendo una vez más el verticalismo que anima a estas soluciones que amenazan nuestras garantías constitucionales, las

---

288 Durrieu, Roberto. F.: (2015) pp. 16-40.

289 Pinto, Ricardo, y Chevalier, Ophelie: (2002) pp. 53, 54, 61.

normativas internacionales se inclinan a posibilitar la prueba del delito subyacente mediante el uso de los meros indicios.

Del análisis de la doctrina y jurisprudencia traída a colación, y de diversas normativas de importancia, surge en evidencia la aplicación concreta de la tesis de autonomía del delito precedente, y la recepción del método de la prueba indiciaria para corroborar el origen ilícito de los activos obtenidos en la investigación judicial.

Sin perjuicio de mantener una postura crítica, debemos resaltar que este proceso tiene por objeto preservar el orden económico y financiero, e impedir el potenciamiento de la criminalidad organizada, sobre todo en delitos graves como el narcotráfico, la trata de personas, el contrabando, el terrorismo, etc…, que perturban profundamente el entramado social.

Por otro lado, representan un método eficiente de política criminal, que facilita la investigación y el desbaratamiento del crimen organizado. Sin embargo, es menester dejar en claro que tan loables intentos, implementados en los últimos tiempos para combatir el blanqueo de dinero, deberán llevarse adelante preservando las garantías constitucionales del imputado, permitiendo el derecho de defensa y garantizando el estado de inocencia.

La ilicitud del hecho por el cual se obtienen los activos, precisa de una condena que declare su existencia, su debido encuadramiento típico, y la antijuridicidad con la que cargue. Luego, podrá no caberle responsabilidad a la persona, por otros motivos, pero ya estaría comprobado el ilícito penal que requiere la normativa argentina.

Dejarse llevar por meros indicios, que no siempre serán unívocos, no deja de generar un estado de intranquilidad y de inseguridad jurídica, máxime cuando se echa mano sobre ellos para condenar por el delito de blanqueo de dinero.

EL DECOMISO SIN CONDENA

Sabido es que el decomiso como instituto penal es la herramienta que posee el Estado para procurarse los bienes que sirvieron para cometer un hecho ilícito ("instrumentos") o de aquellos que son producto o ganancia de este[290]. En la

---

[290] Cámara Nac. de Apelac. en lo Criminal y Correccional Federal, "Miceli, Felisa Josefina s/inf. Art. 277 inciso segundo en función del inciso primero c) y agravado por el inciso tercero d) en concurso real con el delito previsto en el Art. 255, ambos del CP, p. 142".

actualidad, tal idea se encuentra relativizada por una nueva concepción, en parte influenciada por el derecho internacional, cuyo objetivo gira en torno a impedir y anular el rédito generado por los delitos cometidos aún sin mediar condena, abandonando el carácter netamente punitivo de dicho instituto. Así, pues, el recupero de activos proveniente de determinados tipos de delitos –corrupción, terrorismo, tráfico de estupefacientes, delitos de carácter trasnacional y de crimen organizado en general– importó una modificación sustancial en los mecanismos que el derecho interno debió incorporar para su debida prevención e investigación[291].

En estos últimos años, en el ámbito internacional la institución del comiso está adquiriendo una gran importancia, hasta el punto de considerarse el arma central en el arsenal dirigido a hacer frente a los productos del delito[292]. Es así, porque la propiedad adquirida en base a la comisión de hechos ilícitos está viciada en su origen y, en consecuencia, no puede sostenerse válidamente un derecho respecto de esta, pues al no hallarse en "estado legal" no tiene el amparo constitucional a la inviolabilidad de la propiedad[293].

Tradicionalmente se consideraba que, para proceder al decomiso del producto del delito, era necesario obtener una sentencia penal condenatoria. Interpretación que debería seguirse, ya que de lo contrario estamos violentando el debido proceso penal.

En este sentido, la Cámara de Casación Penal, sala VI, ha dicho *"... que el decomiso es una consecuencia accesoria a una pena principal, que constituye un efecto de la sentencia condenatoria cuando se configuran aquellas condiciones legalmente previstas y que, por encontrarse dispuesta en la parte general del Código Penal, resulta aplicable a todos los delitos previstos en dicho cuerpo normativo y en bases especiales –a menos que dispongan lo contrario– (art. 4 CP)"*[294].

Para proceder al decomiso de bienes y, así, recuperar activos provenientes de actividades ilícitas, es necesario transitar por cuatro etapas del proceso, esto es, investigación, identificación, decomiso y recupero.

---

291 Cámara Nac. de Apelac. en lo Criminal y Correccional Federal, "Miceli, Felisa Josefina s/inf. Art. 277 inciso segundo en función del inciso primero c) y agravado por el inciso tercero d) en concurso real con el delito previsto en el Art. 255, ambos del CP, p. 143".

292 BLANCO CORDERO, Isidoro (2007).

293 MARIENHOFF, Miguel S.: (1997) p. 143.

294 Voto Hornos, Cámara de Casación Penal, sala IV "Alsogaray, María Julia", 09/06/2005.

En la etapa de la investigación, son los jueces de instrucción y los fiscales los encargados de develar la comisión del delito y adjudicar la responsabilidad penal a su autor/es. Esta primera aproximación al hecho investigado debe realizarse con las garantías constitucionales que derivan de nuestra Constitución y de los Tratados Internacionales con jerarquía constitucional. Luego de la investigación, y acreditado el delito y sus autores, se tiene que identificar los bienes y cautelarlos, para que al momento de la condena sea decomisados no o antes.

La Ley N° 26.683 ha creado una regulación específica para el decomiso en materia de lavado de bienes, mediante la modificación pertinente del citado Art. 23, y la introducción del nuevo Art. 305 del Código Penal.

La principal cuestión sobre el tema reside en la posibilidad de decomisarse de manera definitiva, y sin necesidad de condena penal, los bienes que sean instrumento, producto, provecho, o efectos relacionados con los delitos de lavado o recepción con fines de lavado de activos, originados en un ilícito penal.

El Art. 305[295] del C.P., dice: *"En operaciones de lavado de activos, serán decomisados de modo definitivo, sin necesidad de condena penal, cuando se hubiere podido comprobar la ilicitud de su origen, o del hecho material al que estuvieren vinculados, y el imputado no pudiere ser enjuiciado por motivo de fallecimiento, fuga, prescripción o cualquier otro motivo de suspensión o extinción de la acción penal, o cuando el imputado hubiere reconocido la procedencia o uso ilícito de los bienes"*.

Como vemos, los requisitos exigidos para proceder al decomiso definitivo son:

a) Podrán ser decomisados, "cuando se hubiere podido comprobar la ilicitud de su origen o del hecho material al que estuvieren vinculados", lo cual en principio es contradictorio ya que *la única forma de*

---

[295] Artículo 305. "El juez podrá adoptar desde el inicio de las actuaciones judiciales las medidas cautelares suficientes para asegurar la custodia, administración, conservación, ejecución y disposición del o de los bienes que sean instrumentos, producto, provecho o efectos relacionados con los delitos previstos en los artículos precedentes. En operaciones de lavado de activos, serán decomisados de modo definitivo, sin necesidad de condena penal, cuando se hubiere podido comprobar la ilicitud de su origen, o del hecho material al que estuvieren vinculados, y el imputado no pudiere ser enjuiciado por motivo de fallecimiento, fuga, prescripción o cualquier otro motivo de suspensión o extinción de la acción penal, o cuando el imputado hubiere reconocido la procedencia o uso ilícito de los bienes. Los activos que fueren decomisados serán destinados a reparar el daño causado a la sociedad, a las víctimas en particular o al Estado. Solo para cumplir con esas finalidades podrá darse a los bienes un destino específico. Todo reclamo o litigio sobre el origen, naturaleza o propiedad de los bienes se realizará a través de una acción administrativa o civil de restitución. Cuando el bien hubiere sido subastado solo se podrá reclamar su valor monetario".

determinar la ilicitud del origen es a través de una sentencia condenatoria;
sin embargo, estamos hablando del decomiso sin sentencia;

b) cuando el imputado no pudiere ser enjuiciado penalmente debido a la extinción de la acción penal, sea por fallecimiento, incapacidad sobreviniente, prescripción, suspensión del ejercicio de la acción penal por fuga u otra causal. Este segundo requisito debe ir juntamente con el anterior requisito, ya que en el texto se utiliza la conjunción "y", por lo tanto, deben darse juntas, y

c) por último, se podrá decomisar en forma definitiva, sin necesidad de los otros requisitos, cuando el imputado hubiere reconocido la procedencia o uso ilícito de los bienes.

Para el supuesto decomiso definitivo sin condena penal, basado en el reconocimiento por el acusado de la procedencia o el uso ilícito de los bienes, no puede entenderse como un reconocimiento de cualquier índole, sino como uno producido en sede judicial, ante el juez competente y con observancia plena de las garantías que resguardan la declaración de la coerción o el error y la posibilidad de un correcto asesoramiento letrado. Tal reconocimiento equivaldría a un allanamiento a la pretensión de decomiso definitivo anticipado del Estado.

Ahora, cuando se habla de decomiso como pena, recayendo sobre los *instrumentos* de un delito que tengan libre circulación en el mercado, en estos casos debemos decir que rigen en plenitud los principios y garantías del derecho penal: culpabilidad, personalidad de la pena, proporcionalidad, etc.

En definitiva, para aplicar un decomiso se deberán respetar las genéricas garantías de defensa en juicio y debido proceso.

Lo que sí debe quedar delineado, es que, si bien la ley sancionada permite el decomiso definitivo sin necesidad de condena penal por el delito de blanqueo, debe existir certeza acerca de que los bienes sobre los que se dispone el decomiso tengan como origen un hecho ilícito penal, aunque aquí debe reiterarse de nuevo la pregunta de quién puede determinar el origen ilícito de los bienes. Esta solo tiene una respuesta ajustada a derecho: una sentencia judicial. Por lo tanto, sin condena no podremos determinar si los bienes son de origen ilícito y, en consecuencia, no se puede, legalmente y constitucionalmente, proceder al decomiso definitivo de bien alguno.

En fin, sin condena no es factible decomisar los bienes; de hacerlo, se violan la presunción de inocencia, el debido proceso y el derecho de propiedad.

LA INVERSIÓN EN LA CARGA DE LA PRUEBA

No hace mucho, hemos tomado conocimiento de que, con la excusa de investigar el delito lavado de dinero, se ha intentado crear una nueva figura, no prevista en el Código Penal, esto es, el "enriquecimiento ilícito de privado".

Ocurrió en una oportunidad, en la Ciudad Autónoma de Buenos Aires, cuando durante un control policial fue detenido un taxi por las fuerzas de seguridad y, al revisar una mochila que llevaba el pasajero que se conducía en el vehículo, sin justificación alguna los efectivos policiales se encuentran con la suma aproximada de cien mil dólares estadounidenses (U\$A 100.000).

Esto motivó una comunicación a un juez de turno y se iniciaron actuaciones, comenzando una disputa sobre la competencia. Pero lo grave es que al individuo que llevaba consigo el dinero le exigían que justificara el origen de este. Es decir, una clara inversión de la carga de la prueba y, por tanto, violatoria de la presunción de inocencia.

Además, si no existía una previa investigación por un delito precedente, de manera alguna podría iniciarse una investigación por lavado de dinero en tales circunstancias.

Expresamos enfáticamente que es la justicia quien, a través de sus jueces o fiscales, debe demostrar la ilicitud de la conducta y no aquel a quien se investigue.

Vázquez Rossi nos dice que la finalidad de la prueba consiste en la determinación de todo lo relacionado con el hecho y su autor, tratando, mediante los medios adecuados, de lograr una ajustada reconstrucción del suceso postulado como realmente acontecido. En definitiva, se trata de una comprobación de las circunstancias relevantes para hacer aplicable la norma pertinente[296].

Como se advierte, la finalidad de la prueba surge de una necesidad derivada directamente del valor seguridad jurídica y de las garantías que de él emanan, apareciendo tales comprobaciones estrechamente relacionadas con el principio de legalidad y con la determinación del mismo a través de la garantía de judicialidad. De la misma forma, se encuentra también en juego el principio de racionalidad, ya que, en última instancia, la prueba no es sino demostración. Por último, aparece como valla a la arbitrariedad, en la medida que las constancias objetivas y controlables permiten una verificación[297].

---

296   Vázquez Rossi, Jorge E.: (1997) p. 335.

297   Vázquez Rossi, Jorge E.: (1997) p. 335.

Nuevamente decimos, y para que quede claro, que por carga de la prueba se entiende la necesidad de acreditación que corresponde a una determinada parte o sujeto procesal. En cambio, dentro del proceso inquisitivo, dominado por el principio de oficialidad, es el órgano jurisdiccional instructor, como director de la investigación, el que determina por sí las diversas constancias en orden a la acreditación de una eventual conducta delictiva. En tal sentido, incluso dentro de los códigos modernos rige la regla, propia del proceso penal, de la denominada "investigación integral" o búsqueda de la verdad real, a lo que ya nos hemos referido, cuya consecución parece estar al cuidado preponderante, y a veces exclusivo, del juez instructor[298].

En consecuencia, afirma Vázquez Rossi, al igual que toda la doctrina, que no es el imputado quien debe probar su inocencia -estado jurídico del que se parte, ya que de no ser así carecería de sentido el mismo proceso- sino el Estado, mediante los órganos pertinentes. Claro está que esto no implica de manera alguna desconocer la importancia que pueden tener las pruebas defensivas, destinadas a la aclaración de la situación del imputado y a la contraposición de la atribución delictiva. En este aspecto, la posibilidad de ofrecimiento y realización probatoria aparece como una garantía derivada del derecho de defensa, cuya importancia ha sido destacada desde los mismos inicios de las ideas liberales sobre el proceso penal[299]. Pero la aportación de pruebas por parte del imputado es un derecho y no una obligación. Quien tiene sí la obligación de probar es el Juez y Fiscal.

Además, la regla *in dubio pro reo* supone para el juzgador la imposibilidad de condenar cuando no tiene plena convicción sobre los hechos y sus responsables. Por otro lado, cuando la duda razonable se elimina con la obtención de pruebas suficientemente persuasivas para demostrar la culpabilidad, el principio deja de regir por haberse superado el estado de incertidumbre o inseguridad[300].

BIBLIOGRAFÍA CITADA

ABEL SOUTO, Miguel (2012): "Blanqueo, Innovaciones tecnológicas, Amnistía fiscal de 2012 y Reforma penal", RECPC 14-14.

---

298   VÁZQUEZ ROSSI, Jorge E.: (1997) p. 339.

299   VÁZQUEZ ROSSI, Jorge E.: (1997) p.340.

300   GOZAÍNI, Osvaldo Alfredo: (2004) p. 77.

Alderete Marcos, María Cecilia (2009): "Garantías constitucionales que impiden la autoincriminación", *Revista de Derecho Penal Económico*, Derecho Penal Tributario III (Rubinzal Culzoni).

Aranguez Sánchez, Carlos (2000): *El delito de blanqueo de capitales* (Marcial Pons).

Bacigalupo, Enrique (1999): *Principios constitucionales de Derecho penal* (Hammurabi).

Badeni, Gregorio (2006): *Tratado de Derecho constitucional*. Tomo II, Edit. La Ley, p. 1069.

Bidart Campos, Germán (2004): *Compendio de Derecho Constitucional*, 1ª. Edición, (Buenos Aires, Ediar).

Blanco Cordero, Isidro (1997): *El delito de blanqueo de capitales* (Pamplona, Aranzadi).

Blanco Cordero, Isidoro (2004): "Eficacia del sistema de prevención del blanqueo de capitales: estudio del cumplimiento normativo (compliance) desde una perspectiva crimonológica", *Cuadernos del Instituto Vasco de Criminología* (San Sebastián).

Blanco Cordero, Isidoro (2007): *La aplicación del comiso y la necesidad de crear organismos de recuperación de activos* (Ed. Asociación Internacional de Derecho Penal).

Boumpadre, Jorge E. (2004): "Lavado de activos". Capítulo publicado en Varios Autores (Daniel Pablo Carrera y otros directores), *Derecho penal de los negocios* (Astrea, Buenos Aires, Argentina).

Cafferata Nores, José I. y otros: *Manual de Derecho procesal penal*. Libro donado a la Universidad Nacional de Córdoba.

Capozzolo, Francisco (2013): *El delito fiscal como subyacente/antecedente del delito de blanqueo de capitales*, IJ Editores, IJ-LXX- 332.

Caparros, Fabián (1998): *El delito de blanqueo de capitales* (Madrid, Colex).

Carrara, F. (1944): *Programa del Curso de Derecho criminal*, Vol. II (Buenos Aires).

Clariá Olmedo, Jorge A. (2008): *Tratado de Derecho procesal penal*, T. I (Rubinzal Culzoni).

De La Mata, Barranco, Norberto y otros (2018): *Derecho penal económico y de la empresa* (Dykinson, Madrid, España).

Donna, Edgardo (2007): *Derecho penal*. Parte especial, 3ª. edición actual (Santa Fe, Rubinzal-Culzoni).

Durrieu, Roberto (2015): "La presunción de inocencia y el delito de lavado de dinero", *Revista del Colegio de Abogados de Buenos Aires*, Tomo 75, N° 1 (Buenos Aires).

Faraldo Cabana, Patricia (1998): "Aspectos básicos del delito de blanqueo de bienes en el Código Penal de 1995", revista *Estudios penales y criminológicos*, Vol. XXI (USC, Santiago de Compostela).

Fernández, Jorge R. (2003), "La globalización y su incidencia en el lavado de dinero. normas aplicables" (I.E.F.P.A.). publicado en el XII Encuentro Internacional de Administradores Tributarios en Argentina, Mar del Plata, 2003. archivo http://www.iefpa.org.ar/xiii_encuentro_tecnico/documentos/fernandez.pdf.

FERRAJOLI, Luigi (2006): *Garantismo penal*, Estudios Jurídicos, Serie 34, Edit. Universidad Nacional Autónoma de México.

FERRAJOLLI, Luigi (2016): *Derechos y garantías* (Madrid, Trotta).

GOZAÍNI, Osvaldo Alfredo (2004): *El debido proceso*, T. I, edit. Rubinzal Culzoni.

JAUCHEN, Eduardo (2012): *Tratado de Derecho procesal penal*, T. I (Rubinzal Culzoni).

JOFRÉ CALASICH, Fabio (2018): El delito de lavado de dinero en el ámbito criminal y empresarial (Aidpee, Santa Cruz, Bolivia).

KELSEN, Hans (1960, reimp. 1967): *Reine Rechtslehre*, §35, V ed., Verlag Franz Deuticke (Leipzig y Viena).

LANGÓN CUÑARRO, Miguel (2007): "Lavado de dinero y política criminal en el Uruguay". En *Política criminal y dogmática penal de los delitos de blanqueo de capitales*. V.A. (Lima, Idemsa).

LINARES, Juan Francisco (1944): *El "debido proceso" como garantía innominada en la Constitución argentina* (Depalma, Buenos Aires).

LÓPEZ BISCAYART, Javier, y LINARES, María Belén (2012): "Lavado de dinero: Responsabilidad judicial en el marco de los compromisos internacionales asumidos en la materia", Tratado de lavado de activos y financiamiento del terrorismo, T. I, dir. Bertazza, Humberto J., D'Albora Humberto J. (H) (Edit. La Ley).

MARIENHOFF, Miguel (1997): *Tratado de Derecho administrativo* (Buenos Aires, Abeledo-Perrot).

PINTO, Ricardo, y CHEVALIER, Ophelie (2002): "El delito de lavado de activos como delito autónomo. Análisis de las consecuencias de la autonomía del delito de lavado de activos: el autor del hecho previo como autor del lavado de dinero y la acreditación del crimen previo a partir de prueba indiciaria" (CICAD, Washington D.C.).

VÁZQUEZ ROSSI, Jorge (1995): *Derecho procesal penal*, T. I (Rubinzal Culzoni).

VÁZQUEZ ROSSI, Jorge (1996): *La defensa penal* (Rubinzal Culzoni).

VÁZQUEZ ROSSI, Jorge (1997): *Derecho procesal penal*, T. II (Rubinzal Culzoni).

§ 5. LA DELIMITACIÓN DE LAS ESTAFAS DE LOS ARTÍCULOS 468 Y 473 DEL CÓDIGO PENAL

Marcos Contreras Enos*

RESUMEN: El presente trabajo tiene por objeto formular una propuesta de delimitación en el ámbito de aplicación de los artículos 468 y 473 del CP. Para ello se parte de la premisa de que el punto de partida obligatorio es la determinación de la especificidad de los engaños del 468. Esa especificidad no solo se determina acudiendo a la presencia de un supuesto estándar de gravedad objetivo y estandarizado. Por el contrario, ha de recurrirse a todas las perspectivas y clasificaciones que caracterizan al engaño. En razón de ello, se aborda una fenomenología de los engaños y la detección de cuáles son aquellos que dividen las aguas entre ambas disposiciones, postulando que la clave interpretativa para el problema planteado radica en una correcta comprensión de la cuestión de la noción de "hecho".

Palabras claves: estafa, engaño, hechos, juicios de valor.

I. INTRODUCCIÓN

La estafa está regulada en diversas disposiciones del Código Penal (CP) y en leyes especiales. Las figuras centrales –tanto por su vocación de amplitud como por su correlativa mayor aplicación práctica– son las de los artículos 468[301]

---

* L.L.M de la Universidad de Bonn y magíster en Derecho Penal de los Negocios y la Empresa de la Universidad de Chile. Profesor externo de la Universidad Adolfo Ibáñez (mgecontreras@gmail.com). Agradezco al profesor Javier Contesse Singh por las iluminadoras observaciones que tuvo la oportunidad de formularme en relación con el uso del lenguaje evaluativo. Las eventuales imprecisiones en torno al tratamiento de dicho tópico en este artículo son de exclusiva responsabilidad del autor.

301 El Art. 468 dispone: "Incurrirá en las penas del artículo anterior el que defraudare a otro usando de nombre fingido, atribuyéndose poder, influencia o crédito supuestos, aparentando

y 473[302]. La relación entre ambas disposiciones es intensamente problemática. Dos son los problemas que se suscitan al respecto. En primer término, se plantea la pregunta de cuál es el tipo básico de estafa. En segundo lugar, se discute cuál es el ámbito de aplicación de ambos tipos penales. Sin perjuicio de que abordaremos el primer problema, el presente artículo tiene como objeto central la elucidación del segundo tópico, cuya resolución, a su vez, ayudará a clarificar el primero.

En relación con el primer problema que suscita la relación entre los artículos 468 y 473, se discute cuál de ellos es el tipo básico de estafa, sosteniéndose en doctrina casi todas las alternativas lógicas al respecto, esto es: a) que la figura básica se encuentra en el Art. 468[303]; b) la figura básica se encuentra en el Art. 473[304], o c) que ambas son las figuras básicas de estafa[305]. La única opinión que no se ha formulado al respecto es que ninguna de estas figuras es el tipo básico de estafa.

Sin embargo, el problema teórico y práctico de mayor relevancia consiste en la delimitación entre los ámbitos de aplicación de los artículos 468 y 473 del CP o –dicho con mayor precisión– la determinación de qué tipo de casos han de ser subsumidos en el tipo penal del Art. 468 y cuáles bajo el del Art. 473. Desde una perspectiva teórica, el asunto concierne a la determinación del engaño típico a título de estafa por la vía de la determinación de la especificidad de los engaños del 468. Desde un punto de vista práctico, la relevancia no radica en el *si* de la pena, sino en el *quantum* de la misma. En efecto, mientras el Art. 468 contempla una pena que depende del monto de la "defraudación" (esto es, el perjuicio) llegando a la pena de presidio menor en su grado máximo y multa de 21 a 31 UTM, el Art. 473, por el contrario, contempla una pena de presidio menor en su grado mínimo y multa de 11 a 20 UTM. Como es palmario, las diferencias penológicas son considerables.

---

bienes, crédito, comisión, empresa o negociación imaginarios, o valiéndose de cualquier otro engaño semejante".

302 El Art. 473 señala: "El que defraudare o perjudicare a otro usando de cualquier engaño que no se halle expresado en los artículos anteriores de este párrafo, será castigado con presidio o relegación menores en sus grados mínimos y multa de once a veinte unidades tributarias mensuales".

303 ETCHEBERRY: (1998), Tomo III, p. 408; GARRIDO MONTT: (2008), Tomo IV, p. 345, FERNÁNDEZ: (2005) p. 183.

304 CABRERA Y CONTRERAS: (2009) p. 16; POLITOFF *et al.*: (2002) p. 413.

305 PIÑA: (2006) p. 45; MAÑALICH: (2010) p. 343.

El problema se plantea porque –más allá de cuál sea el tipo básico de estafa– el Art. 473 es residual respecto del Art. 468, contemplando una regla de subsidiariedad expresa ("[e]l que defraudare o perjudicare a otro *usando de cualquier engaño que no se halle expresado en los artículos anteriores*"). Lo que dificulta la aplicación de esa regla es que el Art. 468 contempla una fórmula amplia en su parte final para describir la conducta típica ("cualquier otro engaño semejante"). De este modo, para aplicar el Art. 473 no basta con descartar la concurrencia de los tres engaños especificados en el Art. 468 (y de los otros engaños del párrafo), sino que, además, ha de descartarse que el engaño del que se trate sea un engaño semejante a aquellos. La técnica legislativa utilizada en la redacción del Art. 468 es la de la ejemplificación. Lo que se tipifica, en definitiva, es una estafa en la que la respectiva conducta típica consista en un engaño que sea similar (o igual) a aquellos especificados en el tipo. Es como si el legislador hubiera descreído de su capacidad para describir con un verbo único (por ejemplo, "engañar") la conducta prohibida de forma genérica (ya sea simplemente añadiendo algún adverbio) para determinar qué engaños debieran ser captados por el Art. 468 y, por lo tanto, solo merodea el concepto a través de la enunciación de ejemplos de engaño, siendo tarea del intérprete determinar qué es lo que tienen en común dichos engaños. De este modo, al existir una referencia a "cualquier otro engaño semejante" la clave radica en determinar qué funge como tal. Para ello es necesario determinar el núcleo común de los engaños especificados en la norma, esto es, su mínimo común denominador significativo. Si luego de ese análisis se concluye que el engaño objeto del juicio no está comprendido ahí (ni en los otros engaños del párrafo), recién podría venir en consideración la aplicación del Art. 473.

Frente a dicha problemática, la jurisprudencia pareciera orientarse según el criterio de la puesta en escena, ya que lo que se puede detectar como subyacente a la aplicación del tipo del 468 o del 473 es la ponderación de la entidad del engaño, atendiendo a si se manifestó o no a través de un despliegue externo de apariencias[306] que respalde a la aseveración falsa, esto es, de engaños que consistan en algo más que una simple mentira. Sin embargo, dicho criterio no siempre es aplicado consistentemente, pues es posible encontrar casos de simples mentiras sancionadas a título del 468 y casos en los que, a pesar de existir un despliegue externo de apariencias (lo que, a veces, incluso se afirma explícitamente), se

---

306   *Vid.*, CABRERA Y CONTRERAS: (2009) p. 30. Con análisis pormenorizado de la jurisprudencia correspondiente en pp. 20 a 30.

aplica el 473. Más allá de la aplicación inconsistente del criterio que pareciera predominar en la aplicación de la ley, es aun más grave que la jurisprudencia se haya enfrentado a casos que presentan el mismo supuesto de hecho y que, sin embargo, son subsumidos unas veces en el 468 y otras en el 473. Eso se puede apreciar, por ejemplo, en dos constelaciones[307]:

 a) Casos en los que el acusado recibe de la víctima bienes o dinero en efectivo, entregando a cambio cheques respecto de los cuales no era titular y que, sin embargo, firmó como propios, de modo tal que, presentados a su cobro, fueron protestados,

 b) Casos de presentación de solicitudes de reembolso y bonos de atención médica, con sus correspondientes boletas de honorarios médicos relativas a prestaciones inexistentes.

Esta situación es inaceptable. Y dramática, desde el punto de vista de la igualdad en la aplicación de la ley y la predictibilidad del título de incriminación. Es deber de la doctrina formular pautas interpretativas que sirvan para la aplicación razonada y consistente de la ley penal. En esa línea, en el presente artículo se busca reconstruir racionalmente la relación entre las figuras de los artículos 468 y el 473, considerando todos aquellos aspectos que resulten de relevancia para el análisis. Como se adelantó, la clave para dicha reconstrucción radica en la determinación de la especificidad de los engaños del 468. Esa especificidad no se determina acudiendo a un supuesto estándar de gravedad objetivo y estandarizado. Por el contrario, ha de recurrirse a todas las perspectivas y clasificaciones que caracterizan al engaño. Para ello, en primer término, se abordará las tesis al uso en derecho chileno a efectos de delimitar el ámbito de aplicación de las disposiciones en cuestión, para luego formular una propuesta interpretativa.

II. LAS PROPUESTAS DE DELIMITACIÓN

1. Delimitación vía gravedad presupuesta en la puesta en escena

Dos son las prestaciones sistemáticas de la teoría de la puesta en escena, a saber: la delimitación *ex ante* de la tipicidad del engaño y la delimitación entre las figuras del Art. 468 y 473. Respecto a la primera función, se trata del establecimiento

---

307 *Id.*

de un determinado estándar objetivo de gravedad de la conducta (el engaño) para efectos de afirmar su tipicidad. En ese contexto, se afirma que el engaño ha de satisfacer cierta gravedad objetiva a través de su exteriorización, constituir una puesta en escena o, en todo caso, una simulación apoyada en "apariencias externas". En palabras de CARRARA, la estafa requiere "algo material, una especie de aparato escénico, de *mise en scène*, un hecho externo [...] que dé crédito a las palabras"[308]. Se trata, por lo tanto, de un criterio objetivo-material. Nótese que esta teoría ha sido –a nivel teórico– contundente y fuertemente criticada, y refutada,[309] proponiéndose modelos interpretativos paralelos[310]; ello, sin contar con que no es un dato evidente que forzosamente haya de necesitarse un criterio objetivo de delimitación del engaño en atención a su suficiencia. Ahora bien, si es que la teoría de la puesta en escena ha sido dejada de lado en doctrina (aunque no necesariamente en la práctica), no ha ocurrido lo mismo con dicha teoría en la segunda prestación sistemática que desempeña en el marco de la dogmática

---

308   CARRARA: (1966) Tomo III, pp. 426 y 427.

309   HERNÁNDEZ: (2002) pp. 160 y ss.; CABRERA Y CONTRERAS: (2009) pp. 44 y ss.

310   Como el de aquella aproximación que busca resolver el problema de la relevancia típica del engaño a partir de los criterios propios de la imputación objetiva, siendo una tesis que se ha desarrollado principalmente en España (Fundamentales: GÓMEZ BENÍTEZ [1986]; PÉREZ MANZANO [1995]; GALLEGO SOLER [2005]). Un ejemplo de dicha aproximación la proporcionan Politoff/Matus/Ramírez al señalar que "lo relevante a la hora de enjuiciar si una conducta determinada es o no un engaño bastante, idóneo para estafar, es si esa conducta, *ex ante* considerada, genera o no el riesgo de inducir o mantener en otro una falsa representación de la realidad que lo lleve a realizar un acto de disposición patrimonial, tomando como base las circunstancias conocidas o reconocibles por la persona a que se dirige el mensaje de la acción engañosa, más las circunstancias conocidas o reconocidas por el autor del engaño. POLITOFF *et al.*: (2004) pp. 430 y 431. En Chile esa aproximación también ha sido desarrollada por Balmaceda, BALMACEDA: (2010) p. 357 y ss., BALMACEDA: (2011) pp. 178 y ss.; FERNÁNDEZ: (2005). De otro lado, de la mano de la tesis del engaño como infracción de deberes de veracidad, se parte de la base que el engaño es una afectación del acervo de conocimientos de la víctima. Sin embargo, no toda información es relevante para una decisión de disposición, por lo que para dichos efectos se determina un modelo de decisión de la mano del cual se pueda establecer *ex ante* qué informaciones son relevantes para la decisión de la víctima. En este punto se sostiene que la mera constatación de asimetrías de información y de la necesidad de confianza no es un *fundamento* normativo para imponer deberes de veracidad a quienes poseen la información. La razón normativa de la existencia de deberes de veracidad es la *conservación de la estructura del mercado*. En efecto, la veracidad jurídico-penalmente garantizada a través del tipo de estafa debe ser la necesaria para que la estructura normativa del mercado se conserve y, por ello, los concretos deberes de veracidad deben extraerse de esta última. En Alemania este modelo ha sido fundamentalmente desarrollado por Pawlik, PAWLIK (1999). Con posterioridad dicho modelo fue seguido en España por Pastor, PASTOR (2004) y en Chile por Piña, PIÑA (2006).

de la estafa, esto es, como criterio de delimitación entre los artículos 468 y 473. En efecto, la doctrina nacional o bien adscribe a esta teoría para efectos de la delimitación precitada, o bien guarda silencio en relación con algún criterio de distinción alternativo.

Tanto en su primera como en su segunda prestación, el gran exponente nacional de la teoría de la puesta en escena es Etcheberry. Dicho autor cree encontrar el rasgo común de los engaños del 468 en el ardid o maquinación, en el despliegue externo de apariencias falsas que prestan verosimilitud a una afirmación mendaz[311]. De esta manera, las "estafas" –propias del Art. 468– serían aquellos fraudes en los que el engaño ha consistido en una *mise en scène*. Por su parte, los "otros engaños" contenidos en el Art. 473 serían los fraudes en los que el engaño está constituido por otro medio, distinto al ardid, siempre que sea algo más que una simple mentira, situación que se presenta en dos casos: a) cuando la actividad del sujeto se ha limitado a una mentira, pero ella haya provocado una falsa representación de la realidad en la víctima, debido a la existencia de apariencias externas que presentan verosimilitud a lo afirmado por el mentiroso, y b) cuando el sujeto que miente o calla se encontraba en el deber jurídico de decir la verdad o de disipar el error de la víctima[312].

Mera, por su parte –aunque críticamente–, cree que el ardid se encuentra exigido en el tipo legal del Art. 468, al exigir el empleo de artificios o apariencias externas y no en el Art. 473[313], pero, a diferencia de Etcheberry, sostiene que el umbral mínimo del Art. 473 se constituye conforme a la noción de "dolo bueno" y no a partir de la exclusión de las simples mentiras del ámbito típico[314].

Finalmente, Bullemore y Mackinnon señalan que en el Art. 468 encontramos "un ardid, maquinación o 'puesta en escena' en el que consiste el engaño y que

---

311 Etcheberry: (1998) Tomo III, pp. 406 y 407.

312 *Ibid.*, pp. 422 y 423.

313 Al respecto Mera señala: "[c]reemos que el ardid se encuentra exigido en el tipo legal del Art. 468, no así en el Art. 473. La importancia de la polémica se ve así reducida, fundamentalmente, en consecuencia, en su alcance práctico, a la aceptación o exclusión de la simple mentira en el concepto de engaño aludido en el Art. 473 del CP. No nos parece racional, desde luego, el criterio de distinción impuesto por el Art. 468, que traduce en penas más elevadas por el solo hecho de haberse empleado artificios o apariencias externas, ya que ello, como se dijo, no nos informa, necesariamente, de su mayor gravedad intrínseca (ni desde un punto de vista jurídico, criminológico o de la política criminal), pero nos atenemos a ese criterio, por las razones dadas, sin perjuicio de criticarlo y postular su reforma para el futuro". Mera: (1994) p. 36.

314 Mera: (1994) pp. 39 y ss.

se encuentra expresamente descrito en la ley"[315]. Señalan, asimismo, que "los fraudes por engaño del Art. 468, última parte, se asemejan a los anteriormente analizados en el sentido de que debe existir un ardid o maquinación elaborada por el agente"[316]. Terminan señalando al respecto que "los restantes engaños del Art. 473 se caracterizan por que […] no requieren de la existencia de un ardid o maquinación"[317].

2. Delimitación vía gravedad inespecífica e intrínseca

Al igual que los partidarios de la tesis de la puesta en escena, los defensores de esta forma de interpretación presuponen que lo que distingue a los engaños del 468 frente a los del 473 es la gravedad de los primeros. Sin embargo, se diferencian de ETCHEBERRY y MERA en cuanto no hacen radicar esta mayor gravedad en la puesta en escena, satisfaciéndose con enarbolar una gravedad inespecífica, más allá de señalar que ella radica en el medio engañoso. Así, POLITOFF *et al.*, consecuentes con la consideración consistente en que el tipo básico de estafa se encuentra en el Art. 473, consideran que el Art. 468 contemplaría estafas calificadas cuya particularidad y especial gravedad radicarían en el medio engañoso empleado[318]. Del mismo modo, MAYER señala que "el legislador ha consagrado estafas 'calificadas', indicando en la descripción típica los hechos cuya afirmación falsa considera particularmente grave, en oposición a la figura 'residual' [artículo 473], que puede referirse a cualquier otro hecho"[319].

3. Diferenciación vía suficiencia

YUBERO es el único autor que no solo se limita a criticar la diferenciación vía ardid, sino que propone un criterio de diferenciación alternativo. En efecto, YUBERO sostiene que la fórmula complementaria por analogía del Art. 468 ("o valiéndose de cualquier otro engaño semejante") aunque elástica, debe ser

---

315 BULLEMORE Y MACKINNON: (2005) Tomo III, p. 130.

316 *Ibid.*, p. 131.

317 *Id.*

318 POLITOFF *et al.*:(2002) pp. 416 y 417.

319 MAYER: (2014) p. 1038.

interpretada restrictivamente, ya que de lo contrario perderían su razón de ser las demás figuras de estafa y, muy especialmente, la complementaria del Art. 473. Esta interpretación restrictiva vendría determinada por el uso de la expresión "semejantes", que denota la idea de que los engaños no especificados en el Art. 468 han de constituir, como aquellos que sí lo han sido, ficciones o apariencias con fuerzas suficientes para inducir a error[320]. De este modo, para YUBERO, la condición de aplicación de la fórmula analógica del Art. 468 no sería el hecho de que el engaño constituyera una *mise en scène*, sino el hecho de que este fuere suficiente para inducir a error. Por otra parte, YUBERO señala que los engaños a los que se refiere la fórmula subsidiaria (y complementaria) del Art. 473 reconocen un límite superior y un límite mínimo. Límite superior son los engaños especificados "en los artículos anteriores" y, muy especialmente, "los engaños semejantes a que alude el art. 468". El límite mínimo sería la línea fronteriza que permite deslindar las estafas de las meras ilicitudes civiles[321].

4. Crítica al ardid como criterio de diferenciación sin postulación de criterio alternativo

Finalmente, parte de la doctrina simplemente se limita a criticar la diferenciación vía *mise en scène* sin proponer un criterio alternativo. Así, GARRIDO cuestiona la postura de ETCHEBERRY, sosteniendo que pretender diferenciar en un plano morfológico la noción "otros engaños", usada por el Art. 473, de los engaños que se señalan como conformadores del tipo de estafa del Art. 468, no es el camino más aconsejable. Para Garrido Montt, en el Art. 468 se menciona una línea o sentido que han de tener los engaños que pretende abarcar, los que pueden concretarse recurriendo a una *mise en scène* o a una mentira, los engaños en sentido o dirección distintos a los precisados en el Art. 468, los cuales se pueden llevar a la práctica a su vez con una *mise en scène* o con una mentira, que pueden ser recogidos en el tipo descrito en el art. 473[322]. En suma, GARRIDO pareciera concluir que los engaños que estén en la línea o sentido del Art. 468 son comprendidos por dicho tipo, mientras que los engaños que no estén en esa dirección podrían ser abarcados por el Art. 473, de modo tal que el criterio delimitador sería la

---

320   YUBERO: (1993) pp. 131 y 132.

321   *Id.*, p. 136.

322   GARRIDO MONTT: (2008) p. 369.

línea, sentido o dirección bosquejado por el Art. 468, sentido que, sin embargo, no es explicitado por GARRIDO. Consecuentemente, el autor no avanza en la solución del problema que se plantea entre el Art. 468 y el Art. 473[323]. Lo mismo se puede decir de CABRERA Y CONTRERAS que junto con manifestarse críticos de la diferenciación propugnan una modificación legal ante la imposibilidad de detectar el criterio que permite deslindar los ámbitos típicos del 468 y el 473.

Asimismo, una buena parte de la doctrina chilena que ha abordado el engaño en la estafa sencillamente no se pronuncia sobre el punto. En efecto, no se encuentra una toma de postura frente al problema en FERNÁNDEZ[324], BALMACEDA[325], HERNÁNDEZ[326] ni en PIÑA[327].

5. La incorrección de los criterios propuestos. La necesidad de expandir la mirada

Como se puede apreciar, la delimitación del campo de aplicación de los artículos 468 y 473, dista de ser pacífica, imponiéndose, empero, el criterio de la teoría de la *mise en scène* sobre aquellas interpretaciones que, sin mayor desarrollo, se han elaborado alternativamente en la doctrina nacional[328]. Sin embargo, no es correcto aseverar que la especificidad de los engaños del 468 radica en el despliegue de una puesta en escena. Los engaños señalados por el Art. 468 consisten en hipótesis que no requieren un despliegue externo de apariencias, exigencia añadida artificiosamente por la doctrina nacional. Como resulta claro del mero análisis rutinario de las hipótesis del Art. 468, estas no consisten necesariamente en un despliegue externo de apariencias; por el contrario, la mayoría de ellas podrían realizarse mediante una mera aseveración falsa. Las hipótesis que contempla el Art. 468 son las siguientes: a) el uso de nombre fingido; a) la (auto) atribución de poder o créditos supuestos, y c) la apariencia de bienes, crédito, empresa o negociación imaginarios. En relación con estas hipótesis es perfectamente imaginable que el uso de un nombre fingido se realice solo verbalizándolo. Asimismo,

---

323 CABRERA Y CONTRERAS: (2009) p. 19.

324 FERNÁNDEZ: (2005).

325 BALMACEDA: (2010).

326 HERNÁNDEZ: (2002), HERNÁNDEZ (2010).

327 PIÑA: (2006).

328 Cfr. CABRERA Y CONTRERAS: (2009) p. 19.

la atribución de un poder o crédito con el que en realidad no se cuenta también se puede llevar a cabo mediante su mera aseveración. Solo el aparentar bienes, crédito, empresa o negociación imaginarios pareciera exigir una cierta objetivación externa del engaño más allá de la mera afirmación verbal y, en ese sentido, concretarse en un despliegue de un aparato exterior. Ello, en cuanto "apariencia" es el "aspecto o parecer exterior de alguien o algo".

Ahora bien, aun cuando el tercero de los engaños del 468 pueda consistir, según cierta interpretación, en una "puesta en escena", hay que recordar que lo que se busca para efectos de la dilucidación del problema que se aborda en este trabajo es el rasgo común a todas las hipótesis de engaño del Art. 468, por lo que aquel rasgo que solo se presente en una de ellas no puede fungir como el mínimo común denominador que se busca detectar. En razón de lo anterior, ha de descartarse la puesta en escena, como criterio de diferenciación entre los artículos 468 y 473 del CP, la exteriorización o materialización del engaño más allá de las palabras: no es un mínimo común denominador significativo de los engaños del 468. En efecto, como se acaba de demostrar, al menos algunos de ellos pueden consistir en lo que la doctrina de la puesta en escena denomina (de modo innegablemente peyorativo) "simples mentiras". Ello resultará obvio a cualquier intérprete imparcial, por lo que resulta extraño que la doctrina nacional no haya reparado mayormente en ello[329]. Sin embargo, ello podría ser simplemente el resultado de la total inexistencia de una tesis alternativa a la de la puesta en escena mínimamente satisfactoria, a efectos de la delimitación de las disposiciones.

Asimismo, tampoco se aprecia que el rasgo común de los engaños descritos en el 468 sea su suficiencia para inducir a error. En efecto, al tratarse de hipótesis bastante rudimentarias, no resultaría plausible sostener que a través de ellas se está aludiendo a una exigencia de suficiencia. En efecto, la redacción típica en modo alguno sugiere que el engaño deba alcanzar un cierto grado de sofisticación[330]. Por lo demás, si es que el lugar sistemático del juicio de suficiencia es el de imputación objetiva, no resulta correcto reservarlo solo para el Art. 468. El juicio de imputación objetiva es binario. Se afirma la imputación objetiva y, por lo tanto, el injusto. O se niega y, con ella, se descarta el injusto. Si es que la imputación objetiva ha de ser requisito de la estafa, lo es de todas

---

[329]   Excepciones hechas por Hernández: (2002) p. 161, y Cabrera y Contreras: (2009) p. 19.

[330]   Cfr. Hernández: (2002) p. 161.

las estafas, no solo de aquella del 468. Se trataría, por lo tanto, de un elemento que compartirían el 468 y 473, no de uno que los diferenciaría.

Por último y por las mismas razones, la mera alusión a la gravedad intrínseca de los engaños del Art. 468 en relación con los del Art. 473 no sirve para avanzar en la determinación de criterios que hagan previsible la diferenciación entre ambas disposiciones. En efecto, el recurso desnudo a ese solo criterio abstracto constituye una afirmación meramente retórica sin justificación sobre la supuesta mayor gravedad, es decir, sin indicar el porqué de ella, que es lo que ha de ser respondido.

De lo expuesto queda claro que la doctrina nacional no ha podido diferenciar claramente entre ambas disposiciones porque se encuentra enfrascada en la entidad, gravedad o suficiencia del engaño. En efecto, es un lugar común señalar que en el derecho nacional el análisis dogmático y –sobre todo– jurisprudencial del delito de estafa se centra en el elemento engaño[331]. Esa aseveración debe ser tenida como correcta. Sin embargo, ha de ser precisada. No todas las temáticas propias del engaño son objeto de una atención intensificada –a veces, exclusiva y otras veces incluso excluyente en el derecho chileno– sino solo el tópico de la suficiencia o idoneidad del engaño y ello, mayoritariamente, desde la estrecha y rudimentaria perspectiva a partir de la cual dicho tópico ha sido abordado tradicionalmente en Chile: la teoría de la *mise en scène*. De este modo, en realidad no es el engaño el que, en desmedro de los restantes elementos de la estafa (error, disposición patrimonial y perjuicio patrimonial), concentra una desmesurada atención relativa, sino que más bien, en el seno de dicho elemento, el tópico de su suficiencia o idoneidad desplaza a los otros, a saber: el objeto del engaño y sus formas de manifestación.

No debiera llamar la atención, por lo tanto, que el urgente, aunque desatendido, problema de la diferenciación entre el 468 y el 473 solo se haya intentado resolver en base a la entidad del engaño (en particular, echando mano a la teoría de la *mise en scène*) ignorando el potencial interpretativo que al respecto pudieran tener otros aspectos del elemento engaño que permiten caracterizarlo. En lo que sigue, nos dedicaremos a la exploración del potencial interpretativo de dichos aspectos de cara al problema que nos ocupa.

Sentado, por lo tanto, que el punto crucial consiste en detectar el mínimo común y que dicho mínimo común no es la puesta en escena, la suficiencia ni

---

331   *Vid.* HERNÁNDEZ: (2002) p. 160. Enfáticamente, Balmaceda, "al engaño se le ha concedido un protagonismo excesivo". BALMACEDA: (2012) p. 23.

la gravedad intrínseca, urge encontrar una forma de solución. Para ello abandonaremos el tantas veces transitado campo de la gravedad, entidad, idoneidad o suficiencia del engaño para adentrarnos en la senda de las formas de manifestación del engaño (III.2) y del objeto del engaño (III.3). Una vez hecho, retornaremos a la pregunta que motiva la redacción de este artículo.

III. CATEGORIZACIÓN Y CARACTERIZACIÓN DEL ENGAÑO

1. Aspectos generales

Esa especificidad no solo se determina acudiendo a la exigencia de un supuesto estándar de gravedad objetivo y estandarizado. Por el contrario, ha de recurrirse a todas las perspectivas y características que permiten clasificar al engaño. Es lo que haremos a continuación.

2. Las formas de manifestación del engaño

En atención a su estructura, el delito de estafa pertenece a una clase particular de los delitos de expresión, esto es, aquellos delitos que requieren ser realizados con algún tipo de manifestación inmediatamente comunicativa, por oposición a los delitos materiales, respecto de los cuales el sentido de lo que se imputa depende de un mero hecho bruto[332]. La acción en los delitos de expresión es portadora de un sentido comunicativo autónomo; sin dar cuenta de ese sentido, la acción no es comprensible. La acción en los delitos de comunicación tiene necesariamente algún tipo de pretensión comunicativa, reconstruible por medio del lenguaje. Más específicamente, el delito de estafa es un delito de engaño. Como señala WILENMANN, los delitos de engaño son formas de delito de falsedad, en los cuales la expresión juega el rol de permitir la representación falsa de *algo* por parte del destinatario de la comunicación, de forma tal de producir otro resultado gracias a esa representación falsa[333]. Es en ese sentido que se puede aseverar sintéticamente que el engaño es la creación de una falsa representación de la realidad.

---

332 *Vid.* WILENMAN: (2014) p. 63.

333 *Ibid.*, p. 67.

Dicho lo anterior, cabe distinguir entre engaño activo y engaño omisivo. A su vez, en el seno del engaño activo tiene lugar la subclasificación entre engaño expreso y engaño concluyente. A estas clases y subclases nos referiremos a continuación.

2.1. Engaño activo

El engaño directo o expreso es aquel que se manifiesta a través de un acto de habla o un comportamiento significativo, esto es, una comunicación no lingüística, pero reconstruible por medio del lenguaje. Puede manifestarse, por lo tanto, de forma verbal, escrita o incluso por medio de gestos. Lo relevante es que se trate de una acción inmediata y explícitamente comunicativa, es decir, autosuficiente. En efecto, la estafa es un delito de expresión. La pretensión comunicativa que se manifiesta en las acciones en que se imputan delitos de expresión no necesariamente requiere tener lugar por medio de un enunciado articulado por medio del lenguaje natural[334]. A su vez, los delitos de engaño no se encuentran necesariamente articulados de forma lingüística. Aunque el engaño supone comunicación, este puede tener lugar mediante comunicación no lingüística –gestos, por ejemplo[335]– e incluso se afirma (controvertidamente, dada su supuesta calidad de delitos de medios comisivos determinados) por omisión.[336]

Sin embargo, el engaño activo no necesariamente debe manifestarse expresamente. También hay conducta engañosa en relación con aquello que no se señala expresamente, pero que –bajo determinados presupuestos– se sobreentiende. Esta forma de engaño encuentra amplio reconocimiento doctrinario[337] recibiendo el nombre de engaño tácito[338] o, más extendidamente, engaño (por medio de comportamiento) concluyente[339]. Con ambas denominaciones se alude

---

334 *Id.*

335 En el mismo sentido, Mayer: (2014) pp. 1031 y 1032.

336 Wilenmann: (2014) p. 68.

337 Mayer: (2014); Aldoney: (2010) p. 77 y ss.; Bascuñán: (2016) p. 348; Mañalich: (2010) 345 y 346; Cabrera y Contreras: (2009) pp. 86 y ss.; Hernández: (2002) p. 164., Politoff *et al.*: (2002) p. 424; Garrido: (2008) p. 333; Etcheberry: (19982) p. 398.

338 "Engaño a través de manifestaciones tácitas" o simplemente "engaño tácito", Aldoney: (2010) p. 77.

339 Engaño por medio de comportamiento concluyente es la denominación que se le da a esta forma de manifestación del engaño en Cabrera y Contreras: (2009) p. 86. Esa es la forma más extendida de denominación en derecho alemán.

a la existencia de contenidos informativos implícitos que son ínsitos a la comunicación respectiva y que el interlocutor asume como afirmados por parte del hablante[340]. Ello se deriva de la circunstancia consistente en que el contenido informativo de un acto de habla o de un comportamiento significativo siempre está definido por reglas constitutivas de su sentido[341]. El engaño concluyente es justamente aquel que recae sobre esos contenidos informativos implícitos. Es por eso que se ha señalado que cabe entender implícitamente todos los presupuestos fácticos inequívocos del sentido de una acción o declaración expresa[342] o, en otras palabras, que se entiende como concluyentemente afirmada toda aquella proposición cuya efectividad cuenta como presupuesto inequívoco de la declaración abierta o expresamente por una persona en el tráfico jurídico[343]. Ello, en cuanto el trato cotidiano descansa en esos contenidos implícitos, aliviando a los interlocutores de la carga que representaría tener que explicitarlo todo[344].

La calificación de "concluyente" pone el acento en el carácter deductivo de la información engañosa, ya que ella se deduce del respectivo comportamiento y del contexto (comunicativo) en el que se despliega. El engaño concluyente es, por lo tanto, manifestado a través de proposiciones implícitas o indirectas. Indirectas, en relación con su objeto de referencia. Implícitas, en el acto de habla y la forma de comportamiento de que se trate.

Conforme a lo señalado, el engaño concluyente no es engaño a través de gestos. Ese es engaño directo o expreso. El engaño concluyente tampoco es engaño a través de silencio. O, al menos, no a través de puro silencio. Es engaño tácito, lo que no es lo mismo. Se trata de un engaño que conjuga silencio con comportamiento. Ambos en conjunto expresan un sentido. Lo que se calla se ilumina por el contexto (pero en el sentido contrario a la realidad). Hay silencio en relación con el objeto de referencia (por ejemplo, voluntad de pago en el *perro muerto*) pero la imbricación de la conducta en un contexto de comunicación determinado lleva a tener por supuesta la verificación de la existencia de ese objeto de referencia por parte del receptor. De este modo, se le atribuye significado comunicativo a la actuación global del autor, de modo tal de entender incorporadas a su conducta ciertas comunicaciones. En ese sentido, se señala

---

340 Bascuñán: (2016) p. 348.

341 *Id.*

342 *Id.*

343 Mañalich: (2010) p. 345.

344 Bascuñán: (2016) p. 348.

que el acto de habla o comportamiento comunicativo relevante (aquel calificado de "engañoso") de que se trate "se encuentra implicada en los elementos que definen la relación negocial de que se trate y sin los cuales esta dejaría de tener sentido o perdería su razón de ser"[345].

2.2. Engaño por omisión

Más polémica es la aceptación del engaño a través de una omisión. Nos referimos aquí a casos en los que la gestación o la mantención del error no es impedida[346], a los casos en los que un sujeto no saca a otro del estado de error en que se encuentra[347]. Al no haber una norma de mandato que imponga la obligación de impedir el error, se trata de un caso de comisión por omisión, o de omisión impropia. En cuanto tal, requiere de una posición de garantía. A este respecto vienen en consideración la ley, el contrato y el actuar precedente.

Dado que en los ejemplos típicos del Art. 468 no hay hipótesis de omisión propia, la primera cuestión a dilucidar al respecto es la compatibilidad de los delitos de omisión impropia con el principio de legalidad en el derecho chileno[348]. Solo si esa compatibilidad se puede aseverar es posible afirmar que hay hipótesis típicas omisivas ya sea en el 468 y/o en el 473. A este respecto se ha señalado que la comisión por omisión impropia se encuentra fácticamente reconocida[349] tanto por la doctrina como, en menor medida, por la jurisprudencia, que, en términos generales, considera que la falta de regulación legal expresa no es óbice para un reconocimiento de la omisión impropia en el derecho chileno. Ello se basa fundamentalmente en que sería posible afirmar un reconocimiento tácito de la institución, por ejemplo, recurriendo a lo establecido en el 492 inciso primero CP. El argumento es el siguiente: como el Art. 492 se refiere a omisiones que, de mediar malicia, constituirían un crimen o simple delito contra las personas, y como el titulo que los regula (Título 8° del Libro II del CP), no contiene delitos de omisión propia, se concluye que el 492 se refiere necesariamente a la omisión impropia[350]. De este modo la doctrina concluye de forma general y

---

345   Mayer: (2014) p. 1031.

346   Cfr. Perron: (2014) p. 2501.

347   Silva Sánchez: (1986) p. 358 y ss.

348   Hernández: (2002) p. 165.

349   Id.

350   Mayer: (2018) p. 52; Hernández: (2011) p. 24.

sin mayores argumentos la aplicación de la institución a todos los delitos, sin reconocer una restricción para la aceptación de omisiones impropias más allá de los márgenes de los crímenes y simples delitos contra las personas[351], lo que la haría inaplicable para la estafa.

Más allá de los problemas ulteriores detectados, el principal problema que enfrenta la estafa por omisión es la inexistencia de una cláusula de convertibilidad que funja como demostración de la decisión legislativa de tipificarlo. Lo anterior, dado que la punibilidad general de los delitos de omisión impropia no se deja fundamentar satisfactoriamente solo por referencia a los tipos penales cuyos supuestos de hecho se encuentran formulados en términos de comisión (activa)[352]. Es necesario identificar algún punto de apoyo legal sobre el cual sea posible fundamentar la punibilidad de esta clase de delitos. Ello se torna problemático a la luz del principio de legalidad si el tipo penal respectivo no contiene (explícitamente) descripciones de conductas omisivas[353], como ocurre en el caso de las estafas del 468 y del 473. Para justificar lo anterior es necesario dar un pequeño rodeo teórico.

La comisión por omisión constituiría una imposibilidad lógico-semántica[354]. Si bien es cierto prohibiciones y mandatos son interdefinibles, la redefinición de una prohibición como mandato y la de un mandato como prohibición exige que el contenido semántico de las respectivas normas resulte modificado a modo de negación del mismo. Pero evidentemente no matar a otro no es lo mismo que impedir matar a otro[355]. Ello queda claro si es que se explicita, a título ejemplar, la estructura lógica de las acciones de dar muerte a otro y de impedir la muerte de otro[356]. En efecto, la descripción consistente en "causar la muerte de otro" "solo se verá satisfecha por una acción cuyo resultado consista en la transformación del estado de vida de otro en un estado de muerte. Pero solo cuenta con la oportunidad para producir la muerte de X quien se encuentra en una situación en la cual la muerte de X no tendrá lugar, *ceteris paribus*, a menos que sea ejecutada alguna acción que condicione el acaecimiento de la muerte de X"[357]. De otro

---

351 Hernández: (2011) p. 24.

352 Contesse: (2017) p. 13.

353 *Ibid.*, p. 17.

354 *Ibid.*, p. 18.

355 *Ibid.*, p. 19.

356 *Ibid.*, p. 20.

357 Mañalich: (2014) p. 227.

lado, una acción impeditiva no condiciona la muerte que, *ceteris paribus*, tendría lugar de no realizarse tal acción, por la vía de producirla sino por la vía de no impedirla[358]. Si por comisión se entiende el condicionamiento productivo de un resultado, entonces comisión y omisión se excluyen entre sí. Quien se encuentra en una situación en la que E no tiene lugar, pero tendría lugar (a menos que sea impedido), cuenta con una oportunidad para ejecutar una acción impeditiva de E, pero no con una oportunidad para producir E. En tal caso, la única norma que viene en consideración por su quebrantamiento es la norma de mandato y no la norma de prohibición. En otros términos: un delito de omisión impropia solo puede representar el quebrantamiento imputable de una norma de mandato[359].

En esos términos, puede hablarse de que los delitos de omisión impropia son delitos de omisión impropiamente tipificados porque a su respecto el carácter punible de la conducta delictiva solo se deja reconocer por referencia a algún criterio extra típico de afirmación de la punibilidad. Lo anterior, a diferencia de los delitos de omisión propia en los que el carácter punible de la conducta es directamente reconocible en la descripción típica contenida en la respectiva norma de sanción[360]. Para que los delitos de omisión impropia sean punibles debe ser posible identificar algún dispositivo alternativo de afirmación de punibilidad. Ese es el rol que juegan las cláusulas de conversión general. No existiendo en derecho chileno dispositivo alguno que cumpla dicha función, entonces no cabría sino concluir que en Chile los delitos de omisión impropia son delitos no punibles[361] más allá de los confines delineados por el Art. 492 del Código Penal.

Más allá de esa dificultad general de los delitos de comisión por omisión, se puede plantear otro problema no solucionado por la doctrina nacional, en relación con el tipo de estafa en particular, a saber, "si se parte de la base de que el engaño es más que la producción objetivamente imputable de un error, se plantea en la estafa la cuestión general de la punición de la omisión impropia cuando esta se refiere a tipos penales en los que la conducta no es plana, esto es, que no importa solo una producción objetivamente imputable de un resultado (como el homicidio), sino que está rodeada de exigencias de contenido relevantes para el injusto, como podría ser el caso de la estafa"[362].

---

358   Cfr., *Id.*; CONTESSE: (2017) p. 20.

359   CONTESSE: (2017) pp. 21 y 24.

360   *Ibid.*, p. 26.

361   *Ibid.*, p. 27.

362   HERNÁNDEZ: (2002) p. 165. En el mismo sentido, MAYER: (2018) pp. 53 y 54.

3. El objeto del engaño

3.1. El tratamiento tradicional del objeto del engaño. Los hechos.

Bajo la rúbrica "objeto del engaño", la doctrina aborda el contenido (proposicional) de los actos de habla (para la doctrina mayoritaria "afirmaciones") que pudieran ser constitutivos de engaño típico en la estafa. Se trata de la determinación de la información que puede conducir a error o, en otros términos, de la determinación de la información típicamente relevante. El tratamiento de este tópico se caracteriza fundamentalmente por el predominio de la noción de "hecho", la que opera a modo de eje en torno al cual se estructura la discusión y por la subsecuente formulación de dicotomías construidas desde o dentro del concepto de hecho.

El StGB define la conducta típica de la estafa como la simulación de hechos falsos o la deformación o supresión de hechos verdaderos[363]. Conforme a la concepción predominante en Alemania, hechos son "todas las circunstancias pasadas y presentes (acontecimientos, estados) que son objetivamente determinables (*bestimmbar*) y susceptibles de comprobación"[364]. Solo esas circunstancias son objeto idóneo del engaño típico a título de estafa. Una parte de la doctrina va más allá, al comprometerse con un criterio empírico para definir al hecho, incorporando la noción de que ellos "son perceptibles por los sentidos o al menos empíricamente comprobables"[365]. En España, a pesar de no definirse el engaño en el tipo legal de estafa a partir del concepto de hecho, también se sostiene mayoritariamente que el engaño ha de recaer sobre hechos. Así, Choclán Montalvo[366] nos informa que la jurisprudencia española señala que el objeto del engaño se reduce a los hechos, es decir, a situaciones o sucesos presentes o pasados. Gladys Romero[367], por su parte, sostiene que el legislador español se refiere solo a hechos como objeto del engaño y asevera que los hechos serían circunstancias que, por encontrarse en el espacio y en el tiempo, pueden ser percibidas por los sentidos. Pastor Muñoz[368], en tanto, sostiene que las afirmaciones de hecho tienen una función informativa, esto es, transmiten

---

363 § 263 del StGB.

364 Por todos, Kindhäuser: (2002) p. 4592; Kindhäuser: (2013), Tomo II, p. 218.

365 Perron: (2014) p. 2493.

366 Choclán Montalvo: (2000) pp. 97 y ss.

367 Romero: (1998) pp. 133 y ss.

368 Pastor: (2004) p. 196.

información sobre el mundo, siendo contrastables y, en consecuencia, pueden ser verdaderas o falsas. En la doctrina chilena, GARRIDO[369] sostiene –de la mano de Cuello Calón– que la simple opinión, aunque mendaz, no parece ser constitutiva del engaño requerido por el fraude y, a mayor abundamiento, señala que quien se limita a emitir juicios apreciativos no engaña, porque no ha alterado la realidad. Por su parte, POLITOFF *et al.* sostienen que el engaño puede referirse a todos los sucesos u objetos presentes o pasados del mundo exterior y también a los del mundo interior de los hombres, susceptibles de un juicio de verdad o falsedad[370], siendo el caso que los juicios de valor o meras opiniones no son susceptibles de dicho juicio[371], por ello, el engaño típico de la estafa no puede referirse a ese tipo de juicios.

3.1.1. *Hechos y juicios de valor*

Como se puede apreciar, en la dogmática de la estafa normalmente se contrapone la noción de hecho a la de juicio de valor con el corolario consistente en que solo respecto de los primeros puede haber engaño típico, haciéndose eco de una concepción generalizada conforme a la cual la dicotomía "enunciados de hecho o enunciados de valor" es absoluta[372]. Esta diferenciación es un punto de partida obligado en Derecho alemán, ya que el StGB exige que el engaño consista en una simulación, deformación o supresión de *hechos*. Este punto de partida también es asumido en sistemas que –como el español y el chileno– no refieren a la noción de hecho en la descripción del tipo.

Para explicar esta diferenciación se sostiene que las afirmaciones de hecho tienen una función informativa, esto es, transmiten información sobre el mundo, siendo contrastables, por lo que, en consecuencia, pueden ser verdaderas o falsas. Los juicios de valor, en tanto, tienen una función expresiva y directiva, esto es, son posiciones subjetivas ante el mundo y, por ello, no pueden ser ni verdaderos ni falsos[373]. De este modo, solo las aseveraciones sobre hechos tendrían valor cognitivo. Esta aproximación no es sino un resabio de la visión propia de

---

369   GARRIDO MONTT: (2008) pp. 333 y 334.

370   POLITOFF *et al*: (2002) p. 426.

371   *Id*, pp. 427 y 428.

372   Hilary Putnam da testimonio de lo generalizada de esa concepción, al decir que la solución al problema de los hechos y los valores a través del postulado de su pertenencia a esferas totalmente distintas se ha arrogado el *status* de institución cultural, lo cual –a renglón seguido– cuestiona. PUTNAM: (1988) pp. 132 y ss.

373   *Id.*, p. 196.

los positivistas lógicos que sostuvieron una "versión enormemente exagerada de la idea de Hume de que los juicios éticos no son enunciados de hecho, sino expresiones de sentimiento o bien imperativos disfrazados"[374]. Sin embargo, como tendremos la oportunidad de justificar, "la dicotomía hecho/valor de los positivistas lógicos se basaba en una imagen estrechamente cientificista de lo que puede considerarse un 'hecho'"[375].

Lo que subyace al planteamiento de la doctrina es que lo propio de los hechos es su susceptibilidad de un juicio de verdad o falsedad, dada su posibilidad de contrastación con la realidad, operación que no se podría realizar respecto de los juicios de valor, por lo que respecto de ellos no se podría predicar su verdad o falsedad. En razón de lo anterior, solo se podría engañar cuando la comunicación tenga como contenido proposicional un hecho y no cuando se trata de un juicio de valor. Solo cuando la emisión del juicio de valor también implica una falsedad en relación con el objeto de la valoración, podría haber engaño típico a propósito de él. Con esto se alude a lo que en derecho alemán se denomina el "núcleo factico" (*Tatsachekern*). Un ejemplo de ello nos lo da KINDHÄUSER: "La propaganda consistente en que la habitación de un hotel tiene una vista al mar de ensueños tiene una valoración, a saber, 'de ensueños', pero al mismo tiempo asevera un hecho, a saber, que el hotel tiene vista al mar"[376]. En el mentado ejemplo –de la mano de la doctrina dominante– solo podría haber engaño si es que el hotel no tiene vista al mar y no si es que, ostentando dicha vista, lo que se ve es el desagüe de excrementos a través de herrumbradas cañerías.

3.1.2. *Clases de hechos. Hechos externos e internos. Hechos presentes y "futuros"*

Una vez deslindado el concepto de hecho de la noción de juicio de valor, la doctrina se distingue en el seno del primero entre hecho externo y hecho interno. Hecho "externo" es aquel que obra como paradigma de la noción de hecho, se trata de una propiedad de una cosa que despliega su ser en el mundo exterior y que –según algunos– es susceptible de comprobación sensorial. Los hechos internos son estados psíquicos tales como motivos, convencimientos, conocimientos, representaciones[377].

---

374   PUTMAN (2002) p. 32.

375   *Ibid.*, p. 41.

376   KINDHÄUSER (2013), Tomo II, p. 219.

377   *Ibid.*, p. 218, Rn 3.

Paralelamente, se distingue entre hechos presentes y hechos "futuros". El hecho "futuro" consiste en un suceso o acontecimiento que se manifiesta en que se verificará en un momento posterior al de dicha manifestación. Los hechos futuros se pueden dividir en pronósticos y en promesas[378]. Se excluye al hecho futuro de la noción de "hecho" a efectos del engaño típico en la estafa, porque se dice que el hecho es, por definición, presente o pasado[379], de modo tal que hablar de hechos futuros sería una contradicción en los términos. Sin embargo, la aseveración sobre un hecho futuro, en cuanto implica un hecho interno, puede llegar a ser típica a título de estafa.

3.2. Crítica a la noción de hecho. Los juicios de valor como objeto del engaño en la estafa

La distinción dicotómica entre hechos y juicios de valor y el tratamiento diferenciado aparejado parece incorrecta. Lo primero que es necesario despejar para abordar correctamente este tópico es que los juicios de valor no se reducen a su utilización en el marco de actos de habla directivos: los juicios de valor solo se utilizzarán para recomendar o sugerir. Aunque ello pueda ser así en un buen número de casos, no es necesariamente así. La relación entre los juicios de valor y actos de habla directivos es contingente. En otras palabras, a través de dispositivos lingüísticos que incorporen juicios de valor no solo se puede recomendar sino también describir o genuinamente evaluar. Dicho lo anterior, cabe señalar –en contra de la doctrina dominante bosquejada más arriba–, en primer término, que aquello que se suele deslindar limpiamente de la noción de hecho no siempre es un juicio de valor. A veces una aparente valoración es una afirmación de hecho. Incluso mediante el uso de la palabra paradigmática que integra un juicio de valor, a saber "bueno", puede en realidad estarse afirmando o describiendo algo. Es lo que ocurre respecto de la clase de nombres que HARE ha denominado "palabras funcionales".[380] Como señala MACKIE[381] "para explicar plenamente el significado de una de esas palabras, hemos de determinar para qué sirve la cosa a la que el nombre señala, para qué cometido se emplea o se supone que debe emplearse". De este modo, "[u]na vez que hayamos establecido

---

378   CABRERA Y CONTRERAS: (2009) p. 81.

379   ROMERO: (1998) p. 135, siguiendo a Mezger.

380   HARE: (1952) pp. 83 y ss.

381   MACKIE: (2000) p. 61.

con suficiente precisión qué se supone que debe hacer un A, un buen A será simplemente un A capaz de hacer todo eso". Se trata de objetos que son evaluados solo en virtud de su prestación o función, consistiendo las virtudes de tal objeto en aquellas características que promueven o bien constituyen ellas mismas la correcta realización de la función[382]. En ese caso, por lo tanto, el juicio de valor asevera la existencia de ciertas características en el objeto evaluado, subyaciendo al juicio una aseveración de hechos. Habrá casos, por lo tanto, en los que, a pesar de estar frente a términos usualmente utilizados en el marco de un uso evaluativo del lenguaje, no estaremos ante tal uso, sino que, por el contrario, frente a un uso descriptivo.

Por lo demás, más en general, se puede señalar que la diferencia entre hecho y juicio de valor no es tan tajante como normalmente se sostiene, sino que, por el contrario, es razonable aseverar que "la distinción hecho-valor es desesperadamente difusa en el mundo y en el lenguaje reales"[383]. En efecto, "cuando concebimos hechos y valores como cosas independientes, lo típico es pensar que los 'hechos' se enuncian en alguna jerga fisicalista o burocrática, y que los 'valores' necesitan de términos de valor más abstractos, por ejemplo, 'bueno', 'malo'"[384]. Pero sucede, por el contrario, que en el lenguaje real muchas veces se utilizan términos no estrictamente fisicalistas o burocráticos con una función informativa (que sería lo propio de las afirmaciones de hecho) y no meramente con una función expresiva (que sería lo propio de los juicios de valor). Es lo que ocurre cotidianamente en el nivel de las descripciones de las relaciones y situaciones interpersonales. Así, por ejemplo, el juicio por el que se asevera que alguien es poco amable puede emplearse para censurar, pero también puede emplearse simplemente para describir y también para explicar o predecir[385]. En todos esos casos se verifica el fenómeno que Putnam denomina como la imbricación

---

382 HARE: (1952) p. 137.

383 PUTNAM: (1988) p. 142.

384 *Ibid.*, p. 142. Putnam atribuye esta concepción generalizada al realismo metafísico y al subjetivismo, señalando que ambos no son "simples contrarios". El autor sostiene al respecto que "[e]n nuestros días tendemos a ser demasiado realistas con respecto a la física y demasiado subjetivistas con respecto a la ética, y estas tendencias están relacionadas. Es *porque* somos demasiado realistas en física, porque consideramos a esta última (o a alguna hipotética física futura) como La Teoría Verdadera, y no simplemente como una descripción racionalmente aceptable, adecuada a ciertos problemas y propósitos, por lo que tendemos a ser subjetivistas con respecto a las descripciones que no podemos 'reducir' a la física". *Ibid.*, p.146.

385 *Ibid.*, p. 142.

entre hecho y valor, que no se limita solo a los valores epistémicos[386] sino que se manifiesta mucho más claramente en su mayor profundidad si observamos el vocabulario de nuestro lenguaje en su totalidad[387]. Esto es lo que ocurre con los así llamados "conceptos éticos densos", que fungen como contraejemplos de la idea de que existe una dicotomía absoluta hecho/valor[388]. Piénsese, por ejemplo, en la palabra "cruel", "siendo evidente que tiene usos normativos y, aun más, éticos pero también puede usarse de manera puramente descriptiva, como cuando un historiador escribe que cierto monarca era excepcionalmente cruel o que las crueldades del régimen provocaron muchas rebeliones"[389]. "'Cruel' simplemente ignora la presunta dicotomía hecho/valor y se permite el lujo de ser empleado unas veces para propósitos normativos y otras como término descriptivo"[390]. Este ejemplo sugiere que los empiristas y los positivistas lógicos no han alcanzado a apreciar los modos en los que la descripción fáctica y la evaluación pueden y deben estar imbricadas"[391].

De otro lado, aun en caso de genuinos juicios de valor, esto es, más allá de las palabras funcionales, estos podrían ser engañosos: no solo se puede engañar a través de aseveraciones de hecho, también se puede engañar a través de la formulación de juicios de valor. En efecto, la reserva de la tipicidad del engaño a las afirmaciones de hecho encuentra su origen en la obsesión empirista. Un ejemplo de ello lo constituye la conceptualización de PERRON –perfectamente representativa de la doctrina dominante alemana–, quien señala que "[b]ajo la noción de hechos se entiende a todos los acontecimientos o estados pasados o presentes o concretos del mundo exterior o de la vida interior del hombre, que son perceptibles por los sentidos o al menos empíricamente comprobables"[392]. El paralelo con el ideal cientificista es evidente. Como asevera PUTNAM, "[e]n el fondo, la concepción original de los positivistas lógicos consistía en que un 'hecho' era algo que podía ser certificado por la mera observación o incluso

---

386   "Es hora de que dejemos de equiparar objetividad con descripción. Hay muchos tipos de enunciados (que admiten términos como correcto, erróneo, verdadero, falso, justificado, injustificado), que no son descripciones, pero están bajo control racional, regidos por estándares apropiados a sus funciones y contextos particulares". PUTNAM: (2002) p. 48.

387   PUTNAM: (2002) p. 49.

388   *Ibid.*, p. 50.

389   *Ibid.*, pp. 49 y 50.

390   *Ibid.*, p. 50.

391   *Ibid.*, p. 41.

392   PERRON: (2014) p. 2493, Rn. 8.

por el mero informe de una experiencia sensorial"[393]. Los positivistas lógicos declaran carente de sentido toda afirmación para la cual no es posible ofrecer un método básico de comprobación. Este es el denominado criterio de sentido empírico que, aunque superado en filosofía, impera en la dogmática de la estafa. Conforme a él, solo deberían ser reconocidas como afirmaciones fácticas aquellas proposiciones que sean inherentemente demostrables[394] y según aproximaciones más enfáticas, demostrables sensorialmente. Sin embargo, en el mundo actual de los negocios –que conforma el contexto normal de la estafa– la percepción sensorial no tiene mucho que hacer. No son las propiedades naturales de las cosas las que se prestan con mayor frecuencia a engaño. Y, más allá de eso, las propias hipótesis de engaños del art. 468 no se avienen con una comprobación sensorial, al tratarse primordialmente de hechos institucionales y no de hechos brutos, como tendremos la oportunidad de revisar más adelante[395].

Lo que está en juego en los denominados juicios de valor es la adscripción de propiedades convencionales. La contrastación de los juicios teóricos con los prácticos nos dará luz sobre estos últimos. Como argumenta KINDHÄUSER, "[l]os juicios teóricos [...] conciernen a la pregunta por lo que es, o, lo que es lo mismo, la pregunta por las propiedades que los objetos, como tales, exhiben en el mundo. Estas propiedades pueden denominarse propiedades naturales"[396]. En tanto, "[l]os juicios prácticos conciernen la vida en conjunto de los seres humanos. Ellos dicen qué vale de acuerdo con las reglas sociales. Las propiedades que se constatan en los juicios prácticos no son, entonces, propiedades que las cosas, como tal, posean. Ellas son, por el contrario, propiedades que solo resultan de la postura del hombre frente a las cosas o frente a otros hombres[397]. Las propiedades que deben su existencia a una regla social se denominan propiedades convencionales"[398]. Estas propiedades les corresponden a los objetos solo en tanto se relacionen con seres humanos en su condición de agentes[399].

---

393   PUTNAM: (2002) p. 37.

394   PUPPE: (2013) p. 6.

395   *Vid., infra*, IV.2.

396   KINDHÄUSER: (2014) p. 8.

397   Ellos no dicen, por ejemplo, qué es o cómo se identifica una fresa. Antes bien, ellos dicen que dicha fresa sabe bien o que es de segunda categoría. *Ibid.*, p. 9.

398   *Id.*

399   *Ibid.*, p. 13.

Tanto las propiedades naturales como las convencionales pueden ordenarse mediante clasificación o graduación. En virtud de la primera operación –una actividad delimitadora– se divide un ámbito de objetos tomando como apoyo determinadas propiedades. En virtud de la segunda forma de organización –una actividad estratificadora–, se lleva a cabo un escalonamiento. La cuestión de qué propiedades les corresponden a los objetos de un ámbito dado depende de qué criterios de cierta escala satisfacen esos objetos[400]. La comparación es "una actividad emparentada con la graduación. Pues con frecuencia resulta posible comparar entre sí dos o más objetos de un mismo ámbito. La cercanía de esa actividad con la graduación surge del hecho de que en la comparación tampoco se delimitan unos objetos de otros, sino que, con ayuda de los criterios relevantes, los objetos son –dicho gráficamente– llevados a un orden vertical. Aquí, una vez más, es necesaria una escala con arreglo a la cual los objetos se dejen comparar"[401]. Tratándose de una comparación se deben conocer los respectivos objetos o clases de objetos y la escala. Tratándose de una graduación lo relevante es, por regla general, la estratificación de un objeto o de una clase de objetos de conformidad con una escala conocida. De acuerdo con su estructura, sin embargo, la comparación es solo una forma previa de graduación[402].

Si en un juicio práctico, mediante el expediente de adscribir una propiedad convencional, se clasifica un objeto o se compara con otros, entonces se está en presencia de un juicio de valor, pues el juicio práctico presupone que quien juzga también acepta el criterio de la regla conclusiva[403]. En efecto, un buen número de hipótesis que son concebidas pacíficamente como la emisión de juicios de valor conciernen ora a la clasificación (esta es una "buena" acción) a la ejecución de graduaciones o comparaciones ("este es el mejor cuadro del siglo"), en las que normalmente se trata de comprobar que un objeto posee una propiedad en una medida diferente (superior) a otros. Para poder llevar a cabo tal comparación "se necesita el apoyo de un estándar (regla conclusiva) que fije qué condiciones cuentan para una igualdad o para una desigualdad (para más o para menos)"[404]. "Una comparación solo puede llevarse a cabo cuando el estándar

---

400   *Ibid.*, p. 7.

401   *Id.*

402   *Ibid.*, vp. 8.

403   *Ibid.*, vp. 13.

404   *Ibid.*, p. 8.

de comparación es lo suficientemente preciso"[405]. A este respecto es pertinente considerar que la atribución de una propiedad mediante una graduación depende de las circunstancias del objeto al que se le atribuye tal propiedad. A esto alude KINDHÄUSER cuando señala que "[l]os estándares de graduación son [...] siempre dependientes del contexto"[406]. La misma dependencia del contexto ha de predicarse en el caso de la formulación de juicios de valor a través de juicios clasificatorios, en los que, por ejemplo, se califique algo como "bueno".

El tratamiento tradicional del objeto del engaño reserva la tipicidad de este a los juicios teóricos. Con ello se excluye a los juicios de valor como posibles portadores del engaño. En la dogmática de la estafa, los juicios de valor son vistos como el hermano pobre frente a los enunciados de hecho. Pero eso no es más que un prejuicio que se expresa nítidamente en el refrán "en gustos no hay nada escrito". Ello podría ser una consecuencia del temor generado por una imposibilidad de revisión de los juicios prácticos. Pero lo cierto es que los juicios prácticos no son menos exactos que los juicios teóricos, siempre –claro está– que la escala sea lo suficientemente precisa[407], esto es, que el criterio que guía la comparación o la clasificación sea claro. La diferencia entre juicios teóricos y prácticos no estriba en la lógica del uso de los conceptos. Antes bien, dicha diferencia radica en el esencialmente difícil acuerdo respecto de los principales criterios del estándar[408]. Sin embargo, esa es una cuestión contingente. Es por eso que no resulta correcto excluir de antemano a los juicios de valor del ámbito del engaño típico a título de estafa. Puede ser que el estándar de evaluación sea lo suficientemente preciso como para poder zanjar la cuestión de la corrección del juicio de valor. En ese sentido, KINDHÄUSER señala que "los juicios prácticos son básicamente revisables, siempre que sus reglas deductivas contengan estándares aceptados"[409].

De este modo, el juicio de valor puede ser incorrecto o falso, y eso ocurrirá cuando se comunique explícita o implícitamente la falsa satisfacción de estándares aceptados. Eso no será necesariamente una situación extraña: en gustos, hay bastante escrito. Así las cosas, el juicio de valor incorrecto (o falso) sí puede ser portador de un engaño típico a título de estafa. Y es que tratándose del uso

---

405   *Ibid.*, p. 9.

406   *Id.* El ejemplo que utiliza es el siguiente. Aseverar que "este perro es pequeño" solo implica la constatación de que dicho perro es pequeño, dadas sus circunstancias. Así, por ejemplo, cuando se trata de un San Bernardo, él es todavía más grande que un perro salchicha grande.

407   *Ibid.*, p. 10.

408   *Id.*

409   *Ibid.*, p. 11.

sincero de conceptos valorativos y, por lo tanto, tratándose de la formulación de juicios de valor –con independencia del hecho de que esos juicios en general puedan ser utilizados para recomendar–, hay buenas razones para pensar que su uso genuino es un uso que posibilita que el juicio formulado con dicha ocasión tenga valor veritativo, esto es, que pueda ser considerado verdadero o falso. Así, en todos aquellos casos en los que no se está realizando un acto de habla de carácter directivo, sino que más bien uno genuinamente evaluativo, se abre la posibilidad de que estos sean verdaderos o falsos[410].

En todos estos casos –juicios de valor utilizados para describir y juicios de valor utilizados para evaluar–, el engaño puede recaer en el contenido proposicional. En contra de la doctrina dominante, por lo tanto, también puede haber engaño sobre el contenido proposicional cuando se describe o evalúa algo falsamente a través de un juicio de valor.

Lo anterior, empero, implica adherir a una concepción cognitivista sobre el uso del lenguaje evaluativo. Pero, con independencia de ello –como se adelantó–, no solo puede afirmarse el carácter engañoso de actos de habla que contengan juicios de valor a través del criterio objetivo consistente en su falsedad a la luz de la tesis cognitivista antes esbozada, sino que también puede afirmarse su carácter engañoso cuando simplemente se infringe la condición de sinceridad en el marco de las descripciones o evaluaciones. Como ya se adelantó, es común que los juicios de valor se utilicen para recomendar, aconsejar y, en general, formular actos directivos. En la mayoría de estos casos el juicio de valor formará parte de un acto de habla de recomendación, que supone poner en primer término el interés del oyente. Tomemos –nuevamente– el caso de la palabra "bueno". Como señala HARE, tanto si precede a un sustantivo funcional como si precede a uno no funcional, "bueno" significa (aproximadamente) "tener las cualidades características (sean cuales sean) que son recomendables en el tipo de objeto de que se trate". MACKIE agrega que "recomendar algo es mostrar (o intentar mostrar) una actitud favorable o de apoyo hacia ese algo. Sin embargo, lo habitual cuando se recomienda una cosa es describirla al mismo tiempo". "Recomendar algo es decir que satisface ciertos requisitos, mientras se indica al mismo tiempo que

---

410   Ello puede ser entendido como un uso descriptivo para aquellos que tengan un concepto amplio de "descriptivo" o puede ser considerado como un uso evaluativo para aquellos que reserven el concepto de "descriptivo" para juicios que fungen como tales en términos del empirismo lógico, esto es, juicios que sean empíricamente verificables. El punto es que, en ese último caso, que el juicio no sea descriptivo no significa sin más que no pueda ser verdadero o falso.

uno respalda dichos requisitos"[411]. Bueno es "apto para satisfacer los requisitos (etc.) del tipo en cuestión"[412]. En esos casos, desde luego, la idea de verdadero/falso no tiene sentido porque se da el caso de que estamos formulando juicios de carácter directivo, en las que la dirección de ajuste no es lenguaje-a-mundo, sino que mundo-a-lenguaje. Sin embargo, aunque las recomendaciones no puedan ser consideradas verdaderas o falsas, pueden ser engañosas cuando no satisfacen la condición de sinceridad que las caracteriza, esto es, ceder en favor del oyente. Así, cuando la recomendación o el consejo se emite conscientemente en perjuicio del oyente, puede haber engaño. Esto es, más allá de la cuestión –que en algunos casos puede resultar ardua– de si el juicio de valor es incorrecto o falso en base a la apelación a un parámetro común, puede haber engaño cuando quien formula el juicio de valor no satisface la condición de sinceridad del acto directivo de que se trate, normalmente, una recomendación. Así, en los casos en que estemos frente a juicios de valor genuinos (y no descripciones disfrazadas de juicio de valor), el engaño radicará en la falta de sinceridad y ello con independencia de la posibilidad de acudir a un parámetro compartido para efectos de su aseveración justificada. De este modo, aun cuando el estándar no sea lo suficientemente preciso en general (y, por ello, sea difícil constatar una incorrección o falsedad de juicio de valor), en concreto sí puede resultar claro que el juicio que se emite no se compagina con dicho estándar, sobre todo considerando la persona que lo emite, tratándose de un caso de insinceridad. Así, cuando resulte claro que quien emite un juicio de valor lo hace de modo insincero, no se puede excusar en el hecho de que su emisión consiste en aquello –en un juicio de valor– sino que habrá que determinar caso a caso si es que emitió la valoración creyendo en que era correcta. Ejemplo: C, reconocido curador de arte, le recomienda a un inexperimentado aficionado al arte la compra de la pintura X, a la venta en la galería de su amigo Y, aseverando que es la mejor obra del siglo XX. Él no cree eso sino, por el contrario, considera que ni siquiera es arte, sino basura.

3.3. La categoría del "hecho interno" como paraguas conceptual

En razón de lo señalado hasta ahora, a pesar de lo difundidas, dentro de las distinciones repasadas en relación con los hechos, la única relevante es la existente entre hechos externos e internos. En efecto, como veremos a continuación, el

---

411   Mackie: (2000) p. 62.

412   *Ibid.*, p. 63.

hecho interno actualmente es mayoritariamente concebido como objeto idóneo del engaño. Ello, a su vez, ha llevado a concluir que el engaño referido tanto a "hechos futuros" como a juicios de valor, en cuanto suponen hechos internos, también es típico. Eso es postura mayoritaria en el caso de los hechos "futuros" y postura minoritaria en el caso de los juicios de valor. Así las cosas, el hecho interno tiene la virtud de dar cobertura a aquellas circunstancias que, en principio, quedan fuera del ámbito típico por ser –en el lenguaje propio de la dogmática de la estafa– juicios de valor o proposiciones sobre hechos futuros.

La doctrina mayoritaria acepta la posibilidad de engaño sobre hechos internos, a lo cual subyace su posibilidad de comprobación[413], sobrecargando el concepto de hecho externo como paradigma, de modo tal que habrá engaño cuando la manifestación no se corresponda con la representación o la volición. Con ello se incorpora al hecho interno como objeto del engaño. Consecuentemente, se suele definir la noción de hecho de un modo suficientemente amplio como para comprender al hecho psíquico.

Lo anterior genera consecuencias en relación con la cobertura típica de los hechos futuros. Así, si bien es cierto se le niega, *prima facie*, la calidad de hechos a estos últimos y, por lo tanto, su carácter de objeto de la conducta engañosa (lo que lleva a negar su tipicidad), a renglón seguido se afirma que el futuro se entiende incorporado a través de su homologación a los hechos internos. En efecto, con la aceptación del engaño sobre hechos internos, el futuro, a través de las promesas y los pronósticos puede ser incorporado dentro del ámbito del engaño típico de la estafa[414]. Ejemplares a este respecto resultan las posturas de ANTÓN ONECA[415], ROMERO[416]

---

413   WESSELS Y HILLENKAMP: (2013), Tomo II, p. 254; FISCHER: (2013) p. 1849; KINDHÄUSER: (2002) p. 4592; KINDHÄUSER: (2013), Tomo II, p. 218.

414   CABRERA Y CONTRERAS: (2009) p. 82.

415   ANTÓN ONECA: (2000) p. 89, señala que el error de quien realiza un acto de disposición en vistas de una promesa de un hecho futuro no se produce a causa del hecho futuro pronosticado, sino en virtud de la convicción de existir una correspondencia entre lo que dice y lo que piensa el engañador cuando se refiere al hecho futuro.

416   Esta autora, a pesar de señalar que no son hechos todo lo que pertenece al futuro, como, por ejemplo, la promesa de pagar próximamente, después reconoce que la declaración sobre algo futuro puede ser al mismo tiempo la afirmación de algo actual, de modo tal que, por ejemplo, quien manifiesta obligarse a transmitir la propiedad en determinadas condiciones, sabiendo en el momento en que se compromete que no ha de cumplir dicha obligación convenida, afirma un hecho, aunque se refiera a una acción futura, en tanto su declaración de voluntad se refiere a su disposición actual de cumplir la obligación asumida. ROMERO (1988) p. 136.

y Pastor[417]. En todos esos casos, con un lenguaje inadecuado, lo que los autores señalan es el incumplimiento de la condición de sinceridad propia de los actos de habla compromisorios o directivos. Por su parte, en la doctrina nacional, Politoff *et al.*[418] incorporan a través de la categoría de los hechos internos a los hechos futuros.

Respecto de los juicios de valor, buena parte de la doctrina los excluye como objeto del engaño, dada su imposibilidad de contrastación y su consecuente imposibilidad de ser objeto de un juicio de verdad o falsedad, lo que los diferenciaría de los enunciados sobre hechos[419]. Sin embargo, es perfectamente simétrico y justificado utilizar el mismo método de análisis que se emplea mayoritariamente en relación con los hechos internos (y que se extiende sin problemas a los hechos "futuros") y tratar a los juicios de valor como engañosos en la medida en que la posición subjetiva que tenga el sujeto no se corresponda con lo expresado en el enunciado valorativo de que se trate. Esto ya ha sido sostenido muy minoritariamente en doctrina nacional[420], mientras que otros autores, sin

---

417   Pastor sostiene que quien afirma que en el futuro será solvente expresa su voluntad de cumplimiento o hace un pronóstico, realiza una afirmación expresa y una tácita. Expresamente afirma un hecho futuro, a saber, el de que pagará o realizará la prestación y, además, transmite implícitamente el mensaje de que en la realidad presente se dan las condiciones objetivas que permitirían realizar esa afirmación a un hombre racional en la posición del autor. Pastor: (2004) p. 204.

418   Los autores sostienen que el engaño puede referirse a los sucesos u objetos presentes o pasados del mundo interior de los hombres. De modo tal que los sucesos internos, mentales, como la intención o la voluntad de realizar un hecho o el conocimiento de ciertas cosas, son susceptibles de juicios de verdad o falsedad, encuadrándose dentro de este grupo de casos: i) las promesas, las cuales son engañosas cuando su fundamento o la intención que se expresa no existen; ii) afirmaciones que se basan en el falso conocimiento de un hecho que sucederá y; en último lugar, iii) las opiniones, los juicios de valor, y aun los pronósticos acerca de hechos futuros que se fundan en un supuesto conocimiento del que los emite. Politoff *et al.*: (2002) pp. 426 y 427.

419   En doctrina nacional, Garrido: (2008) pp. 322 y 323; Politoff *et al.*: (2002), p. 426. Matus y Ramírez: (2015), p. 170; Labatut: (1983), Tomo II, p. 225 (en cuanto se refiere a la atipicidad de las "simples alabanzas que los comerciantes hacen de las mercaderías que expenden"), Fuenzalida: (1883), Tomo III, p. 210.

420   Explícitamente Cabrera y Contreras, "si bien es cierto que el enunciado valorativo no se puede comparar indagando en el objeto valorado, sí se puede contrastar indagando en la subjetividad del sujeto que emite la valoración, siendo el juicio de valor falso en cuanto no se corresponda con la posición subjetiva que el sujeto tenga al momento de proferir el juicio", Cabrera y Contreras: (2009) p. 80.

sostenerlo explícitamente, de igual modo afirman la idoneidad de los juicios de valor como objeto del engaño en la estafa[421].

IV. PROPUESTA DE DELIMITACIÓN ENTRE LOS ARTS. 468 Y 473

En este punto ya estamos en condiciones de retomar el punto de partida asumido en este artículo, esto es, determinar cuáles son los rasgos comunes a los engaños señalados en el art. 468 para establecer qué es un "engaño semejante" y, en consecuencia, qué tipo de engaños son captados por el tipo de estafa residual del Art. 473. Para ello ha de recurrirse, entre otras consideraciones, a las distintas categorizaciones y clasificaciones del engaño. Estas son tres: i) la suficiencia o gravedad del engaño; ii) las formas de manifestación del engaño, y iii) el objeto del engaño.

En atención al primer criterio, esto es, la gravedad del engaño, se distingue entre engaño suficiente y engaño que no lo es. Este criterio se tiene por satisfecho en derecho nacional a partir de dos aproximaciones: i) la teoría de la puesta en escena, aproximación en virtud de la cual solo el engaño que se manifieste en un aparato externo que le preste verosimilitud a la mentira es engaño típico del 468; ii) la teoría de la suficiencia o de la adecuación, desde una perspectiva de imputación objetiva. Ya tuvimos la oportunidad de señalar que la puesta en escena no es el factor común de los engaños del 468. En relación con la segunda aproximación, tampoco resulta de recibo sostener que hay una exigencia implícita de suficiencia en los engaños del 468. Si es que la suficiencia es un criterio que alude a la imputación objetiva (ya sea de la conducta o del resultado), no se explicaría que ella no resulte exigida en el tipo del 473.

Así las cosas, ni la puesta en escena ni su pretendida suficiencia son propiedades o rasgos comunes de los engaños del Art. 468. El engaño semejante, por lo tanto, no es ni una puesta en escena ni un engaño bastante. Veamos ahora

---

421   Así, Fernández, quien sostiene que lo decisivo será determinar si el juicio de valor, desde una perspectiva *ex ante*, crea o no un riesgo penalmente relevante de producir un error en otro. FERNÁNDEZ: (2005) p. 190. Asimismo, Yubero señala que un juicio de valor puede tener tanta eficacia como una afirmación de hechos falsos y admite la posibilidad de predicar la falsedad respecto de un juicio de valor. YUBERO (1993) p. 120. Del mismo modo, Balmaceda, refiriéndose a los juicios de valor asevera que "cualquier comportamiento podría constituir un engaño típico, siempre y cuando satisfaga las necesidades de imputación objetiva, es decir, que sea idóneo para producir error". BALMACEDA: (2010) p. 369.

si hay otras características del engaño que permitan distinguir aquellos que han de subsumirse en el Art. 468 y aquellos que han de serlos en el Art. 473.

1. Consideraciones históricas

Las hipótesis de engaño que contempla el Art. 468 son las siguientes:
- a) usar de nombre fingido;
- b) atribuirse poder, influencia o crédito supuestos;
- c) aparentar bienes, crédito, comisión, empresa o negociación imaginarios;
- d) valerse de cualquier otro engaño semejante.

Estas hipótesis son sustancialmente las mismas que formuló el Código Penal español de 1848-1850. En efecto, el Art. 450 del Código de 1850[422] establecía: "Incurrirá en las penas del artículo anterior el que defraudare a otros usando de nombre fingido, atribuyéndose poder, influencia, o cualidades supuestas, aparentando bienes, crédito, comisión, empresa o negociaciones imaginarias, o valiéndose de cualquier otro engaño semejante".

Este cuerpo normativo implica un radical cambio respecto de la genérica regulación del Código Penal español de 1822[423], encontrando su inspiración directa más bien en el Código Penal francés, que en su Art. 405 establecía en lo pertinente: "El que, haciendo uso de nombres o cualidades falsas, o empleando medios fraudulentos para persuadir la existencia de falsas empresas, o de un poder o crédito imaginarios, o para hacer concebir esperanzas o temor de alguna negociación, accidente o cualquier suceso quimérico…".

El Código napoleónico, a su turno, establecía en su Art. 430: "Cométese fraude de cualquiera de los modos siguientes: …5° Cuando se consiga algún lucro en perjuicio de otro, valiéndose de artificios contrarios a los reglamentos, haciendo uso de cualidades o nombres supuestos, o empleando otros engaños, rodeos o simulaciones para hacer creer la existencia de falsas empresas, de bienes o de otros créditos imaginarios, o para suscitar la esperanza o temor de algún suceso, accidente o cualquier otro acontecimiento quimérico".

---

422 Correspondiente al Art. 439 del Código de 1848.

423 El Código Penal de 1822, que en su Art. 766 establecía en lo pertinente que "[c]ualquiera que con algún artificio, engaño, superchería, práctica supersticiosa, u otro embuste semejante…".

Como se puede apreciar, la disposición ha experimentado un proceso de depuración y concretización hasta llegar hasta nuestros días. En primer término, cabe anotar que desde el Código napoleónico se puede apreciar la consagración de las hipótesis de uso de nombre fingido y de hacer creer la existencia de falsas empresas, de bienes o de créditos imaginarios, que –aunque con distintas formulaciones lingüísticas– hasta nuestros días. En segundo término, se detecta que el paso del Código napoleónico al francés de 1832 implicó la prescindencia de la descripción de la conducta como "artificios contrarios a reglamentos" y el empleo de "engaños, rodeos o simulaciones". El Código Penal francés, en tanto, agregó la hipótesis de uso de "cualidades falsas", la referencia a "medios fraudulentos" y el engaño sobre el "poder" y sobre la existencia de una "negociación".

A su vez, Código Penal español de 1848-1850 implicó, respecto del Código Penal francés, la prescindencia de la descripción de la conducta con recurso a la noción de "medios fraudulentos" y las hipótesis de hacer creer "algún accidente o cualquier suceso quimérico". A su turno, agregó la hipótesis de engaño sobre la "influencia" y sobre la existencia de una "comisión". Dicha disposición, a su turno, pasó casi idéntica al derecho chileno con el solo cambio sustancial de eliminación de la hipótesis de engaño sobre las "cualidades" del sujeto. De este modo, la evolución histórica del tipo penal ha llevado a una eliminación de cláusulas genéricas que aludan al engaño, eliminación de cláusulas que exijan una maquinación artificio y una correlativa mayor precisión de los ejemplos de engaño, añadiendo contenido denotativo. En todo caso, se ha mantenido una cláusula amplia analógica.

Por su parte, la disposición del Art. 473 encuentra su fuente directa en el Código Penal español de 1848-1850 (no habiendo sido contemplada en el Código Penal español de 1822). Este último establecía en su Art. 459 que "[e]l que defraudare o perjudicare a otro en más de cinco duros, usando de cualquier engaño que no se halle expresado en los artículos anteriores de esta Sección…"[424]. Como se puede apreciar, es una disposición estrictamente equivalente a la del art. 473 del Código Penal chileno. El afán de amplitud de la disposición en análisis, dada la imposibilidad de prever todas las hipótesis de engaño por parte del legislador, ha sido testimoniado por los comentaristas. Así, PACHECO, explicando y justificado la existencia del Art. 459 del Código español de 1848,

---

424   El artículo equivalente del Código de 1848 es el 448. Estos artículos encuentran su inspiración remota en el Código napoleónico que, en su Art. 435, aludía al "fraude simple" como aquel que iba acompañado de las circunstancias de los artículos anteriores.

señala que "la idea de engaño es sumamente múltiple, y hasta cierto punto vaga: no solo podía ser, sino era lo probable, que no hubiese previsto la ley todas las diferencias, todas las categorías que en la misma eran posibles. No había, pues, otro recurso que el de señalar una regla para los engaños, por así decirlo, menores, después de haber recorrido y penado los que de bulto se presentaban a la previsión"[425]. Por su parte, Fuensalida, comentando la disposición del Art. 473 señala: "El Código ha tomado en cuenta especial cuantos casos de estafas i engaños ha podido prever, auxiliado en esta materia por la legislación antigua española, por los códigos especiales i por otras lejislaciones; pero, como esta materia es tan inconmensurable como la intelijencia y la perversidad humanas, no ha podido decir su última palabra sobre ella sino en una disposición general que previniese todos los hechos olvidados y mal expresados: tal es el objeto de la vaga disposición del Art. 473"[426].

2. La naturaleza de los engaños del art. 468

El primer rasgo común que presentan los ejemplos del engaño del Art. 468 es que se refieren a lo que se ha denominado "ficciones personales" en contraposición a los "engaños reales o documentales".[427] Estas ficciones son personales en el sentido de que se referirían en último término al sujeto. Con ello se quiere decir que el atributo falso se predica del sujeto "autor". Eso es indubitado respecto de los dos primeros engaños (uso de nombre falso y la atribución de poder, influencia o crédito). Sin embargo, el tercer tipo de engaño no necesariamente se refiere a hechos que tengan como sujeto gramatical al autor. En efecto, la negociación imaginaria podría no ser una negociación de él. A pesar de ello, hay un fuerte componente subjetivo en relación con los engaños del 468.

Esta apreciación tiene sentido sistemático, toda vez que la estafa en la que el engaño consiste en atribuir cualidades al objeto de la transacción es tratada en el art. inmediatamente anterior, esto es, el Art. 467 ("El que defraudare a otro en la sustancia, cantidad o calidad de las cosas que le entregare"). Y es justamente esa consideración la que hace que no sea posible aseverar que el Art. 473 es

---

425   Pacheco: (2000), p. 273.

426   Fuensalida: (1883), Tomo III, p. 238.

427   Quintano Ripollés: (1964), Tomo II, p. 821.

la sede de incriminación de las estafas reales. Por lo tanto, si bien es un rasgo común de los engaños del 468 no es el factor de delimitación.

Otro factor que podría ser común a los engaños del 468 podría ser la supuesta afirmación de su carácter eminentemente activo. Los engaños del Art. 468 son nítidamente engaños que parecieran poder realizarse solo activamente. Eso podría sostenerse, por ejemplo, en el caso del uso de nombre fingido. Y es que es difícil pensar cómo se podría "usar" omisivamente un "nombre fingido". Si bien es cierto podría pensarse en la hipótesis de que alguien le atribuyera erróneamente un nombre a otro (que lo lleve a disponer patrimonialmente), esto es, al eventual autor, error del cual este último no lo saca, no parece posible afirmar que en ese caso el autor esté usando un nombre fingido. Cosa distinta podría aseverarse si el legislador hubiera descrito la conducta como "aprovechamiento/¿uso? de nombre falso". Pero esas no han sido las palabras escogidas por la ley para describir la conducta. Sin embargo, como señalamos más arriba[428], hay objeciones muy fuertes para afirmar, dada la falta de una cláusula de convertibilidad general, la punibilidad de la estafa omisiva. En consecuencia, al no poder afirmarse un engaño omisivo típico (ni respecto de los engaños del 468 ni respecto de los engaños del 473) no puede esgrimirse la distinción entre engaño activo y omisivo como el criterio que delimite los ámbitos de aplicación de los artículos 468 y 473. A partir de lo señalado anteriormente, al no tener cabida la comisión por omisión en la estafa, la distinción entre los engaños del Art. 468 y los del Art. 473 no puede radicar en que en el primero consagra engaños activos y el segundo, engaños por omisión, ya que, en realidad, ninguno de ellos consagra la comisión por omisión.

Ahora bien, ya en el seno del engaño activo, se distingue entre engaño expreso y engaño concluyente. Sin embargo, dicha distinción no puede operar como criterio de delimitación entre el Art. 468 y el Art. 473. Y es que no existe ningún obstáculo para que las hipótesis del Art. 468 se cometan vía engaño concluyente.

Otro elemento que, en principio, podría considerarse como común a las hipótesis de engaño del Art. 468 se puede detectar si se atiende al objeto de referencia del engaño. Como señalamos con anterioridad, en base a dicho criterio se distingue entre engaños sobre hechos externos y engaños sobre hechos internos. En este punto, con mayor propiedad conviene hablar de hechos objetivos (=hechos externos) y subjetivos (=hechos internos). Esta distinción puede tener

---

428   Vid., *supra* III, 2.2.

un sentido epistémico y otro ontológico[429]. "Epistémicamente hablando, 'objetivo' y 'subjetivo' son básicamente predicados de juicios. A menudo hablamos de juicios que nos resultan 'subjetivos' cuando queremos decir que su verdad o falsedad no puede fijarse 'objetivamente' porque la verdad o falsedad no es una simple cuestión de hecho, sino que depende de ciertas actitudes, sentimientos y puntos de vista de los proferidores o de los oyentes del juicio en cuestión"[430]. De otro lado, "[e]n el sentido ontológico, 'objetivo' y 'subjetivo' son predicados de entidades y tipos de entidades, e imputan modos de existencia. En sentido ontológico, los dolores son entidades subjetivas, porque su modo de existencia depende de que sean sentidos por los sujetos. Pero las montañas, por ejemplo, a diferencia de los dolores, son ontológicamente objetivas porque su modo de existencia es independiente de cualesquiera perceptores o de cualquier estado mental"[431]. Así, conforme a esta última distinción, hay entidades que están en el mundo y tienen existencia objetiva y entidades que tienen que existencia subjetiva. Se trata, entonces, de una distinción en torno a modos de existencia[432].

La diferencia entre estas distinciones se torna nítida si es que consideramos "que podemos formular enunciados epistémicamente subjetivos sobre entidades que son ontológicamente objetivas ('El monte Everest es más bello que el monte Whitney') y, análogamente, podemos formular enunciados epistémicamente objetivos sobre entidades que son ontológicamente subjetivas" ("Ahora tengo dolor en la espalda")[433].

Los hechos objetivos pueden ser tanto hechos brutos (la existencia de una montaña) como hechos institucionales (el matrimonio, el dinero). Estos últimos, en particular, resultan del mayor interés para nuestro análisis. Al respecto, Searle[434] señala que hay "porciones del mundo real, hechos objetivos, que son hechos solo merced al acuerdo humano". Son cosas que existen solo porque creemos que existen, pero aun así son hechos "objetivos" en el sentido de que no son cuestión de impresiones, preferencias o valoraciones, es decir, son independientes de cualquier opinión humana. A estos hechos se les denomina

---

429   La falta de esta distinción ha sido denunciada por Searle "como una confusión masiva, que es una de las más persistentes confusiones de nuestra cultura intelectual". SEARLE: (2009) p. 208.

430   SEARLE: (1997) p. 27.

431   *Id.*

432   SEARLE: (2009) p. 209.

433   SEARLE: (1997) p. 28.

434   *Ibid.*, p. 21.

hechos institucionales porque su existencia requiere instituciones humanas (a diferencia de los hechos brutos). Entre estos hechos institucionales vienen en consideración cosas tales como el nombre, el dinero, la propiedad (sobre determinados bienes), el crédito, una comisión, etc., es decir, varios de los aspectos nombrados en los engaños del Art. 468. Todas esas cosas existen gracias a las instituciones y en cuanto tales son hechos institucionales, se entienden en términos de sus "funciones socialmente definidas"[435].

3. El engaño del art. 473 como engaño sobre hechos subjetivos

Dicho lo anterior, estamos en condiciones de analizar las hipótesis del Art. 468 a la luz de las consideraciones efectuadas. A partir de ellas no cabe sino concluir que tanto el uso de nombre fingido, la atribución de poder, influencia o crédito supuestos y la apariencia de bienes, crédito, comisión, empresa o negociación imaginarios, son engaños cuya peculiaridad radica en tener como objeto de referencia a hechos objetivos (externos). Y es que tanto la circunstancia de llamarse de un determinado modo, la circunstancia de ostentar influencia o crédito, y la circunstancia de ser titular de ciertos bienes, crédito o de la existencia de una comisión a su nombre, de una empresa o de una negociación, son nítidamente hechos externos. En este punto no es obstáculo para esta caracterización la circunstancia de que la mayoría de ellos se trate de hechos institucionales, en contraposición a los hechos brutos. Y es que el carácter externo de un hecho no radica -como equivocadamente lo señala parte de la doctrina– en que el hecho pueda ser perceptible por los sentidos (lo que sería propio de los hechos brutos, tal como, por ejemplo, la existencia de una montaña) sino en su objetividad.

De este modo, lo que queda fuera del alcance del Art. 468 y que podría ser captado por el Art. 473 son hechos subjetivos, sea en sentido epistemológico (juicios subjetivos) u ontológico (propiamente "hechos" subjetivos).

En sentido epistemológico, un hecho subjetivo (estrictamente hablando, un juicio subjetivo) sería –por ejemplo y en lo pertinente para el análisis del tipo de estafa– un juicio de valor. Bajo ciertas circunstancias, dicho juicio de valor,

---

435   *Ibid.*, p. 23. Lo anteriormente señalado no quiere decir que los hechos institucionales existan con independencia de los hechos brutos. Por el contrario, a este respecto es posible afirmar la primacía lógica de los hechos brutos. No hay hechos institucionales sin hechos brutos. Todos los hechos institucionales requieren alguna realización (a veces, sonidos de boca o marcas sobre el papel). *Ibid.* p. 52.

como vimos más arriba[436], puede ser parte del engaño típico. La estafa que se configuraría en ese supuesto sería la del Art. 473. A este respecto es necesario distinguir la función que cumple el juicio de valor en el acto de habla respectivo. Si el juicio de valor se ocupa descriptivamente, estaremos frente a un engaño sobre un hecho objetivo, subsumible, por lo tanto, en el Art 468. Si, en cambio, el juicio de valor se usa en el marco de un uso evaluativo del lenguaje y no se cumple con la condición de sinceridad del respectivo acto de habla (normalmente un consejo o recomendación), consistente en que el hablante cree que A beneficiará al oyente, estamos frente a un juicio subjetivo ("hecho" subjetivo, figurativamente hablando) y, por lo tanto, en un engaño subsumible en el Art. 473.

De otro lado, ontológicamente subjetivo sería –por ejemplo y en lo relevante para el análisis del tipo de estafa– la existencia de voluntad de cumplimiento. Se trata de casos en los que el engaño reside solo en la falsa voluntad inicial de cumplimiento, la que, en el marco de negocios jurídicos sinalagmáticos, es una razón que lleva a disponer a la parte perjudicada. En esos supuestos, el engaño consiste simplemente en el falseamiento de la voluntad de cumplimiento, de modo tal de crear en la contraparte la creencia de que existe voluntad de que el contrato se va a cumplir, para efectos de beneficiarse, a su turno, de la satisfacción de las obligaciones contractuales correlativas por parte de esta. Se trata de casos en los que hay una disposición patrimonial de la víctima al momento de la celebración del negocio, pero el cumplimiento de la obligación por parte del autor se difiere en el tiempo. Un ejemplo de esto lo constituiría la situación de un contrato en virtud del cual se le transfiere al contratista una cierta suma de dinero a modo de adelanto y el contratista, con posterioridad, pero, como consecuencia de su falta de voluntad de cumplimiento inicial, no evacua el encargo encomendado.

Hablamos de falta de voluntad "inicial" porque la estructura de la estafa requiere que sea el engaño el que mueva a una disposición patrimonial viciada por error por parte de la víctima. La falta de voluntad de cumplimiento subsecuente, por lo tanto, no es constitutiva de engaño típico. Es por eso que se requiere probar que, al momento de la celebración del negocio, se carecía de voluntad de cumplir. Obviamente este tipo de casos son altamente problemáticos desde el punto de vista probatorio. Sin embargo, como toda cuestión probatoria, se trata de una cuestión contingente y no conceptual. Es por eso que casos de este tipo no pueden ser simplemente desechados bajo el argumento –errado– de que

---

436 *Vid.*, III. 3.2.

se trata de un conflicto civil, a pesar de que ese no es un argumento suficiente para descartar la posible tipicidad del engaño: que un supuesto de hecho sea constitutivo de un incumplimiento contractual no excluye la posibilidad de que, a su vez, pueda ser constitutivo de estafa[437]. El contrato puede ser el contexto en el que se despliega el engaño.

La dificultad probatoria de este tipo de casos se explica por la inaccesibilidad de los estados cognitivos de los contratantes, en razón de lo cual lo que se requiere probar es la existencia de hechos previos o concomitantes circundantes a la operación que den cuenta de inexistencia de voluntad de cumplimiento, de síntomas de la inexistencia de voluntad. De todos modos, la tarea probatoria se facilita si es que se puede probar que no había voluntad de cumplimiento inicial porque simplemente no existía la capacidad de cumplir. Esta falta de capacidad (que permite negar la existencia de voluntad) puede ser evidenciada a través de antecedentes que den cuenta de la falta de idoneidad técnica para poder cumplir, cuando se trata del cumplimiento de una obligación de hacer que presupone destrezas técnicas, o antecedentes patrimoniales y contables, cuando se trata del cumplimiento de una obligación de dar dineraria.

De este modo, tanto el engaño que consista en la emisión de un juicio de valor insincero en el marco del uso del lenguaje genuinamente evaluativo como en la comunicación –falsa– de la existencia de voluntad de cumplimiento inicial, serían hipótesis de engaño captados por la del Art. 473. La menor punibilidad de estas conductas podría explicarse en el primer caso por la debilidad de las barreras defensivas del contratante estafado y, en el segundo, por las dificultades probatorias que implica. El aserto anterior, empero, es una mera hipótesis que en caso alguno busca justificar la diferencia de penalidad.

Esta interpretación encuentra sustento histórico. En efecto, la evolución histórica de la regulación de la estafa que se origina en Francia, pasando por España para llegar finalmente a Chile, da cuenta de dos circunstancias que corroboran la interpretación aquí favorecida. En primer lugar, la evolución de la disposición consagrada en el Art. 468 da cuenta de que nunca estuvo presente en

---

437   Como señala Hernández, para efectos de "superar el mito de la exclusión entre fraude civil y penal": "un mismo supuesto de hecho puede perfectamente satisfacer las exigencia de una u otra calificación [civil o penal] [...] el Derecho privado y el Derecho penal son órdenes paralelos, construidos a partir de sus propios principios y necesidades, que pueden aplicarse simultáneamente a un mismo supuesto de hecho [...] así resulta que un ilícito civil puede ser a la vez un caso de estafa, o bien no serlo, lo que dependerá exclusivamente de si se dan o no todos los requisitos del tipo penal". HERNÁNDEZ: (2002) p. 158.

la regulación la posibilidad de un engaño sobre hechos subjetivos. En segundo lugar, la justificación de la cláusula del 473 para captar con vocación de amplitud justamente aquellas hipótesis no previstas por el legislador.

Finalmente, esta interpretación encuentra un respaldo comparado en la evolución del derecho alemán. En efecto, tal como nos informa TIEDEMANN, "la limitación necesaria del tipo de la estafa era buscada por el legislador del Código Penal del Reich a través de la limitación del objeto de engaño a 'hechos'; estos hechos constituyen el fundamento de la decisión de un agente económico racional. Por cierto que con ello la 'liberación' hacia lo penal de aquellas opiniones, pronósticos, juicios, expresiones propagandísticas, etc., incorrectos, así como la exclusión de acontecimientos futuros del concepto de 'hechos' se ven nuevamente recuperadas, en una parte sustancial, otra vez mediante la inclusión de los hechos 'internos' [...] que, en la jurisprudencia del Tribunal Superior prusiano, no constituían objetos idóneos de engaño, sobre todo, debido a su difícil probanza"[438].

V. CONCLUSIONES

El criterio al uso en derecho chileno para distinguir entre los engaños del Art. 468 y los del 473, a saber, la puesta en escena, no es sostenible puesto que no es mínimamente compaginable con el texto legal. Irónicamente, la teoría de la *mise en scéne* no es más que un artificio de los dogmáticos. Alternativamente, la doctrina nacional no ha sido capaz de formular criterios alternativos convincentes que permitan desplazar a la puesta en escena como el elemento común de los engaños del Art. 468 y, por lo tanto, criterio de diferenciación con los engaños del Art. 473.

La razón por la que no se ha podido dar con la respuesta a la urgente y crucial pregunta sobre la delimitación de los ámbitos típicos de las disposiciones señaladas es la obsesión que tiene la doctrina nacional con la cuestión de la entidad del engaño. Es por eso que el ejercicio dogmático desplegado en este trabajo intenta ampliar la mirada para, en base a las distintas categorizaciones y caracterizaciones del engaño, resolver la cuestión de la delimitación de los artículos 468 y 473. El análisis efectuado nos muestra que la diferenciación de las distintas formas de manifestación del engaño no puede fungir como tal criterio.

---

438 TIEDEMANN: (2007) p. 211.

En efecto, la distinción referida al engaño activo no puede operar como criterio de delimitación, básicamente porque la comisión por omisión en la estafa no tiene cabida, lo que concierne tanto a la estafa del Art. 468 como a la del 473. Asimismo, la distinción entre engaño expreso y concluyente (que se traza en el seno del engaño activo) tampoco puede fungir como tal criterio porque no hay ningún obstáculo para que los engaños del Art. 468 se manifiesten de modo concluyente.

Mayor provecho para nuestros efectos presentan los criterios que se formulan a partir del tratamiento de lo que la doctrina denomina el "objeto del engaño".

En efecto, luego de criticar el tratamiento tradicional del objeto del engaño, anclado a la noción de hecho y utilizando como paradigma de tal a uno cientificistamente comprendido, se emprenden dos tareas. En primer término, se propone un nuevo tratamiento sobre la cuestión de los juicios de valor, afirmando que estos pueden ser parte del lenguaje descriptivo o aseverativo y, en ese sentido, formar parte de la categoría de "hechos" utilizada por la doctrina, defendiéndose el carácter contextual de los mismos y afirmando que, en ciertas circunstancias, tienen valor cognitivo. De otro lado, se postula que, cuando los juicios de valor se utilizan en el marco del lenguaje evaluativo, de todos modos pueden ser engañosos, en la medida en que no se satisfaga la condición de sinceridad propia de los actos de habla directivos como los consejos y las recomendaciones, a saber, que lo dicho cede en favor del oyente. En segundo lugar, se reformula la distinción entre hechos externos e internos por la distinción existente entre hechos objetivos y subjetivos. Los hechos pueden ser objetivos o subjetivos tanto desde una perspectiva epistemológica como ontológica.

En base a lo anterior es que se alumbra la clave para deslindar los engaños del Art. 468 con los del Art. 473. Y es que el mínimo común denominador significativo de los engaños del Art. 468 es que se trata de engaños sobre objetivos (mayoritariamente institucionales, en contraposición a los hechos brutos). El engaño semejante del Art. 468 es un engaño sobre hechos objetivos. Por contraposición, el Art. 473 proporciona cobertura típica a los engaños sobre hechos subjetivos, tanto epistemológicos (juicios subjetivos, estrictamente hablando) como ontológicos (hechos objetivos propiamente tales). De este modo, el Art. 473 capta hipótesis de engaños a través de la emisión de juicios de valor genuinamente evaluativos en los que no se satisface la condición de sinceridad (hechos subjetivos desde una perspectiva epistemológica) y engaños que consisten en la comunicación de una inexistente voluntad de cumplimiento de una obligación contractual cuya asunción llevó a disponer patrimonial a la víctima (hecho objetivo en sentido ontológico).

Dicha propuesta es plausible sistemáticamente y encuentra respaldo tanto en la evolución histórico conceptual de las disposiciones de los artículos 468 y 473 como en la evolución del concepto de hechos internos y juicios de valor en el Derecho penal alemán.

BIBLIOGRAFÍA CITADA

ALDONEY, Rodrigo (2010): Comentario a la STOP de 16 de mayo de 2007 (RUC: 0500634748-9) y a la STOP de 26 de junio de 2007 (RUC: 0600893147-8), *Doctrina y Jurisprudencia Penal. El engaño y el error en la estafa*, año 1, N°1, (Santiago, Editorial AbeledoPerrot).

ANTÓN ONECA, José (2000): *Obras, Tomo III* (Buenos Aires, Rubinzal–Culzoni editores)

BALMACEDA, Gustavo (2010): Engaño en la estafa "¿Una puesta en escena?", *Revista de Estudios de la Justicia*, N° 12, año 2010: pp. 351-380.

BALMACEDA, Gustavo (2011): "El delito de estafa: una necesaria normativización de sus elementos típicos", *Revista Estudios Socio-Jurídicos*, Vol. 13, N° 2: pp. 163-219.

BALMACEDA, Gustavo (2012): *El delito de estafa. Doctrina y jurisprudencia* (Santiago, AbeledoPerrot).

BASCUÑÁN, Antonio (2016): *Estudios sobre la colusión* (Santiago, Editorial Thomson Reuters La Ley).

BULLEMORE, Vivian/MACKINNON, John (2005): *Curso de Derecho Penal. Parte Especial*, Tomo III (Santiago, Editorial LexisNexis).

CABRERA, Jorge / CONTRERAS, Marcos (2009): *El engaño típicamente relevante a título de estafa. Modelos dogmáticos y análisis jurisprudencial* (Santiago, Editorial LegalPublishing).

CARRARA, Francesco (1966): *Programa de derecho criminal. Parte especial*, Vol. IV (Bogotá, Editorial Temis, segunda edición).

CHOCLÁN, José Antonio (2000): *El delito de estafa* (Barcelona, Editorial Bosch).

CONTESSE, Javier (2017): "La omisión impropia como hecho punible. Acerca de la incorporación de una regla general de punibilidad de los así llamados 'delitos de omisión impropia' en el Anteproyecto de nuevo Código Penal" (Santiago, Der Ediciones), pp. 11-50.

ETCHEBERRY, Alfredo (1998): *Derecho Penal Parte Especial*, Tomo III (Santiago, Editorial Jurídica de Chile, tercera edición).

FERNÁNDEZ, Álvaro (2005): "Engaño y víctima en la estafa", *Revista de Derecho de la Pontificia Universidad Católica de Valparaíso*, Vol. XXVI, Valparaíso, Semestre I: pp. 181-193.

FISCHER, Thomas (2013): *Strafgesetzbuch mit Nebengesetze* (München, Editorial Verlag C.H. Beck, sesentava edición).

FUENSALIDA, Alejandro (1883): *Concordancias y comentarios del Código Penal chileno*, Tomo III (Lima, Imprenta Comercial).

GALLEGO SOLER, José Ignacio (2005): "Fundamento y límite de los deberes de autoprotección de la víctima en la estafa", *ADPCP*, Tomo LVIII, fascículo II, mayo–agosto de 2005 Madrid: pp. 550 y 551.

GARRIDO, Mario (2008): *Derecho Penal. Parte Especial*, Tomo IV (Santiago, Editorial Jurídica de Chile).

GÓMEZ BENÍTEZ, José Manuel (1986): "Función y contenido del error en el tipo de estafa" en GÓMEZ BENÍTEZ, José Manuel, *Estudios penales* (Madrid).

HARE, R.M. (1952): *The Language of Morals* (Oxford, Clarendon Press).

HERNÁNDEZ, Héctor (2002): "Aproximación a la problemática de la estafa", en *Problemas actuales de Derecho Penal* (Santiago. Imprenta Austral, Universidad Católica de Temuco), pp. 147-190.

HERNÁNDEZ, Héctor (2011): "Art. 1°", en COUSO, Jaime; HERNÁNDEZ, Héctor (Dirs.), *Código Penal Comentado. Parte General. Doctrina y Jurisprudencia* (Santiago, Editorial AbeledoPerrot), pp. 7-105.

HERNÁNDEZ, Héctor (2010): "Normativización del engaño y nivel de protección de la víctima en la estafa: lo que dice y no dice la dogmática", *Revista Chilena de Derecho*, Vol. 37, N° 1: pp. 9-41.

KINDHÄUSER, Urs (2002): "§ 263", en KINDHÄUSER, Urs/NEUMANN, Ulfrid/PAEFFGEN, Hans-Ullrich (Eds.), *NomosKommentar* (Editorial Nomos, segunda edición).

KINDHÄUSER, Urs (2013): *Strafrecht Besonderer Teil II* (Baden-Baden, Editorial Nomos, séptima edición).

KINDHÄUSER, Urs (2014): "Hechos brutos y elementos normativos del tipo", *InDret* 2/ 2014.

LABATUT, Gustavo (1983): *Derecho Penal. Parte Especial*, Tomo III (Ed. Jurídica de Chile, 7ª ed.).

MACKIE, J.L. (2000): *Ética. La invención de lo bueno y lo malo* (Barcelona, Editorial Gedisa).

MAÑALICH, Juan Pablo (2010): "¿Responsabilidad jurídico-penal por causaciones de Menoscabo patrimonial a propósito de fallas en la construcción de inmuebles?", en *Política Criminal*, Vol. 5, N° 10, pp. 341-351.

MAÑALICH, Juan Pablo (2014): "Omisión del garante e intervención delictiva. una reconstrucción desde la teoría de las normas", en *Revista de Derecho Universidad Católica del Norte* Sección: Estudios, Año 21, N° 2: pp. 225-276.

MATUS, Jean Pierre, RAMÍREZ, Cecilia (2015): *Lecciones de Derecho Penal. Parte Especial*, Tomo II (Santiago, Thomson Reuters).

MAYER, Laura (2014): "El engaño concluyente en el delito de estafa", *Revista Chilena de Derecho*, Vol. 41, N° 3: pp. 1017-1048.

MAYER, Laura (23018): *Delitos económicos de es estafa y otras defraudaciones* (Santiago, Editorial DER Ediciones).

MERA, Jorge (2001): *Fraude civil y penal. El delito de entrega fraudulenta* (Santiago, Editorial Jurídica Conosur, reimpresión de la segunda edición), p. 36.

PACHECO, Joaquín Francisco (2000): *El Código Penal. Concordado y comentado.* (Madrid, Edisofer).

PASTOR MUÑOZ, Nuria (2004): *La determinación del engaño típico en el delito de estafa* (Madrid, Editorial Marcial Pons).

PAWLIK, Michael (1999): *Das unerlaubte Verhalten beim Betrug* (Editorial Carl Heymanns).

PÉREZ MANZANO, Mercedes (1995): "Acerca de la imputación objetiva en la estafa", en *Hacia un Derecho Penal económico europeo. Jornadas en honor del profesor Klaus Tiedemann* (Madrid).

PERRON, Walter (2014): "§ 263", en *Schönke/Schröder Strafgestzbuch Kommentar* (München, Editorial C.H. Beck, segunda edición).

PIÑA, Juan Ignacio (2006): *Fraude de seguros* (Santiago, Editorial Jurídica de Chile).

POLITOFF, Sergio/MATUS, Jean Pierre/RAMÍREZ, Claudia (2002): *Lecciones de Derecho Penal chileno, Parte Especial* (2ª edición, Talca, Universidad de Talca).

PUPPE, Ingeborg (2013): "Comprobar, imputar, valorar: reflexiones semánticas sobre la fundamentación de sentencias penales y la posibilidad de su revisión jurídica", en *InDret,* 3/2013.

PUTNAM, Hilary (1988): *Razón, verdad e historia* (Madrid, Editorial Tecnos).

PUTNAM, Hilary (2002): *El desplome de la dicotomía hecho-valor y otros ensayos* (Barcelona, Editorial Paidós Básica).

QUINTANO RIPOLLÉS, Antonio (1964): *Comentarios al Código Penal*, Tomo II, Ed. (Madrid, Revista de Derecho Privado).

ROMERO, Gladys (1998): *Delito de Estafa* (Buenos Aires, Editorial Hammurabi).

SEARLE, John (1997): *La creación de la realidad social* (Barcelona, Buenos Aires, México, Editorial Paidos).

SEARLE, John (2009): "La filosofía en el nuevo siglo", en Otero, Edison (edit.), *Filósofos actuales de habla inglesa* (Santiago, Ediciones Universidad Diego Portales).

SILVA SÁNCHEZ, Jesús María (1986): El delito de omisión. Concepto y sistema (Barcelona, Bosch).

TIEDEMANN, Klaus (2007): *Derecho penal y nuevas formas de criminalidad* (Lima, Editorial Grijley, segunda edición).

WESSELS, Johannes / HILLENKAMP, Thomas (2013): *Strafrecht Besonderer Teil 2. Straftaten gegen Vermögenswerte* (Heidelberg-Múnich-Landsberg-Frechen-Hamburgo, Editorial C.F. Müller, treintaiseisava edición).

WILENMANN, Javier (2014): "El concepto de falsedad en el falso testimonio. Una introducción a la dogmática general de los delitos de falsedad", *Revista Chilena de Derecho*, Vol. 41, N°1: pp. 59-88.

YUBERO, Julio (1993): *El engaño en el delito de estafa* (Santiago, Editorial Jurídica Conosur).

§ 6. LA RECUPERACIÓN TRANSNACIONAL DE ACTIVOS EN SEDE PENAL

Antonio Segovia Arancibia*

RESUMEN: El presente trabajo describe y analiza los mecanismos y herramientas de cooperación internacional existentes y aplicables para identificar, congelar, decomisar y recuperar activos cuando estos se encuentran ubicados en el extranjero, en el marco de una investigación criminal. Revisa las fuentes normativas convencionales y domésticas, así como el procedimiento aplicable bajo la regulación chilena, tanto en el ámbito de las extradiciones como en el de la asistencia mutua internacional, ya sea que la solicitud sea activa (remitida por autoridades chilenas) o pasiva (remitida a Chile por autoridades extranjeras).

ABSTRACT: The article describes and analyzes international cooperation mechanisms and tools existing and available to identify, freeze, confiscate and recover assets when they are located abroad, in the context of a criminal investigation. It reviews conventional and domestic legal basis, as well as the applicable procedure under the chilean regulation, both in the topics of mutual legal assistance and extraditions, whether active (transmitted by chilean authorities) or passive (transmitted to Chile by foreign authorities).

Palabras clave: Cooperación–Restitución–Activos–Internacional.

Key words: *Cooperation–Recovery–Assets–International.*

---

* MSc Criminal Justice Policy, The London School of Economics and Political Science. Dirección postal: Catedral 1437, Santiago. Correo electrónico: asegoviaa@gmail.com

I. INTRODUCCIÓN

Los activos que conforman el producto o utilidad del delito han sido desde antiguo objeto de regulación bajo formulaciones normativas que incluían medidas de aseguramiento –incautación y congelamiento de bienes– y disposición final –penas de comiso y multas–. Sin embargo, no fue hasta fines de la década de los 80 que el tema comenzó a ser fuente de preocupación, especialmente luego de constatarse los enormes volúmenes de dinero que eran manejados por organizaciones dedicadas al narcotráfico y otras actividades criminales[439]. Las sospechas de que recursos ilícitos eran inyectados a gran escala en la economía mundial, y que el poder económico de los grupos criminales podría desestabilizar rápidamente el orden público, movilizaron a la comunidad internacional[440].

La primera regulación que a nivel convencional pretendía establecer un estatuto integral dedicado a los activos criminales apareció en la Convención de las Naciones Unidas contra el Tráfico Ilícito de Estupefacientes y Sustancias Sicotrópicas, adoptada en Viena, Austria, en 1988. En ella se establecían obligaciones dirigidas a los Estados suscribientes en el orden sustantivo –tipificar como delito en el ordenamiento doméstico el delito de lavado de dinero, por ejemplo–, y también en el procesal: la obligación de adoptar medidas que permitieran identificar, localizar, congelar o incautar y decomisar los bienes producidos por estas actividades ilícitas. Pero además la Convención permitía utilizar estas reglas cuando los activos se encontraran en el extranjero, permitiendo su pesquisa y decomiso a nivel internacional.

En el marco de Naciones Unidas, las convenciones para la supresión que siguieron en los años siguientes fueron ampliando el espectro regulatorio, hasta llegar a los esquemas de recuperación de activos contenidos en la Convención de las Naciones Unidas contra la Corrupción del año 2003, que estableció procedimientos integrales de cooperación internacional destinados no solo a asegurar los bienes cuando se encontraban en el extranjero, sino también a permitir su restitución al Estado del cual habían sido sustraídos mediante actos de corrupción. Estas normas vinieron a complementar las de convenciones o tratados más antiguos que en el ámbito de la cooperación internacional en sentido amplio

---

439 BOISTER: (2018) p. 334.

440 SOUTH: (2007), p. 810; LEVI (2003); VAN DUYNE Y LEVI (2005); VAN DUYNE *et al.*: (2014), p. 235.

–asistencia mutua y extradiciones–, también regulaban, aunque de manera más modesta, los aspectos patrimoniales de los delitos en los que incidían.

Este grupo de normas pone a disposición de los Estados un conjunto de herramientas concretas que les permiten rastrear y recuperar los activos cuando estos se encuentren en territorio extranjero, bajo las fórmulas que proveen los sistemas de cooperación internacional. El objetivo es que el crimen "no pague" en ningún país, evitando así la creación de paraísos financieros que favorezcan la impunidad y el refinanciamiento de más actividades ilícitas.

Sin embargo, el sistema también depende en buena medida de la voluntad, espíritu de cooperación y eficacia de los ordenamientos jurídicos internos de cada Estado. Sin regulaciones domésticas adecuadas, tanto en la esfera patrimonial propiamente tal como en aquella relativa a la cooperación internacional, no siempre las convenciones podrán suplir los vacíos, permitiendo entonces la fuga de capitales que se intenta evitar. De esta manera, es relevante tener en cuenta no solo la normativa internacional, sino también la local, en tanto de ella dependerá finalmente la aplicación concreta de los procesos de recuperación transnacional de activos.

En este contexto, el presente artículo pretende describir y analizar los distintos estatutos internacionales diseñados para localizar, asegurar y recuperar activos procedentes o utilizados en la comisión de delitos que se encuentren en otros países, así como su aplicación práctica bajo nuestra propia normativa. Los objetos de estudio se centrarán en los tratados y procedimientos aplicables a la extradición; y en aquellos que regulan los mecanismos de asistencia mutua internacional en materia penal, intentando identificar en cada caso los nudos críticos y posibilidades concretas de implementación y uso de las herramientas de cooperación internacional en este ámbito.

II. LA RECUPERACIÓN DE ACTIVOS EN EL ÁMBITO DE LAS EXTRADICIONES

Fuentes normativas de la extradición y recuperación de activos

La extradición ha sido tradicionalmente definida como "el proceso formal mediante el cual una jurisdicción pide a otra el regreso forzado de una persona que se encuentra en la jurisdicción requerida y a quien se acusa o se ha condenado por uno o más delitos penales previstos en la legislación de la jurisdicción requirente. Se solicita el regreso a fin de que la persona sea sometida a juicio en la jurisdicción requirente o cumpla la condena correspondiente a los delitos del caso"[441]. Como mecanismo de entrega de fugitivos inter-Estados, se caracteriza primordialmente por tratarse de una herramienta de cooperación internacional en materia penal en sentido amplio, de manera tal que exige un trabajo coordinado entre las autoridades competentes de los Estados involucrados para alcanzar su objetivo[442].

Las fuentes normativas de los procesos de extradición se encuentran circunscritas fundamentalmente a tres grupos de reglas: la regulación doméstica, los tratados o convenciones internacionales, ya sea bilaterales o multilaterales y los Principios Generales de Derecho Internacional[443]. Ellos describen las formas que deben respetarse para tramitar válidamente un pedido de extradición[444],

---

[441] NACIONES UNIDAS, UNITED NATIONS OFFICE ON DRUGS AND CRIME (UNODC) (2004), p. 5: *"Extradition is the formal process by which one jurisdiction asks another for the enforced return of a person who is in the requested jurisdiction and who is accused or convicted of one or more criminal offences against the law of the requesting jurisdiction. The return is sought so that the person will face trial in the requesting jurisdiction or punishment for such an offence or offences".*

[442] SADOFF: (2016) p. 46-47; NACIONES UNIDAS, UNITED NATIONS OFFICE ON DRUGS AND CRIME (UNODC) (2012a), p. 41. La Corte Suprema también ha enfatizado el carácter de "instrumento de cooperación internacional" de la extradición en numerosos fallos. Así, recientemente, en sentencia de fecha 21 de enero de 2020, Rol N° 37.016–2019, pronunciada por la Sala Penal, en virtud de la cual confirmaba el fallo del Ministro Instructor que en primera instancia había concedido la extradición de dos personas a El Salvador, declaró (considerando primero): "Que la extradición es un instituto jurídico de cooperación internacional cuyo objetivo central es evitar que personas eventualmente ligadas como responsables a hechos delictivos cometidos en un determinado país logren la impunidad con el mero hecho de instalarse en un territorio extranjero".

[443] En detalle, SADOFF: (2016) p. 138–152. También puede verse, CRYER *et al.*: (2014) p. 99-100. En un fallo reciente de la Sala Penal de la Corte Suprema, el tribunal declaró: "(…) las fuentes de la extradición están constituidas, básicamente, por las normas de derecho interno, contenidas en nuestro ordenamiento jurídico en el Libro IV, título VI, párrafo 2°, relativo a la Extradición Pasiva, artículos 440 a 454 del Código Procesal Penal, y por las normas de derecho internacional, específicamente, por los tratados suscritos por Chile sobre la materia y los principios de derecho internacional. La prelación entre estas fuentes es en el mismo orden antes descrito". Sentencia de la Sala Penal de la Corte Suprema de fecha 6 de marzo de 2018, Rol N° 1.174–2018.

[444] En términos generales, se exige como formalidad que las solicitudes de extradición sean formuladas de Gobierno a Gobierno o por medio de los representantes diplomáticos; asimismo, deben acompañarse determinados documentos mínimos –relación de los hechos, delito que se configura, normas sobre prescripción y pena, antecedentes que permitan identificar al requerido, etc.—, que por regla general deben encontrarse legalizados o apostillados.

qué delitos son extraditables[445], y otras cuestiones atingentes al proceso[446]. En lo que aquí importa, si bien la extradición es un mecanismo dirigido en esencia contra las personas –los requeridos en extradición–, las fuentes normativas del mismo –con excepción de nuestra legislación interna, que no regula el tema de ninguna forma– contienen algunas reglas sobre los activos o bienes vinculados al proceso en su conjunto.

Desde el foro multilateral, hay tres instrumentos relevantes para nuestro país: la Convención de Extradición de Montevideo[447], la Convención de La Habana[448] –Código de Derecho Internacional Privado o Código de Bustamante– y el Acuerdo sobre extradición del MERCOSUR[449]. La primera, en su artículo XV, dispone: "Los objetos que se encontraren en poder del individuo requerido, obtenidos por la perpetración del delito que motiva el pedido de extradición, o que pudieran servir de prueba para el mismo, serán secuestrados y entregados al país requirente aun cuando no pudiera verificarse la entrega del individuo por causas extrañas al procedimiento, como fuga o fallecimiento de dicha persona". La Convención de La Habana, por su parte, prescribe en el Art. 370 que la entrega –del requerido, de accederse a la solicitud de extradición– deberá hacerse con "(…) todos los objetos que se encontraren en poder de la persona reclamada, ya sean producto del delito imputado, ya piezas que puedan servir para la prueba del mismo, en cuanto fuere practicable con arreglo a las leyes del Estado que la efectúa, y respetando debidamente los derechos de tercero". Agrega el Art. 371 que la devolución de los objetos a que se refiere el artículo anterior podrá hacerse, aunque el imputado muera o se evada antes de efectuarla.

---

445   Delitos que tengan asignada una cierta penalidad mínima (en nuestro caso, por regla general, un año de privación de libertad); que sean punibles, a cualquier título, tanto en el Estado requirente como en el requerido; que no se encuentren prescritos; que no hayan sido juzgados anteriormente por las autoridades del Estado requirente o requerido, o no se encuentren siendo juzgados por el Estado requerido; que no se trate de un delito político o conexo, ni que vaya a ser juzgado por tribunales de excepción, *ad hoc* o militares, entre otras exigencias.

446   Por ejemplo, la posibilidad de solicitar la detención previa antes de presentar formalmente el pedido de extradición; la obligación de juzgar en el territorio del Estado requerido cuando se deniegue la extradición por razones de nacionalidad o competencia –*aut dedere aut judicare*–; reextradición a terceros Estados; forma de abordar solicitudes concurrentes; entrega de los requeridos; etc.

447   CONVENCIÓN SOBRE EXTRADICIÓN, Montevideo (26 de diciembre de 1933).

448   CONVENCIÓN DE DERECHO INTERNACIONAL PRIVADO, La Habana (20 de febrero de 1928).

449   ACUERDO SOBRE EXTRADICIÓN ENTRE LOS ESTADOS PARTE DEL MERCOSUR Y LA REPÚBLICA DE BOLIVIA Y LA REPÚBLICA DE CHILE, Río de Janeiro (10 de diciembre de 1998).

El Acuerdo sobre Extradición del MERCOSUR dispone en su Art. 24 que, si el Estado requirente así lo solicitare, el requerido podrá entregar los bienes que se encuentren en su territorio y que tengan la calidad de productos del delito, o puedan servir de prueba. El procedimiento respectivo estará supeditado al derecho aplicable en el Estado requerido, y será procedente sin perjuicio de los derechos de terceros[450]. El Convenio Europeo sobre Extradición de 1957, del cual Chile no es Estado Parte pero que ha sido destacado por algunos como el instrumento modelo en la materia[451], contiene una norma muy similar en su Art. 20[452]. Otros acuerdos multilaterales suscritos por Chile que de alguna manera contienen provisiones sobre extradición no regulan, en relación específicamente a ella, el aseguramiento y devolución de activos al Estado requirente[453].

---

[450] Agrega la norma: "2. Sin perjuicio de lo dispuesto en el párrafo 1° de este artículo, dichos bienes serán entregados al Estado Parte requirente, si este así lo solicitare, inclusive en el caso de no poder llevar a cabo la extradición como consecuencia de muerte o fuga de la persona reclamada. 3. Cuando dichos bienes fueran susceptibles de embargo o decomiso en el territorio del Estado Parte requerido, este podrá, a efectos de un proceso penal en curso, conservarlos temporalmente o entregarlos con la condición de su futura restitución. 4. Cuando la ley del Estado Parte requerido o el derecho de los terceros afectados así lo exijan, los bienes serán devueltos, sin cargo alguno, al Estado Parte requerido".

[451] BOISTER: (2018) p. 357.

[452] *"Article 20 – Handing over of property. 1. The requested Party shall, in so far as its law permits and at the request of the requesting Party, seize and hand over property: a. which may be required as evidence, or b. which has been acquired as a result of the offence and which, at the time of the arrest, is found in the possession of the person claimed or is discovered subsequently. 2. The property mentioned in paragraph 1 of this article shall be handed over even if extradition, having been agreed to, cannot be carried out owing to the death or escape of the person claimed. 3. When the said property is liable to seizure or confiscation in the territory of the requested Party, the latter may, in connection with pending criminal proceedings, temporarily retain it or hand it over on condition that it is returned. 4. Any rights which the requested Party or third parties may have acquired in the said property shall be preserved. Where these rights exist, the property shall be returned without charge to the requested Party as soon as possible after the trial".*

[453] Paradigmáticamente, la CONVENCIÓN DE NACIONES UNIDAS CONTRA EL TRÁFICO ILÍCITO DE ESTUPEFACIENTES Y SUSTANCIAS SICOTRÓPICAS, Viena (20 de diciembre de 1988), Art. 6°; CONVENCIÓN DE LAS NACIONES UNIDAS CONTRA LA DELINCUENCIA ORGANIZADA TRANSNACIONAL Y SUS PROTOCOLOS CONTRA EL TRÁFICO ILÍCITO DE MIGRANTES POR TIERRA, MAR Y AIRE, Y PARA PREVENIR, REPRIMIR Y SANCIONAR LA TRATA DE PERSONAS, ESPECIALMENTE MUJERES Y NIÑOS, Nueva York (15 de noviembre de 2000), Art. 16; y la CONVENCIÓN DE LAS NACIONES UNIDAS CONTRA LA CORRUPCIÓN, Nueva York (31 de octubre de 2003), Art. 44. Si bien todas ellas tienen normas muy específicas de recuperación de activos en el ámbito de la asistencia mutua internacional en materia penal, como veremos más adelante, en relación a la extradición no establecen regulaciones sobre los bienes involucrados.

En el ámbito bilateral, una serie de tratados suscritos por nuestro país han incluido en sus textos normas sobre entrega de bienes, en términos bastante similares a aquellos contemplados en los instrumentos multilaterales. Algunos ejemplos los encontramos en los tratados celebrados con Estados Unidos[454], Italia[455], España[456], y algunos incluso más antiguos, como aquellos firmados con la República del Perú[457], Paraguay[458] y Uruguay[459], entre otros.

Finalmente, puede fundarse un pedido de extradición en principios como los de reciprocidad o cortesía[460], en cuyo caso procederá el requerimiento si, cumplidos los demás requisitos, el delito es extraditable conforme las exigencias establecidas por los Principios Generales de Derecho Internacional[461]. Según una extensa jurisprudencia de la Corte Suprema, dichos Principios deben extraerse de las disposiciones de la Convención de Montevideo y la Convención de La Habana[462], pero únicamente para analizar la extraditabilidad del delito y no otras cuestiones, como las formalidades del proceso o las solicitudes de congelamiento

---

454   TRATADO DE EXTRADICIÓN ENTRE EL GOBIERNO DE LA REPÚBLICA DE CHILE Y EL GOBIERNO DE ESTADOS UNIDOS DE AMÉRICA, Washington D.C. (5 de junio de 2013), Art. 15.

455   TRATADO DE EXTRADICIÓN ENTRE LA REPÚBLICA DE CHILE Y LA REPÚBLICA ITALIANA, Roma (27 de febrero de 2002), Art. XV; PROTOCOLO ADICIONAL DEL TRATADO DE EXTRADICIÓN ENTRE LA REPÚBLICA DE CHILE Y LA REPÚBLICA ITALIANA, Santiago (4 de octubre de 2012).

456   TRATADO DE EXTRADICIÓN Y ASISTENCIA JUDICIAL EN MATERIA PENAL ENTRE LA REPÚBLICA DE CHILE Y EL REINO DE ESPAÑA, Santiago (14 de abril de 1992), Art. 25.

457   TRATADO DE EXTRADICIÓN ENTRE CHILE Y EL PERÚ, Lima (5 de noviembre de 1932), Art. X.

458   TRATADO DE EXTRADICIÓN ENTRE CHILE Y PARAGUAY, Montevideo (22 de mayo de 1897), Art. XII.

459   TRATADO DE ESTRADICIÓN CELEBRADO ENTRE LOS GOBIERNOS DE CHILE I LA REPÚBLICA ORIENTAL DEL URUGUAI, Montevideo (10 de mayo de 1907), Art. 12.

460   SADOFF: (2016) pp. 151-152.

461   El Art. 449 letra b) del Código Procesal declara procedente la extradición cuando el delito sea extraditable según los tratados vigentes o, a falta de estos "(…) en conformidad con los principios de derecho internacional".

462   Que imponen acreditar que los hechos materia del requerimiento son tipificados como delito en la legislación de ambos Estados (principio de doble incriminación); que tienen asignada una pena mínima de un año de privación de libertad (principio de la pena mínima); que el Estado requirente puede ejercer jurisdicción para conocer y juzgar tales hechos; que la pena o la acción penal no están prescritas; que no se trata de un delito político o conexo ni de un delito militar; que los hechos no hubieran sido conocidos y juzgados por las autoridades del Estado requirente o existiera una causa abierta por los mismos hechos en el territorio del Estado requerido; y que el pedido no tenga por objetivo que el caso sea conocido por tribunales de excepción o *ad hoc*. Puede verse, entre otras, CORTE SUPREMA. Sentencia de fecha 10 de enero de 2012, Rol N° 9.471-2011 (sentencia de primera instancia en procedimiento de extradición pasiva); CORTE SUPREMA. Sentencia de fecha 2 de mayo de 2016, Rol N° 37.531-2015 (sentencia de primera instancia en procedimiento de extradición pasiva).

y recuperación de activos[463]. Ahora bien, la ausencia de normas específicas ante un pedido que no se funde en un tratado bilateral o multilateral que sí regule el tema, no constituye un impedimento para que el Estado requirente solicite el congelamiento y posterior restitución de los bienes, petición que también puede fundarse en promesa de reciprocidad o mera cortesía internacional, y que se resolverá conforme a las reglas internas del Estado requerido. Ante lagunas legales, podrán también utilizarse otros convenios o tratados internacionales suscritos por Chile para resolver interpretativamente la cuestión bajo análisis[464].

En definitiva, ya sea que el pedido de extradición se funde en un convenio bilateral, en un instrumento multilateral, bajo promesa de reciprocidad o por cortesía internacional, será posible, en principio, para el Estado requirente solicitar al requerido el aseguramiento y posterior devolución de activos o bienes que se relacionan con el proceso que se lleva a cabo en el territorio del primero, y que es el que sirve de base para el pedido de extradición. Se trata de bienes que son calificados como efectos o productos del delito que le imputan al requerido, o que pueden servir como medio de prueba.

Procedimiento aplicable

Si la extradición es activa, es decir, si son las autoridades chilenas las que piden a otro Estado la entrega de una persona, la solicitud deberá ser presentada por un fiscal del Ministerio Público a la Corte de Apelaciones respectiva. Lo anterior, pues en el esquema extradicional doméstico son las cortes de apelaciones los órganos del Estado que piden formalmente, a través del Ministerio de Relaciones Exteriores, la entrega de los imputados que se encuentran en el extranjero[465]. Si

---

463 CORTE SUPREMA. Sentencia de fecha 6 de marzo de 2018, Rol N° 1.174-2018 (nulidad y apelación en procedimiento de extradición pasiva): "Lo anterior significa que la utilización de los principios de derecho internacional está prevista en el caso de que no existan tratados vigentes, y solo para los efectos de determinar si el delito que se le imputa o por el cual está condenado el requerido, se encuentra dentro de aquellos que autorizan la extradición".

464 A propósito de la aplicación de los tratados internacionales para interpretar normas sustantivas, como aquellas contenidas en la Ley N° 20.357 (que tipifica crímenes de lesa humanidad, genocidio y crímenes de guerra), puede verse CÁRDENAS (2013).

465 El Art. 436 inciso primero del Código Procesal Penal dispone: "En caso de acoger la solicitud de extradición, la Corte de Apelaciones se dirigirá al Ministerio de Relaciones Exteriores, al que hará llegar copia de la resolución de que se trata en el Art. anterior, pidiendo que se practiquen las gestiones diplomáticas que fueren necesarias para obtener la extradición".

bien las solicitudes de extradición deben pasar previamente por la autorización de un juez de garantía[466], en el caso de las medidas cautelares y de restitución debiera aplicarse por analogía lo dispuesto en el Art. 434 del Código, que permite presentar directamente a la Corte de Apelaciones, sin el paso previo ante el tribunal de garantía, las solicitudes de detención previa con fines de extradición[467]. El fundamento de dicha norma es plenamente aplicable a la situación en análisis: el legislador estableció un mecanismo más rápido para proceder a la detención previa del fugitivo mientras se prepara el pedido formal de extradición; el aseguramiento patrimonial demanda un accionar igual de eficaz para evitar la dispersión y pérdida de los bienes de que se trate.

En cuanto al contenido de la solicitud, y a falta de mayor regulación al respecto en los tratados y en el propio Código, entendemos que debiera al menos identificar con el mayor detalle posible los bienes que se intenta asegurar y su ubicación[468], así como la forma en que directa o indirectamente están vinculados al proceso penal que motiva el pedido de extradición, en el sentido de que podrán ser objeto de incautación, congelamiento y comiso en Chile, por ser productos del delito en cuestión o puedan servir como medios de prueba. En esta última categoría cabrían los instrumentos del delito[469]. Finalmente, y en relación a la oportunidad, creemos que podría solicitarse el aseguramiento de forma conjunta con la detención previa con fines de extradición, y luego en cualquier momento hasta antes de que exista una decisión final en el Estado requerido. Ello se explica en la medida en que durante la tramitación del proceso pueden aparecer bienes de los que antes no se tenía noticia, y cuya restitución es procedente y necesaria.

---

466 Ver Art. 431 del Código Procesal Penal.

467 La detención previa con fines de extradición se puede solicitar de forma conjunta o previa al pedido mismo de extradición. Su finalidad es asegurar a la persona del requerido mientras los antecedentes fundantes de la solicitud principal son preparados, y se fundan en el peligro de fuga que cruza todo proceso de extradición. Por ello, tanto los tratados suscritos por Chile como nuestra legislación (artículo 442 del Código Procesal Penal) exigen menos requisitos formales para la concreción de este estatuto que para los pedidos formales de extradición, y en la práctica se tramitan de forma más rápida (por ejemplo, se adelantan por correo electrónico mientras llegan los antecedentes a la embajada respectiva). Al respecto, NACIONES UNIDAS, UNITED NATIONS OFFICE ON DRUGS AND CRIME (UNODC): (2012a) p. 58; SADOFF: (2016) p. 156.

468 Para lo cual será relevante la cooperación internacional formal e informal previa con el Estado requerido. Al respecto, *vid.* infra. III.

469 Definidos como los medios materiales de que se sirvió el autor para llevar a cabo el delito. CURY: (2005) p. 751.

La forma, tiempo y fundamento del pedido de preservación serán evaluados por las autoridades del Estado requerido de acuerdo a sus normas internas y a los tratados o convenios internacionales fundantes del pedido en su caso, las cuales determinarán además qué tipo de medida es aplicable (por ejemplo, si la incautación o alguna medida cautelar real) y cómo debe procederse a la restitución, en caso de ser acogida la solicitud, especialmente en el caso de bienes que sea imposible trasladar y deba procederse previamente a su liquidación (por ejemplo, bienes inmuebles). La resolución de estas cuestiones es de vital importancia si la devolución de los activos quiere ser exitosa, y demandará un alto nivel de comunicación y coordinación entre las autoridades competentes de ambos Estados.

Una vez resueltos los aspectos operativos, el dinero y/o los bienes físicos deberán ser trasladados a nuestro país. La custodia en el viaje del imputado de vuelta a Chile constituirá una buena oportunidad para trasladar dinero y bienes de menor volumen[470]. Los activos deberán ser puestos a disposición de la Corte de Apelaciones que solicitó su devolución, de la misma forma en que los requeridos son puestos a su disposición una vez retornan extraditados al país, conforme lo dispone el Art. 437 inciso primero parte final[471]. Luego, la Corte deberá poner los bienes a disposición del tribunal competente a fin de que el procedimiento siga su curso, también de forma idéntica a lo que haría con las personas retornadas, en cumplimiento de lo señalado en el Art. 437 inciso final del Código Procesal Penal[472]. El tribunal, en su caso, podrá ordenar el comiso de las especies o disponer su incautación o congelamiento, según la etapa en la que se encuentre el procedimiento, previa solicitud del fiscal y habiendo escuchado a las partes, cumpliendo las exigencias legales internas.

Si la extradición es pasiva –requieren a las autoridades chilenas la entrega de una persona condenada o sujeta a juzgamiento en otro país–, la solicitud deberá hacerse llegar al ministro instructor que sustancia el proceso, por conducto

---

470 La práctica en Chile, y en general en el resto de los países, es que, una vez que se accede al pedido de extradición, son los funcionarios de INTERPOL del Estado requirente quienes viajan al territorio del Estado requerido para buscar al imputado, y custodiarlo mientras se traslada a nuestro país.

471 "Si se obtuviere la extradición del imputado, lo hará conducir del país en que se encontrare, hasta ponerlo a disposición de aquel tribunal".

472 La norma dispone: "En este último caso, la Corte de Apelaciones ordenará que el imputado sea puesto a disposición del tribunal competente, a fin de que el procedimiento siga su curso o de que cumpla su condena, si se hubiere pronunciado sentencia firme".

del Ministerio de Relaciones Exteriores[473]. Al igual que en el plano activo, y por las mismas razones, la solicitud podrá presentarse desde la etapa de detención previa y hasta antes de que exista sentencia firme accediendo o rechazando el pedido, y deberá contener alguna descripción de los bienes y su ubicación, así como la forma en que se relacionan con el proceso.

El tribunal nacional resolverá aplicando los estatutos de incautación y congelamiento vigentes, es decir, aquellos regulados en el Código Procesal Penal para la generalidad de los delitos[474], y aquellos contenidos en leyes especiales, especialmente en las leyes sobre tráfico ilícito de drogas (N° 20.000) y lavado de dinero (N° 19.913)[475]. Tanto la preservación de los activos como la restitución propiamente tal se fundará en las normas que sirvan de base al pedido de extradición, al no existir normas expresas que regulen la materia para las extradiciones pasivas en nuestro Código[476]. Así, por ejemplo, en resolución de fecha 13 de enero de 2015, el ministro instructor de un procedimiento de extradición solicitado por la República de Honduras, y a petición del Ministerio Público actuando como representante de los intereses del Estado requirente, conforme lo dispone el Art. 443 del Código, decretó, con base en la Convención de Montevideo y a lo dispuesto en el Art. 157 del Código Procesal Penal, las medidas cautelares reales de prohibición de celebrar actos y contratos respecto de determinados inmuebles; retención de depósitos o captaciones en los bancos donde se encontraban; e incautación de vehículos, todos ellos, bienes que se encontraban en Chile y que se vinculaban al proceso penal seguido en Honduras (Rol N° 297–2015).[477]

De esta forma, el proceso extradicional admite, tanto en su faz activa como en la pasiva, la solicitud de aseguramiento y restitución de bienes. Sin embargo,

---

473 Art. 440 del Código Procesal Penal: "Procedencia de la extradición pasiva. Cuando un país extranjero solicitare a Chile la extradición de individuos que se encontraren en el territorio nacional y que en el país requirente estuvieren imputados de un delito o condenados a una pena privativa de libertad de duración superior a un año, el Ministerio de Relaciones Exteriores remitirá la petición y sus antecedentes a la Corte Suprema".

474 Artículos 157, 158 y 217 y siguientes del Código Procesal Penal.

475 Artículos 27 letra b) y 40 y siguientes de la LEY N° 20.000 de 2005, última modificación 2015; 32, 33 letra c) y 37 de la LEY N° 19.913 de 2003, última modificación del 2020.

476 Como sí ocurre para las medidas cautelares personales, ver artículos 446 y 447.

477 Si bien la extradición fue concedida, la entrega de la requerida fue denegada, instruyéndose su juzgamiento en Chile. Finalmente fue condenada como autora de un delito de lavado de dinero y todos los bienes cautelados fueron objeto de comiso, para ser transferidos posteriormente a las autoridades hondureñas.

la regulación a nivel doméstico y convencional está lejos de caracterizarse por su completitud, por lo que muchas cuestiones jurídicas –cómo se resuelve una solicitud de congelamiento en un procedimiento de extradición pasiva que se funda en el principio de reciprocidad, por ejemplo–, y operativas –cómo se trasladan físicamente los bienes de un Estado a otro, qué ocurre con los bienes que deben liquidarse previamente en el territorio del Estado requerido, etc.– deberán ser resueltas caso a caso. En lo central, sin embargo, cabe destacar una vez más que los procesos de extradición admiten la devolución no solo del requerido, sino también de los bienes relacionados al delito que se le imputa, lo cual permitirá a las autoridades del Estado requerido abrir las posibilidades para una resolución más integral del caso, por ejemplo, permitiendo que los bienes devueltos sirvan como compensación a las víctimas, o sean restituidos a sus legítimos dueños o al Estado en su conjunto.

III. LA RECUPERACIÓN DE ACTIVOS EN LA ASISTENCIA MUTUA INTERNACIONAL EN MATERIA PENAL

La asistencia mutua internacional comprende una serie de mecanismos de ayuda o colaboración jurídica entre Estados. Cuando se producen en el ámbito de un proceso penal, dichas acciones estarán orientadas a obtener en el territorio de otro Estado pruebas o evidencias que sirvan para sustentar la acusación o juicio que se lleva adelante en el Estado requirente, desvirtuar una hipótesis de culpabilidad, transferir procedimientos, establecer medidas de protección a víctimas y testigos y, en lo que nos ocupa, recuperar activos[478]. Su fundamento principal deriva del principio general de jurisdicción de territorialidad, según el cual los organismos de investigación y juzgamiento del Estado solo son competentes para ejercer sus facultades dentro de su territorio[479]. En consecuencia, si las pruebas

---

478 NACIONES UNIDAS, UNITED NATIONS OFFICE ON DRUGS AND CRIME (UNODC): (2012a) p. 67; CRYER *et al.*: (2014) pp. 107-110.

479 El principio de territorialidad se encuentra consagrado en el Art. 5° del Código Orgánico de Tribunales, cuyo inciso primero prescribe: "A los tribunales mencionados en este Art. corresponderá el conocimiento de todos los asuntos judiciales que se promuevan dentro del territorio de la República, cualquiera que sea su naturaleza o la calidad de las personas que en ellos intervengan, sin perjuicio de las excepciones que establezcan la Constitución y las leyes". Lo anterior, sin perjuicio de las excepciones listadas en el Art. 6° del mismo Código, que otorga competencia a los tribunales chilenos para conocer de crímenes y simples delitos cometidos en el extranjero en determinadas circunstancias. A su turno, el Art.

o evidencias se localizan fuera del marco territorial asignado al Estado, deberá necesariamente requerirse la ayuda de aquel donde estas se encuentren, para que sus autoridades competentes para investigar y juzgar puedan válidamente recoger tales antecedentes y remitirlos al peticionario para que este, a su vez, pueda incorporarlos y utilizarlos en el proceso penal que motivó el pedido. Los procedimientos de asistencia mutua, en este sentido, permiten utilizar pruebas obtenidas en el extranjero bajo los mismos criterios de admisibilidad y ponderación probatoria que los considerados para las nacionales.

La asistencia internacional puede ser formulada bajo promesa de reciprocidad, o sobre la base de algún convenio o tratado internacional de carácter bilateral o multilateral vigente entre los Estados[480]. En el primer caso, la ejecución de los pedidos de asistencia dependerá en buena medida de la voluntad del Estado requerido en tanto no existe una obligación consuetudinaria general positiva de cooperar, y siempre se regulará por sus propias leyes, es decir, bajo la *lex loci*[481]. En el segundo caso, sin embargo, podemos encontrar normas que determinan positivamente a los Estados Parte de las convenciones a prestarse la más amplia cooperación posible, siempre en consonancia con su legislación interna. Así, por ejemplo, el Art. 1° de la Convención Europea de Asistencia Mutua en Materia Penal dispone: "Las Partes contratantes se comprometen a prestarse mutuamente, en conformidad con las disposiciones de la presente Convención, la asistencia mutua más amplia posible en los procedimientos relativos a delitos cuyo castigo, a la fecha de la solicitud de asistencia, sea de competencia de las autoridades judiciales de la Parte requirente". El Art. 18 de la Convención de las Naciones Unidas contra la Delincuencia Organizada Transnacional, luego de consagrar una norma similar, agrega en su párrafo 2: "Se prestará asistencia judicial recíproca en la mayor medida posible conforme a las leyes, tratados, acuerdos y arreglos pertinentes del Estado Parte requerido…"[482].

A pesar de que cada tratado o convención tiene normas propias y específicas según su objeto, hay ciertos principios generales que cruzan la regulación de la asistencia mutua moderna: i) suficiencia de pruebas —es decir, se exige al

---

5° del Código Penal dispone: "La ley penal chilena es obligatoria para todos los habitantes de la República, incluso los extranjeros. Los delitos cometidos dentro del mar territorial o adyacente quedan sometidos a las prescripciones de este Código".

480   Para un acercamiento histórico, ver Bassiouni: (2014) pp. 504-506.

481   Boister: (2018) p. 131.

482   En este sentido, O´Keefe: (2015) pp. 341-342.

Estado requirente acompañar todos los antecedentes que sean necesarios para la correcta y completa ejecución del pedido de asistencia–; ii) doble incriminación –según el cual los hechos materia del requerimiento deben constituir un delito en los ordenamientos de ambos Estados–[483]; iii) especialidad –que se traduce en la exigencia que los antecedentes, documentos, pruebas remitidos en cumplimiento de una solicitud de asistencia solo sean utilizados para la investigación o proceso criminal en el cual fueron requeridos, y no otros–[484]; iv) causales de rechazo de solicitudes: si el delito investigado tuviera naturaleza de político o militar, si su ejecución fuera contraria al orden público, la soberanía o seguridad del Estado requerido, razones de gravedad (bagatela), ordenamiento jurídico interno impide ejecución del pedido, juzgamiento previo por los mismos hechos (*ne bis in idem*) y cuestiones de derechos humanos[485]. Estas últimas han ido adquiriendo cada vez más preeminencia, en la medida en que diferentes casos de asistencia mutua y extradiciones han sido objeto de revisión por tribunales internacionales de derechos humanos, tanto por las actuaciones de los Estados requirentes como las de los requeridos[486].

Ahora bien, numerosos tratados y convenios dedicados directa o indirectamente a la asistencia mutua internacional han sido concluidos en el último tiempo, y suscritos por nuestro país. De ellos podemos destacar dos grupos: los instrumentos que regulan exclusivamente la asistencia mutua internacional en materia penal –es decir, en relación a cualquier delito–, y los convenios que

---

483　La exigencia de doble incriminación, sin embargo, ha ido quedando relegada a los casos más intrusivos de asistencia mutua. Así, por ejemplo, el Art. 18 para. 9 de la CONVENCIÓN DE LAS NACIONES UNIDAS CONTRA LA DELINCUENCIA ORGANIZADA TRANSNACIONAL, NUEVA YORK (15 de noviembre de 2000) dispone: "Los Estados Parte podrán negarse a prestar la asistencia judicial recíproca con arreglo al presente Art. invocando la ausencia de doble incriminación. Sin embargo, de estimarlo necesario, el Estado Parte requerido podrá prestar asistencia, en la medida en que decida hacerlo a discreción propia, independientemente de que la conducta esté o no tipificada como delito en el derecho interno del Estado Parte requerido".

484　También hay convenciones que consagran excepciones. La Convención de Naciones Unidas contra la Delincuencia Organizada Transnacional dispone que el Estado Parte requirente podrá utilizar las pruebas en procesos distintos de aquel que motivaron la solicitud previa autorización del Estado requerido; y que de todas maneras podrá utilizar esa información cuando sea exculpatoria de una persona acusada, previa notificación al requerido, Art. 18 para. 19.

485　Causales que tienen distinta regulación y efectos según el tratado. En general, puede verse BOISTER: (2018) pp. 319-323; NACIONES UNIDAS, UNITED NATIONS OFFICE ON DRUGS AND CRIME (UNODC): (2012a) p. 67; CRYER *et al.*: (2014) pp. 71–76.

486　Para algunos ejemplos, BOISTER: (2018) pp. 349-350.

consagran herramientas de cooperación internacional por referencia a delitos específicos –las convenciones para la supresión–. En ambos estatutos encontramos normas que, con mayor o menor detalle o alcance, regulan la repatriación de bienes.

Los convenios multilaterales de asistencia mutua

Existen dos instrumentos vinculantes para Chile que son relevantes, dedicados exclusivamente a regular los procedimientos y formas de la asistencia mutua en materia penal: la Convención Interamericana de Asistencia Mutua en Materia Penal y su Protocolo Facultativo[487], y la Convención Europea de Asistencia Mutua en Materia Penal y sus Protocolos Adicionales[488]. El primero incluye en su Art. 7° letra d) la "(…) práctica de embargo y secuestro de bienes, inmovilización de activos y asistencia en procedimientos relativos a la incautación", como una de las diligencias que pueden pedirse entre los Estados utilizando como base a la Convención. En el Art. 13 señala que las autoridades requeridas ejecutarán las medidas de embargo o aseguramiento de bienes si consideran que la solicitud se encuentra debidamente fundada, siempre según su legislación interna y debiendo asegurar debidamente los derechos de terceros ajenos involucrados. El Art. 14, por su parte, permite informar espontáneamente a otro Estado sobre bienes, sean ingresos, productos o instrumentos de un delito que se encuentren en el territorio de esta última. El Art. 15, finalmente, promueve la asistencia de las Partes para llevar a cabo procedimientos precautorios y de aseguramiento de bienes.

El Convenio Europeo, por su parte, dispone en el párrafo 1 del Art. 3° que la Convención podrá servir de base para "(…) remitir objetos que deban presentarse como prueba, expedientes o documentos". El Art. 5° agrega que los Estados podrán reservarse el derecho a ejecutar una solicitud de asistencia que tenga por objeto el "(…) registro o embargo de bienes" a una o más de las

---

487   CONVENCIÓN INTERAMERICANA DE ASISTENCIA MUTUA EN MATERIA PENAL, Nassau (23 de mayo de 1992).

488   EUROPEAN CONVENTION ON MUTUAL ASSISTANCE IN CRIMINAL MATTERS, Estrasburgo (20 de abril de 1959); ADDITIONAL PROTOCOL TO THE EUROPEAN CONVENTION ON MUTUAL ASSISTANCE IN CRIMINAL MATTERS, Estrasburgo (17 de marzo de 1978); SECOND ADDITIONAL PROTOCOL TO THE EUROPEAN CONVENTION ON MUTUAL ASSISTANCE IN CRIMINAL MATTERS, Estrasburgo (8 de noviembre de 2001).

condiciones siguientes: "a) Que el delito que dé origen al exhorto sea punible conforme a la legislación de la Parte requirente y a la legislación de la Parte requerida; b) Que el delito que dé origen al exhorto sea un delito por el cual pueda concederse la extradición en el país requerido; c) Que la ejecución del exhorto sea compatible con la legislación de la Parte requerida". Nuestro país, al momento de adherir a la Convención, declaró que se reservaba la facultad de supeditar la ejecución de requerimientos que tuvieran por objeto el registro o embargo de bienes a la circunstancia que dicha medida fuera compatible con nuestra legislación. El Art. 12 del Segundo Protocolo Adicional complementó las normas de la Convención al establecer en su Art. 12 párrafo 1: "A solicitud de la Parte requirente y sin perjuicio de los derechos de terceros de buena fe, la Parte requerida podrá colocar a disposición de la Parte requirente objetos obtenidos por medios criminales, con el propósito de que sean restituidos a sus legítimos dueños". Cabe destacar, de cualquier modo, que existe una Convención específica sobre búsqueda, aseguramiento, comiso y blanqueo del producto del dinero[489], de la que nuestro país no es Estado Parte.

Lo relevante de estas convenciones es que, a diferencia de lo que ocurre con los instrumentos que veremos a continuación, proveen fundamento jurídico para solicitar el aseguramiento y restitución de bienes en relación a todo tipo de delitos, y no necesariamente a aquellos a los que tradicionalmente se les asigna una conexión con aspectos patrimoniales o financieros, como los delitos económicos, la corrupción, el financiamiento del terrorismo o el lavado de activos. Por otra parte, aunque la regulación es bastante genérica en su formulación, es importante destacar que aborda los aspectos centrales del proceso de recuperación de activos: la incautación, congelamiento o cualquier medida de aseguramiento, y su devolución. Así, en el caso de la Convención Interamericana, el Art. 13 prescribe: "El Estado requerido cumplirá la solicitud relativa a registro, embargo, secuestro y entrega de cualquier objeto…", mientras el Segundo Protocolo Adicional de la Convención Europea incluyó expresamente un párrafo sobre la restitución de bienes al Estado requirente. El problema que puede surgir en este último caso es que el Protocolo permite la devolución cuando los activos vayan a ser devueltos a sus legítimos dueños. En este sentido, cabe preguntarse si un Estado requerido devolvería bienes a nuestro país que, de ser decomisados, tendrían que ser destinados a alguno de los fines que establece la ley, que no

---

489   Más información en https://www.coe.int/en/web/conventions/full-list/-/conventions/treaty/141.

incluyen necesariamente a sus legítimos dueños[490], situación que analizaremos más adelante.

Ambos instrumentos consagran también, aunque con diferencias, el principio de doble incriminación. En efecto, mientras la Convención Interamericana dispone en su Art. 5° inciso segundo que frente a solicitudes de embargo y secuestro de bienes, inspección de lugares, allanamientos o incautaciones, el Estado requerido podrá denegar asistencia si el hecho no es delito conforme a su legislación, en la Convención Europea no solo exige que el hecho sea punible como delito tanto por la legislación del Estado requirente como por la del requerido, sino que además sea un delito extraditable según la ley doméstica del último, lo cual evidentemente eleva el estándar de aplicación de este tipo de asistencia, sin que ello aparezca justificado cuando se analiza otra de las características de la regulación contenida en ambos instrumentos: la remisión a todo evento a la legislación interna del Estado requerido. Así, mientras la Convención Europea dispone que el requerimiento debe ser compatible con la ley doméstica del lugar, el Art. 13 inciso primero de la Convención Interamericana señala: "El Estado requerido cumplirá la solicitud relativa a registro, embargo, secuestro y entrega de cualquier objeto, comprendidos, entre otros, documentos, antecedentes o efectos, si la Autoridad competente determina que la solicitud contiene la información que justifique la medida propuesta. Dicha medida se someterá a la ley procesal y sustantiva del Estado requerido". Con ello, se toman resguardos frente a una medida eminentemente intrusiva por su capacidad de limitar o restringir el derecho de propiedad, y también para la adecuada protección de los derechos de terceros de buena fe.

---

490   El Art. 469 del Código Procesal Penal dispone que los dineros y otros valores decomisados se destinarán a la Corporación Administrativa del Poder Judicial. Por su parte, el Art. 46 inciso 2° de la Ley N° 20.000, del año 2005, última modificación 2015 sobre tráfico ilícito de drogas, dispone: "El producto de la enajenación de los bienes y valores decomisados y los dineros en tal situación ingresarán a un fondo especial del Servicio Nacional para la Prevención y Rehabilitación del Consumo de Drogas y Alcohol, con el objetivo de ser utilizados en programas de prevención del consumo de drogas, tratamiento y rehabilitación de las personas afectadas por la drogadicción...". Otra norma que regula el destino de los bienes decomisados es el Art. 36 de la Ley N° 19.913, 2003, última modificación 2020, sobre lavado de dinero, que prescribe: "Los bienes incautados o el producto de los decomisados en investigaciones por lavado de activos podrán ser destinados, en los términos que establecen los artículos 40 y 46 de la Ley N° 20.000, en todo o parte, a la persecución de dicho ilícito". Lo anterior por cierto sin perjuicio de las tercerías que puedan impetrarse durante el procedimiento, según lo dispuesto en el Art. 189 del Código Procesal Penal.

Las convenciones para la supresión

Además de los convenios dedicados exclusivamente a la asistencia mutua internacional en materia penal, aplicables, como vimos, de forma genérica a cualquier delito, existe un muy relevante cuerpo normativo compuesto por una serie de instrumentos internacionales que se abocan a delitos específicos, respecto de los cuales se regulan aspectos sustantivos, procesales y también aquellos relativos a la cooperación internacional en sentido amplio –asistencia mutua y extradiciones–. Se trata de las llamadas convenciones para la supresión, pues su objetivo primordial consiste justamente en suprimir cierto tipo de delincuencia que tiene efectos transnacionales actuales o potenciales[491].

La actividad delictiva de alcances extraterritoriales que es el objeto de estas convenciones se agrupa bajo la categoría de los denominados crímenes transnacionales, que en términos generales son todos aquellos que, sin llegar a constituir crímenes internacionales propiamente tales o nucleares[492], tienen alcances extra-fronteras[493]. Tales alcances pueden ser puramente fácticos o

---

491   CRYER *et. al.*: (2014) p. 329.

492   En términos generales, se trata de aquellos crímenes punibles directamente bajo el derecho internacional –sea a través de una norma consuetudinaria o convencional–, que además pueden ser juzgados por tribunales internacionales –o por cualquier tribunal fundado en el principio de jurisdicción universal–. Existe consenso en que esta categoría está conformada hoy por aquellos delitos que pueden ser juzgados por la Corte Penal Internacional: genocidio, crímenes de lesa humanidad, crímenes de guerra y el crimen de agresión, y que constituirían los crímenes "(…) más graves de trascendencia para la comunidad internacional en su conjunto", de acuerdo a lo dispuesto en el Art. 5° del Estatuto de Roma de la Corte Penal Internacional, y en el para. 4 del Preámbulo, ESTATUTO DE ROMA DE LA CORTE PENAL INTERNACIONAL, Roma (17 de julio de 1998). Para una revisión del concepto y sus diferencias con el de crimen transnacional puede verse BOISTER: (2003) pp. 961 y sgtes.; CASSESE *et al.*: (2013), p. 3; O´KEEFE: (2015) pp. 60–61; BASSIOUNI: (2014) pp. 137-143; WERLE: (2011) p. 103; CÁRDENAS: (2006), pp. 1-17.; CRYER *et. al.*: (2014) p. 4.

493   El término crimen transnacional habría sido utilizado por primera vez en el Quinto Congreso de Naciones Unidas sobre Prevención del Delito y Tratamiento de Infractores, celebrado en Ginebra, Suiza, en 1975, donde fue definido como "(…) ciertos fenómenos criminales que trascienden las fronteras internacionales, transgrediendo las leyes de varios Estados o que tienen impacto en otro Estado". Una definición más legalista puede encontrarse en el Art. 3.2 de la CONVENCIÓN DE LAS NACIONES UNIDAS CONTRA LA DELINCUENCIA ORGANIZADA TRANSNACIONAL, Nueva York (15 de noviembre de 2000), que dispone: "A los efectos del párrafo 1 del presente artículo, el delito será de carácter transnacional si: a) Se comete en más de un Estado; b) Se comete dentro de un solo Estado, pero una parte sustancial de su preparación, planificación, dirección o control se realiza en otro Estado; c) Se comete dentro de un solo Estado, pero entraña la participación de un grupo delictivo organizado que realiza actividades delictivas

fenomenológicos –el delito en su preparación, ejecución o efectos, involucra el territorio de más de un Estado, por ejemplo el tráfico ilícito de migrantes–, definición expresamente consagrada en el Art. 3.2.a) de la Convención de las Naciones Unidas contra la Delincuencia Organizada Transnacional[494], o normativos –el delito no necesariamente cruza fronteras en su dinámica propia, pero existe un interés cosmopolita común de suprimir tal conducta a nivel internacional por la desaprobación transversal que su comisión genera; por ejemplo, la tortura–[495]. Así, y bajo este marco conceptual, se han adoptado convenciones cuyo objetivo es la supresión de los más variados fenómenos criminales, tales como el tráfico ilícito de estupefacientes y sustancias sicotrópicas, el crimen organizado transnacional, la trata de personas, el tráfico ilícito de migrantes, el tráfico ilícito de armas de fuego, la corrupción, el lavado de activos, el cibercrimen, la tortura y la piratería, entre otras[496].

Tales instrumentos internacionales enfrentan los crímenes que constituyen su objeto de regulación fundamentalmente a través de dos vías: la primera es mediante la imposición a los Estados suscribientes de obligaciones de distinta naturaleza cuya finalidad es la creación de normas internas adecuadas y homogéneas; y la segunda es el establecimiento de estatutos integrales de asistencia mutua internacional y extradiciones, que pueden ser invocados por los Estados sin necesidad de ajustes normativos domésticos previos. En relación a la primera vía, las convenciones para la supresión imponen obligaciones de distinto grado a los Estados firmantes consistentes esencialmente en la criminalización –tipificación como delito–, en el ordenamiento interno, de las conductas que regulan[497],

---

en más de un Estado; o d) Se comete en un solo Estado, pero tiene efectos sustanciales en otro Estado". Para un análisis y crítica global de los conceptos, ver BOISTER: (2018) pp. 3–11.

494 Ver nota N° 46.

495 BOISTER: (2003) pp. 966-967.

496 Para un panorama, BOISTER (2018), C. II. Cabe destacar que para algunos de estos delitos existe un debate vigente en torno a su transformación o no en crímenes internacionales nucleares, y a la posibilidad de ser incorporados en el futuro dentro del catálogo de delitos respecto de los cuales tiene jurisdicción la Corte Penal Internacional. Lo anterior ha sido particularmente relevante en relación a los delitos de tortura y terrorismo. Al respecto, por ejemplo, DE LONDRAS (2013); AMBOS (2012); SEGOVIA (2014); CASSESE *et al.*: (2013) p. 132.

497 Así, por ejemplo, el Art. 3.1.a).i). de la CONVENCIÓN DE LAS NACIONES UNIDAS CONTRA EL TRÁFICO ILÍCITO DE ESTUPEFACIENTES Y SUSTANCIAS SICOTRÓPICAS, Viena (20 de diciembre de 1988), dispone (destacados nuestro): "Cada una de las Partes **adoptará las medidas** que sean necesarias para **tipificar como delitos penales en su derecho interno**, cuando se cometan intencionalmente: a) i) La producción, la fabricación, la extracción, la preparación, la oferta, la oferta para la venta, la distribución, la venta, la entrega en cualesquiera condiciones, el corretaje,

la asignación de penas proporcionadas y disuasivas[498], reglas procesales adecuadas[499], y normas que permitan ejercer jurisdicción sobre amplias bases[500], entre otras[501]. De esta forma, se lograría en primer lugar crear sistemas jurídicos similares en todos los Estados Parte de las convenciones que faciliten la cooperación en casos concretos y eviten la creación de espacios de impunidad, a la vez que proveer de herramientas específicas que la comunidad internacional considera adecuadas para el tratamiento de infractores en el ámbito interno[502].

La segunda vía es la cooperación internacional, que se traduce a nivel normativo en el establecimiento de mecanismos eficaces y oportunos de ayuda mutua en sentido amplio que permitan a los Estados involucrados enfrentar de manera colaborativa el delito en cuestión, y que está en el centro de las convenciones. Como expresó el entonces Secretario General de Naciones Unidas, Kofi Annan, en el Prefacio de la Convención contra la Delincuencia Organizada Transnacional, "(…) Los grupos delictivos no han perdido el tiempo en sacar partido de la economía mundializada actual y de la tecnología sofisticada que la acompaña. En cambio, nuestros esfuerzos por combatirlos han sido hasta ahora muy fragmentarios y nuestras armas casi obsoletas. La Convención nos facilita un nuevo instrumento para hacer frente al flagelo de la delincuencia como problema mundial. Fortaleciendo la cooperación internacional, podremos

---

el envío, el envío en tránsito, el transporte, la importación o la exportación de cualquier estupefaciente o sustancia sicotrópica en contra de lo dispuesto en la Convención de 1961, en la Convención de 1961 en su forma enmendada o en el Convenio de 1971".

498 Por ejemplo, el Art. 4.2. de la Convención de las Naciones Unidas contra la Tortura y Otros Tratos o Penas Crueles, Inhumanos o Degradantes, Nueva York (10 de diciembre de 1984), dispone: "Todo Estado Parte castigará esos delitos con penas adecuadas en las que se tenga en cuenta su gravedad".

499 Ver, por ejemplo, Art. 11 de la Convención de las Naciones Unidas contra la Delincuencia Organizada Transnacional, Nueva York (15 de noviembre de 2000), titulado "Proceso, fallo y sanciones"; el Art. 12, sobre decomiso e incautación; y el Art. 20 sobre técnicas especiales de investigación.

500 Las convenciones determinan a los Estados Parte a ejercer jurisdicción sobre los delitos utilizando las bases más amplias posibles, es decir, no limitándose solo al principio de territorialidad, sino también utilizando otros, como los de nacionalidad, personalidad pasiva y protección. Así, por ejemplo, Art. 42 de la Convención de las Naciones Unidas contra la Corrupción, Nueva York (31 de octubre de 2003).

501 Adopción de medidas preventivas, protección a víctimas y testigos; adecuada coordinación interinstitucional, etc. En este sentido, el Art. 5.2. de la Convención de las Naciones Unidas contra la Corrupción, Nueva York (31 de octubre de 2003), dispone: "Cada Estado Parte procurará establecer y fomentar prácticas eficaces encaminadas a prevenir la corrupción".

502 Para una visión crítica, Cordini (2018).

socavar verdaderamente la capacidad de los delincuentes internacionales para actuar con eficacia y ayudaremos a los ciudadanos en su a menudo ardua lucha por salvaguardar la seguridad y la dignidad de sus hogares y comunidades"[503].

En este marco, las convenciones para la supresión contienen estatutos amplios de cooperación internacional que proveen herramientas e instrumentos que permitan concretar las peticiones de auxilio mutuo entre los países, que se traducen en definitiva en la obtención o producción de pruebas o evidencias en otro Estado. Tales grupos de normas incluyen listados de herramientas tradicionales de cooperación, es decir, aquellas que vienen incorporándose en los textos de los primeros convenios sobre asistencia mutua en materia penal, como por ejemplo recibir testimonios o tomar declaraciones a personas, presentar documentos judiciales, examinar objetos y lugares, entregar originales o copias certificadas de los documentos y expedientes pertinentes, incluida la documentación pública, bancaria y financiera, entre otras[504], y algunas más específicas o especiales, cuya finalidad es la de proveer a los Estados de instrumentos que se puedan adaptar a las necesidades de cooperación que la delincuencia transnacional demanda: por ejemplo, entregas controladas o vigiladas internacionales[505], la formación de equipos conjuntos de investigación[506] y otras técnicas especiales[507].

En materia de identificación, congelamiento, decomiso y recuperación de activos, las convenciones para la supresión también incluyen normas especiales

---

503   Disponible en: https://www.unodc.org/documents/treaties/UNTOC/Publications/TOC%20 Convention/TOCebook–s.pdf

504   Ver, por ejemplo, Art. 18 para. 3 de la Convención de las Naciones Unidas contra la Delincuencia Organizada Transnacional, Nueva York (15 de noviembre de 2000); Art. 46 para. 3 de la Convención de las Naciones Unidas contra la Corrupción, Nueva York (31 de octubre de 2003); y el Art. 7 para. 2 de la Convención de las Naciones Unidas contra el Tráfico Ilícito de Estupefacientes y Sustancias Sicotrópicas, Viena (20 de diciembre de 1988).

505   Así, Art. 11 de la Convención de las Naciones Unidas contra el Tráfico Ilícito de Estupefacientes y Sustancias Sicotrópicas, Viena (20 de diciembre de 1988).

506   Art. 19 Convención de las Naciones Unidas contra la Delincuencia Organizada Transnacional, Nueva York (15 de noviembre de 2000); Art. 49 Convención de las Naciones Unidas contra la Corrupción, Nueva York (31 de octubre de 2003); Art. 9°, para. 1 letra c) de la Convención de las Naciones Unidas contra el Tráfico Ilícito de Estupefacientes y Sustancias Sicotrópicas, Viena (20 de diciembre de 1988). Ampliamente, Segovia (2018).

507   Ver, por ejemplo, Art. 20 de la Convención de las Naciones Unidas contra la Delincuencia Organizada Transnacional, Nueva York (15 de noviembre de 2000), que regula técnicas especiales de investigación, tanto en el orden interno como en el internacional –es decir, como herramientas de cooperación internacional–, tales como entregas vigiladas, vigilancia electrónica y operaciones encubiertas.

que proveen un campo de regulación bastante más extenso que aquel abordado por las convenciones de asistencia tradicionales. De esta manera, a las clásicas menciones a la localización, incautación y embargos preventivos de bienes[508] algunas convenciones para la supresión añaden estatutos completos referidos a la identificación, incautación o congelamiento, decomiso y recuperación de activos. Los textos paradigmáticos en este sentido, de los cuales Chile es Estado Parte, son las Convenciones de Naciones Unidas contra el Tráfico Ilícito de Estupefacientes y Sustancias Sicotrópicas, contra la Delincuencia Organizada Transnacional, y contra la Corrupción, que utilizaremos en lo sucesivo como base para el análisis.

La primera de estas convenciones, contra el tráfico ilícito de estupefacientes y sustancias sicotrópicas, introdujo a nivel global la relevancia de abordar los aspectos patrimoniales vinculados a la actividad criminal, en este caso al narcotráfico[509]. A nivel sustantivo, incluyó la obligación de criminalización en el orden doméstico del delito de lavado de dinero[510], y a nivel procesal una norma sobre aseguramiento, incautación y decomiso de activos –artículo 5°–. La norma estructura las medidas dirigidas contra el patrimonio criminal en tres grandes fases: i) identificación y detección; ii) congelamiento o incautación; y iii) decomiso de activos. En relación a las dos primeras etapas, la Convención determina a las Partes a adoptar medidas necesarias para que sus autoridades competentes puedan identificar, detectar, incautar o embargar preventivamente bienes con miras a su decomiso; y, en relación a esta etapa, la obligación dirigida a los Estados Parte consiste en adoptar medidas que sean necesarias para autorizar el decomiso: "a) Del producto derivado de delitos tipificados de conformidad con el párrafo 1 del Art. 3°, o de bienes cuyo valor equivalga al de ese producto; b) De estupefacientes y sustancias sicotrópicas, los materiales y equipos u otros instrumentos utilizados o destinados a ser utilizados en cualquier forma para cometer los delitos tipificados de conformidad con el párrafo 1 del Art. 3°".

---

508   Art. 18 para. 3° letras c) y g) de la Convención de las Naciones Unidas contra la Delincuencia Organizada Transnacional, Nueva York (15 de noviembre de 2000); art. 46 para. 3 letras c) y g) de la Convención de las Naciones Unidas contra la Corrupción, Nueva York (31 de octubre de 2003); art. 7° para. 2 letras c) y g) de la Convención de las Naciones Unidas contra el Tráfico Ilícito de Estupefacientes y Sustancias Sicotrópicas, Viena (20 de diciembre de 1988).

509   Ver, por ejemplo, Van Duyne y Levi (2005); Gilmore (2004); ambos (2013).

510   Art. 3°, para. 1 letra b). Dicha definición sería luego adoptada por el Grupo de Acción Financiera (GAFI), y desde allí consolidada como el concepto estándar a nivel mundial en la materia. Puede verse, en este sentido, https://www.gafilat.org/index.php/es/

Tales definiciones son luego trasladadas al ámbito de la cooperación internacional. En efecto, el Art. 5° párrafo 4 y 5 contienen una serie de reglas aplicables a las solicitudes de asistencia mutua entre los Estados que tengan por finalidad la recuperación de activos, en sentido amplio, y que pueden resumirse de la siguiente manera:

i) Los Estados pueden pedirse ayuda para decomisar los bienes que trata la Convención. Para su cumplimiento, los Estados requeridos tienen dos posibilidades: pedir a sus autoridades que decreten el decomiso de esos bienes, o presentar directamente a sus autoridades la resolución del Estado requirente que ordena el decomiso, para su cumplimiento.

ii) El requerimiento internacional también puede referirse a la identificación, detección, embargo preventivo o incautación de bienes con miras a su decomiso, en cualquiera de sus dos modalidades de ejecución según lo señalado en el número anterior.

iii) Los requerimientos deberán tramitarse según las reglas descritas en el Art. 7°, debiendo agregarse los antecedentes y demás menciones que se exigen para este tipo particular de pedido, y se ejecutarán conforme la legislación interna del Estado requerido o acuerdos concertados con el Estado requirente.

iv) Cuando las autoridades competentes del Estado requerido hayan decomisado los bienes, podrán considerar la posibilidad de concertar acuerdos para compartir todos o parte de los bienes, o su valor, a organismos intergubernamentales especializados en la lucha contra el narcotráfico u otros Estados.

v) Si alguna de las Partes demanda la existencia de un tratado para dar curso a las solicitudes de decomiso, la Convención podrá ser utilizada como base convencional suficiente.

La Convención de las Naciones contra la Delincuencia Organizada Transnacional amplió aún más el marco normativo diseñado en Viena. A nivel sustantivo incluye también, en el Art. 6°, la obligación de criminalización doméstica del delito de lavado de dinero, en una formulación casi idéntica a la de la Convención contra el Narcotráfico, y agrega la necesidad de que los Estados Parte establezcan sistemas completos de detección y prevención de este delito[511].

---

511   La creación de sistemas antilavado de dinero, que en nuestro país tienen su expresión normativa en la Ley N° 19.913 e institucional en la creación de la Unidad de Análisis Financiero,

En el ámbito procesal, el Art. 12 se refiere al decomiso e incautación, mientras el 14 regula específicamente la "disposición del producto del delito o de los bienes decomisados". En materia de cooperación internacional, trae la Convención una norma completa dedicada la "cooperación internacional para fines de decomiso", y menciones en otras partes. En lo esencial, traslada el régimen de la Convención contra el Tráfico Ilícito de Estupefacientes y Sustancias Sicotrópicas, con las siguientes diferencias:

i) Los Estados Parte podrán denegar la cooperación solicitada si los hechos que motivan el pedido de asistencia no es un delito comprendido en la propia Convención (art. 13 para. 7).

ii) Las disposiciones del Art. 13 no se interpretarán en perjuicio de los derechos de terceros de buena fe (para. 8).

iii) Al ejecutar una solicitud de asistencia internacional encaminada a decomisar bienes, en la medida en que lo permita su derecho interno y de ser requeridos de hacerlo, los Estados "(…) darán consideración prioritaria a la devolución del producto del delito o de los bienes decomisados al Estado Parte requirente a fin de que este pueda indemnizar a las víctimas del delito o devolver ese producto del delito o esos bienes a sus propietarios legítimos" (art. 14 para. 2).

iv) Alentar a personas que participen o hayan participado en grupos delictivos organizados a prestar ayuda efectiva y concreta a las autoridades competentes que pueda contribuir a privar a los grupos organizados de sus recursos (art. 26 para. 1 letra b)).

v) Adopción de medidas para cooperar con otros Estados en la realización de indagaciones sobre el movimiento del producto del delito o de bienes derivados de estos, y el movimiento de bienes, equipo u otros instrumentos utilizados o destinados a la comisión de estos delitos (art. 27 para. 1, b), ii) y iii)).

---

tiene su origen primordial en las Recomendaciones del Grupo de Acción Financiera (GAFI), publicadas poco tiempo después de suscribirse la Convención de Viena. La Recomendación 1, primera parte, señala: "Los países deben identificar, evaluar y entender sus riesgos de lavado de activos/financiamiento del terrorismo, y deben tomar acción, incluyendo la designación de una autoridad o mecanismo para coordinar acciones para evaluar los riesgos, y aplicar recursos encaminados a asegurar que se mitiguen eficazmente los riesgos": Grupo de Acción Financiera (GAFI): "Las 40 Recomendaciones. Estándares internacionales sobre la lucha contra el lavado de activos, el financiamiento del terrorismo y el financiamiento de la proliferación de armas de destrucción masiva" (diciembre 2019).

Finalmente, la Convención de las Naciones Unidas contra la Corrupción dio un paso más allá, al incluir un capítulo nuevo dedicado exclusivamente a la recuperación de activos. Ya en su Prefacio, el entonces Secretario General de Naciones Unidas, Kofi A. Annan, declaraba: "(…) Además, se da un paso decisivo al exigir a los Estados Miembros que devuelvan los bienes procedentes de la corrupción al país de donde fueron robados. Esas disposiciones –las primeras de este género– introducen un nuevo principio fundamental, así como un marco para ampliar la cooperación entre los Estados, a fin de evitar y descubrir la corrupción y devolver los beneficios obtenidos. En el futuro, los funcionarios corruptos tendrán menos opciones para ocultar sus ganancias ilícitas. Esta cuestión es especialmente importante para muchos países en desarrollo, en que altos funcionarios corruptos saquearon la riqueza nacional y los nuevos gobiernos necesitan recursos desesperadamente para reconstruir y rehabilitar la sociedad".

Estas ideas son reproducidas luego en los para. 3 y 8 del Preámbulo, que señalan: "Preocupados asimismo por los casos de corrupción que entrañan vastas cantidades de activos, los cuales pueden constituir una proporción importante de los recursos de los Estados, y que amenazan la estabilidad política y el desarrollo sostenible de esos Estados, (…) Decididos a prevenir, detectar y disuadir con mayor eficacia las transferencias internacionales de activos adquiridos ilícitamente y a fortalecer la cooperación internacional para la recuperación de activos". Finalmente, el Art. 51 de la Convención, con el cual se inicia el Capítulo V sobre recuperación de activos, dispone: "La restitución de activos con arreglo al presente capítulo es un principio fundamental de la presente Convención y los Estados Parte se prestarán la más amplia cooperación entre sí a este respecto"[512].

Las disposiciones más novedosas respecto de aquellas contenidas en las convenciones anteriores son las siguientes:

i) Establece la obligación de exigir a las instituciones financieras que verifiquen la identidad de los clientes, adopten medidas para determinar la identidad de los clientes, adopten medidas para conocer a los beneficiarios finales de fondos depositados en cuentas de valor elevado, e intensifiquen la vigilancia de cuentas solicitadas o mantenidas por o a nombre de personas que desempeñen o hayan desempeñados funciones públicas prominentes, sus familiares y colaboradores (art. 52).

---

512   Sobre la afectación de intereses económicos como consecuencia de los actos de corrupción, puede verse CARNEVALI Y ARTAZA: (2016) pp. 203-208.

ii) Incorpora medidas para la recuperación directa de bienes, que en esencia se traducen en la creación de condiciones para que los tribunales nacionales remitan o restituyan los bienes a otros Estados por delitos regulados en la Convención, por ejemplo, permitiendo a terceros Estados interponer directamente acciones civiles, o incluyendo normas que los faculten para ordenar a personas condenadas por estos delitos a resarcir perjuicios o indemnizar a los Estados Parte que hayan resultado perjudicados (art. 43).

iii) Regula los mecanismos de recuperación de bienes mediante la cooperación internacional para fines de decomiso, determinando a los Estados Parte a adoptar medidas para que sus autoridades puedan dar curso a una orden de decomiso pronunciada por un tribunal extranjero; o puedan ellos, a través de sus instituciones, decretar el decomiso sobre bienes que se encuentren ubicados en otro Estado, ya sea en virtud de una sentencia por lavado de dinero[513], otro delito respecto del cual pueda tener jurisdicción, u otros mecanismos. Además, establece la obligación de que las autoridades competentes del Estado requerido puedan dar curso a una orden de incautación o congelamiento –embargo preventivo– dictada por tribunales extranjeros, o puedan ellas mismas autorizar dichas medidas respecto de bienes que luego podrían ser objeto de la pena de comiso solicitada por otro Estado (art. 54). El Art. 54 para. 1 letra c) incluye una tercera alternativa: que los Estados Parte consideren la posibilidad de adoptar medidas necesarias para permitir el decomiso de los bienes sin que medie una condena, en casos en que el delincuente no pueda ser enjuiciado por motivo de fallecimiento, fuga o ausencia, o en otros casos apropiados. Es decir, que se permita la ejecución de una orden de decomiso sin condena o decomiso civil. Si bien se trata de una opción atractiva por su eficacia

---

513 La propia Convención, en su Art. 23, siguiendo la definición adoptada previamente en Palermo y en las Recomendaciones del GAFI, señala que, en la tipificación doméstica del delito de lavado de dinero, los Estados Parte deberán incluir una amplia gama de delitos determinantes –incluyendo, por cierto, los que regula la propia Convención–, sea que estos se hubieran cometido dentro o fuera del territorio del Estado interesado. Si se hubieran cometido en el extranjero, se exige doble incriminación. Nuestra ley recoge esta definición normativa en el inciso 2° del Art. 27 de la Ley N° 19.913 en los siguientes términos: "Se aplicará la misma pena a las conductas descritas en este Art. si los bienes provienen de un hecho realizado en el extranjero, que sea punible en su lugar de comisión y en Chile constituya alguno de los delitos señalados en la letra a) precedente".

para alcanzar bienes criminales aún en ausencia del criminal, conlleva otros problemas de aplicación desde la perspectiva de su legitimidad frente a las garantías de los intervinientes en el proceso penal. Desde el punto de vista de la cooperación internacional, además, no todos los países pueden, desde sus principios jurídicos, consagrar normas de esta naturaleza, lo cual podría derivar en el rechazo de la asistencia planteada[514].

iv) Incluye una nueva causal de denegación de asistencia, no contemplada en los instrumentos anteriores: la falta de pruebas suficientes y oportunas y la circunstancia de que los bienes tengan escaso valor. Sin embargo, previo a denegar la asistencia o levantar las medidas que ya hubieran sido impuestas, se le podrá dar la oportunidad al Estado requirente para que argumente en favor de mantener o dar curso al congelamiento o decomiso (art. 55 para. 7 y 8).

v) También establece la posibilidad de remisión espontánea de información a otros Estado sobre bienes que se encuentren en el territorio del Estado informante, aunque los otros no hubieran pedido cooperación alguna, si se considera que la divulgación de esa información "(…) puede ayudar al Estado Parte destinatario a poner en marcha o llevar a cabo sus investigaciones o actuaciones judiciales, o que la información así facilitada podría dar lugar a que ese Estado Parte presentara una solicitud con arreglo al presente capítulo de la Convención" (art. 56).

vi) Finalmente, la Convención contiene una norma completa dedicada a la restitución y disposición de activos[515]. El Art. 57 para. 2 dispone explícitamente que los Estados Parte deberán adoptar las medidas legislativas y de otra índole que sean necesarias para que sus autoridades competentes restituyan los bienes decomisados al Estado requirente, teniendo, eso sí, en cuenta los derechos de terceros de buena fe. Para la restitución, la norma distingue tres hipótesis diferentes:

a) En caso de malversación o peculado de fondos públicos o blanqueo (lavado) de fondos malversados o peculados, el Estado requerido restituirá los bienes al requirente cuando estos hayan

---

514 Ampliamente, Blanco: (2012) pp. 337-371; Aguado: (2013) pp. 10-13.

515 Sobre su relevancia y novedad frente a estatutos de cooperación anterior, ver Naciones Unidas, United Nations Office on Drugs and Crime (UNODC): (2012b) pp. 237-238.

sido decomisados y siempre que exista una sentencia firme en el Estado requirente, requisito al que puede renunciar el requerido.

b) En todos los otros casos –soborno, tráfico de influencias, abuso de funciones, enriquecimiento ilícito, obstrucción de la justicia, etc.–, el Estado requerido restituirá los bienes al requirente cuando se cumplan los requisitos enunciados en el párrafo anterior y además cuando el Estado requirente acredite razonablemente su propiedad anterior de los bienes o el Estado requerido "(…) reconozca los daños causados al Estado Parte requirente como base para la restitución de los bienes decomisados". Esta última norma es fundamental y es justamente aquella que motivó la regulación de la restitución de bienes en la Convención. Se basa en la idea de que la corrupción causa un daño también económico muy importante a naciones que muchas veces tienen escasos recursos, por lo que esta es una vía de devolver a toda la sociedad perjudicada por los actos de corrupción, recursos que pueden luego invertir en el financiamiento de obras o políticas públicas que vayan dirigidas hacia la población en su conjunto.

c) Para los demás casos, se dará consideración prioritaria en la restitución a la devolución de los bienes a sus legítimos dueños o la indemnización de las víctimas.

Como puede apreciarse, la regulación normativa contenida en las convenciones para la supresión es bastante más completa e integral cuando se compara con las menciones sobre bienes incluidas en las convenciones multilaterales de asistencia mutua. En efecto, las primeras caracterizan a la recuperación transnacional de activos como un proceso que tiene etapas definidas, en cada una de las cuales se requerirán acciones específicas por parte de los Estados requirente y requerido: i) la identificación de los activos, ii) el aseguramiento de los mismos –congelamiento, incautación–, iii) su decomiso, y iv) su restitución. Si bien cada una de las convenciones analizadas tiene particularidades en torno a la caracterización de cada una de estas fases, y regulaciones más o menos completas, en todas ellas se vislumbra esta forma de entender la recuperación de bienes cuando intervienen distintos Estados.

Ahora bien, la normativización de un proceso a nivel convencional no garantiza en modo alguno su aplicación concreta bajo los marcos legales domésticos involucrados en el caso individual. A este respecto, al menos un problema general debe tenerse en cuenta: la aplicación de las normas sobre cooperación internacional estará sujeta siempre a los principios jurídicos generales de los Estados, que no necesariamente se corresponden entre sí. Lo anterior es aún más evidente cuando sus normas derivan de tradiciones diversas, como la continental o *common law*. En este sentido, el encabezado del Art. 54 de la Convención contra la Corrupción, que regula mecanismos de recuperación de bienes mediante la cooperación internacional para fines de decomiso, expresa (destacados nuestros): "Cada Estado Parte, a fin de prestar asistencia judicial recíproca conforme a lo dispuesto en el Art. 55 de la presente Convención con respecto a bienes adquiridos mediante la comisión de un delito tipificado con arreglo a la presente Convención o relacionados con ese delito, **de conformidad con su derecho interno:...**". A lo anterior debe agregarse que, si bien las normas sobre cooperación podrán ser invocadas directamente por el Estado Parte –en este sentido, son normas autoejecutables[516]–, muchas de ellas imponen de igual manera la obligación de adoptar medidas en el plano interno, para alcanzar los fines previstos por los procesos de cooperación, lo cual derivará en las más disímiles soluciones. Así, por ejemplo, el Art. 57 para. 2 de la Convención contra la Corrupción dispone (destacados nuestros): "Cada Estado Parte adoptará, de conformidad con los principios fundamentales de su derecho interno, **las medidas legislativas y de otra índole que sean necesarias** para permitir que sus autoridades competentes procedan a la restitución de los bienes decomisados...".

De esta manera, puede ocurrir que un Estado regule el tema en sede administrativa o civil, mientras otros lo hagan en sede criminal[517], y en cada una de ellas las soluciones pueden variar y tener extensiones más o menos restringidas. Así, por ejemplo, un Estado que permita el decomiso sin condena podrá solicitar su ejecución cuando los bienes se encuentren en el extranjero, pero si el Estado requerido no contempla dicha alternativa, las posibilidades de que la medida tenga éxito se verán reducidas[518]. A lo anterior deben agregarse las dificultades que generan las diferencias terminológicas, procesales –por ejemplo, nivel de

---

516 El Art. 18 de la Convención de las Naciones Unidas contra la Delincuencia Organizada Transnacional, Nueva York (15 de noviembre de 2000), dispone en su para. 1: "Los Estados Parte **se prestarán** la más amplia asistencia..."; el Art. 13, que regula la cooperación internacional para fines de decomiso, señala que los Estados Parte **deberán** cooperar ante solicitudes de otros Estados Parte con fines de decomiso.

517 Así, Naciones Unidas, United Nations Office on Drugs and Crime (UNODC) (2012b).

518 blanco (2012); Ver también, por ejemplo, US v. Opportunity Fund, en donde una Corte Federal estimó necesario contar con una orden de decomiso previa del Estado requirente –en este caso, Brasil–, para poder ejecutar un pedido de esa naturaleza. Citado por Boister: (2018) p. 346.

pruebas o evidencias necesarias para que un tribunal decrete una orden de incautación o comiso–, procedimientos aplicables a la asistencia mutua, etc.[519]. Ahora bien, bajo el principio general de que los requerimientos de cooperación deben ser resueltos según la *lex loci*, será la legislación del Estado requerido la clave para que el proceso de recuperación transnacional de activos sea exitoso, sin perjuicio de que la comunicación permanente entre autoridades será esencial para entender las exigencias propias de cada sistema jurídico. No cabe duda de que, en cualquier proceso de cooperación internacional, los resultados positivos estarán supeditados en buena medida a la capacidad de coordinación que muestren las respectivas autoridades, más allá de las restricciones formales legales domésticas que cada Estado les imponga[520].

Por otra parte, debe tenerse presente que las convenciones que se han venido analizando son temáticas, por lo que su ámbito de aplicación queda restringido a los crímenes transnacionales específicos que cada una de ellas regula, y no otros. Si la recuperación se pide en el marco de investigaciones por delitos no contemplados en alguna de ellas, habría que recurrir a las convenciones de asistencia mutua genéricas, cuya regulación es más escueta en la materia. Considerando lo anterior, vale la pena repasar, aunque sea de modo preliminar, cómo esta normativa internacional sería aplicable en la práctica bajo nuestra legislación.

Procedimiento aplicable

i) Requerimientos activos

Para la etapa de identificación de bienes en el extranjero, será esencial activar mecanismos de cooperación interinstitucionales previos al envío de un pedido formal de asistencia a otro país. En efecto, si bien las convenciones por regla general permiten, como vimos, requerir información a Estados extranjeros para identificar y localizar bienes, y muchas de ellas incluso declaran expresamente que el secreto bancario no será obstáculo para otorgar dicha asistencia, como tampoco lo será el hecho de que el asunto entrañe cuestiones fiscales[521], la

---

519   Con detalle, Stephenson *et al.* (2014).

520   Stephenson *et al.*: (2014) pp. 6-7.

521   Así, por ejemplo, el Art. 18 para. 8 de la Convención de las Naciones Unidas contra la Delincuencia Organizada Transnacional, Nueva York (15 de noviembre de 2000), dispone:

práctica ha hecho que la mayoría de los Estados rechace estos requerimientos por considerarlos "expediciones de pesca" *–fishing expeditions–*, y exigirán al Estado requirente previamente identificar los bienes sobre los que se pretende imponer una medida de congelamiento, incautación y posterior decomiso y restitución[522]. Con esta medida se promueve que los procesos de cooperación sean más eficientes y se desgaste lo menos posible el aparato burocrático formal, reservándolo para los pedidos de asistencia más relevantes, justamente aquellos que tienen por objeto el congelamiento, incautación, decomiso y restitución de bienes[523].

En este ámbito de la cooperación existen múltiples alternativas. A nivel policial, las Oficinas Centrales Nacionales de INTERPOL mantienen una red de puntos de contacto especializados capaces de intercambiar información y organizar reuniones operativas en casos concretos con representantes de todos los países involucrados[524]. Para los Ministerios Públicos se han aprobado en el último tiempo diversos acuerdos de cooperación interinstitucional que permiten fundar un pedido de esta naturaleza directamente entre fiscales. Uno de los más relevantes es el Acuerdo de Cooperación Interinstitucional entre los Ministerios Públicos y Fiscales miembros de la AIAMP –Asociación Iberoamericana de Ministerios Públicos–, suscrito por dieciocho Ministerios Públicos (Panamá, España, Argentina, Cuba, Bolivia, Ecuador, Brasil, El Salvador, Chile, Guatemala, Colombia, Honduras, México, Portugal, Paraguay, República Dominicana, Perú y Uruguay), en la XXVI Asamblea General Ordinaria de la Ciudad, celebrada en septiembre del año 2018 en Ciudad de México. La cláusula primera del Acuerdo, en su párrafo primero, dispone que su objetivo es "(…) fomentar una rápida y eficiente cooperación entre los Ministerios Públicos o Fiscalías miembros de la AIAMP, mediante el intercambio de información de manera fluida, continua, segura, oportuna y efectiva dentro del ámbito de sus respectivas facultades, para así coadyuvar en la persecución y juzgamiento de delitos". Luego, la Guía de

---

"Los Estados Parte no invocarán el secreto bancario para denegar la asistencia judicial recíproca con arreglo al presente artículo". El para. 22 agrega: "Los Estados Parte no podrán denegar una solicitud de asistencia judicial recíproca únicamente porque se considere que el delito también entraña asuntos fiscales".

522   Por ejemplo, el Reino Unido exige que, previo a la remisión de un requerimiento formal de asistencia cuyo objetivo sea el congelamiento de bienes, se identifiquen los mismos a través de canales policiales de cooperación. HOME OFFICE, INTERNATIONAL CRIMINALITY UNIT: (2015) p. 31.

523   BRUN *et al.*: (2011) p. 182.

524   Más información en https://www.interpol.int/es/Delitos/Corrupcion/Recuperacion–de–activos#pt–4.

Uso del Acuerdo de Cooperación, preparada por la Red de Cooperación Penal Internacional de la AIAMP, que coordina el Ministerio Público de Chile, y fuera aprobada en la XXVII Asamblea General Ordinaria celebrada en noviembre del año 2019 en Asunción, Paraguay, individualiza a la identificación de activos como un ejemplo de asistencia que puede solicitarse en este marco[525]. Las peticiones pueden formularse incluso por correo electrónico entre los puntos de contacto establecidos por cada institución para estos efectos.

También pueden utilizarse los contactos y mecanismos de intercambio de información creados por distintas redes especializadas en la materia. Una de ellas es la Red Iberoamericana de Cooperación Jurídica Internacional, que permite el traspaso de información a través de la plataforma segura Iber@[526]. En el marco de la AIAMP, además de la Red de Cooperación Internacional ya explicada, en la última Asamblea General se aprobó la creación de un Grupo de Trabajo dedicado a la extinción de dominio y decomiso, coordinado por la Fiscalía de Colombia. A nivel de inteligencia financiera, destaca el Grupo Egmont, que agrupa a Unidades de Inteligencia o Análisis Financiero, y permite el intercambio de información en este plano[527] y especialmente la Red de Recuperación de Activos del Grupo de Acción Financiera para Latinoamérica (RRAG–GAFILAT). Dicha Red tiene entre sus objetivos y compromisos "(…) consolidarse como un centro de experiencia en todos los aspectos para perseguir los ingresos procedentes del crimen, promover el intercambio de información y actuar como un grupo asesor a las autoridades nacionales competentes; aconsejar, facilitar asistencia legal mutua y, por iniciativa propia, compartir las buenas prácticas, conocimiento y experiencias; y, suministrar retroalimentación para colaborar con investigaciones en el tema". La información se intercambia a través de una plataforma tecnológica segura entre los puntos de contacto designados por cada país, que en Chile están ubicados en la Unidad Especializada en Lavado de Dinero, Delitos Económicos, Medioambientales y Crimen Organizado (ULDDECO) de la Fiscalía Nacional del Ministerio Público, y en la Brigada Investigadora contra el Lavado de Activos (BRILAC) de la Policía de Investigaciones[528]. A todo ello deben agregarse los

---

525 Asociación Iberoamericana de Ministerios Públicos (AIAMP) (2019).

526 Mayores antecedentes en https://www.iberred.org/

527 Información que, al ser de inteligencia, tiene ciertas restricciones en su incorporación a un proceso penal formal. Más información del Grupo Egmont en https://egmontgroup.org/en

528 En general, puede visitarse https://www.gafilat.org/index.php/es/espanol/18–inicio/gafilat/49–red–de–recuperacion–de–activos–del–gafilat–rrag

contactos que se tienen con otras redes o instituciones internacionales que pueden proveer información, por ejemplo, en la Unión Europea Eurojust, Europol, la Red CARIN –que en esencia cumple los mismos objetivos que la RRAG– y la Red Judicial Europea, entre otras[529].

Una vez identificados y localizados los activos, se solicitará entonces formalmente, al Estado en cuyo territorio se encuentren, su incautación o congelamiento con miras al decomiso y posterior devolución. Dos situaciones son posibles: que la investigación esté vigente o que exista una sentencia firme que ordene el comiso de los bienes. En el primer caso, el fiscal a cargo de la investigación deberá formular un requerimiento formal de asistencia internacional al Estado requerido, solicitando la incautación, congelamiento, decomiso y restitución de bienes. Las formalidades y menciones del pedido dependerán de las exigencias del tratado o convención que se invoque, pero en términos generales deberá contener: la mención al tratado o convención que sirva como fundamento jurídico, o la promesa de reciprocidad; una relación de los hechos objeto de la investigación; los delitos concretos que castigan las conductas descritas y su tipificación en el ordenamiento interno; el listado de bienes sobre los que se solicita la aplicación de medidas y su ubicación; las medidas concretas que se piden –aseguramiento, incautación, congelamiento, decomiso y restitución–; y otras cuestiones relacionadas a la ejecución del requerimiento: por ejemplo, que sea tratado de manera confidencial, que no se notifique al afectado de las medidas, datos de contacto de la autoridad competente para resolver dudas durante el proceso, entre otras.

En principio, no será necesario acompañar orden judicial que ordene la incautación o una medida cautelar real sobre los bienes, bajo la premisa de que el requerimiento se ejecuta según la *lex loci* y será resorte del Estado requerido determinar las exigencias procesales aplicables. Como se vio previamente, las convenciones para la supresión, por ejemplo, permiten a las autoridades requeridas actuar directamente sobre la base de las resoluciones del Estado requirente o acudir previamente a sus tribunales –o institución que corresponda–, para acceder a las autorizaciones que se necesiten[530]. En el caso de que el Estado requerido deba recurrir ante sus tribunales para obtener una solicitud de aseguramiento, será necesario proveer de todos los medios de prueba o antecedentes con que se cuenten para que dicha gestión en el extranjero sea exitosa, incluyendo elementos

---

529   Para un panorama, Brun, *et. al.*: (2011) pp. 153-155. También, Blanco (2007).

530   Brun, *et. al.*: (2011) pp. 183-184.

que permitan dar cuenta de la comisión del delito, la participación del imputado y la conexión con los bienes que se intenta recuperar. En la práctica, sin embargo, lo habitual será que los Estados pidan copia de una resolución local que ordene la incautación, congelamiento o decomiso de los bienes, por lo que esta deberá acompañarse al pedido de asistencia[531].

Dicha resolución podrá otorgarse en el contexto del proceso de cooperación internacional que invoque el fiscal respectivo, bajo el fundamento que proporcione la convención utilizada o la fórmula genérica de reciprocidad. En este sentido, cabe destacar que las convenciones internacionales suscritas por el Estado de Chile, una vez han concluido su trámite de ratificación ante el Congreso y publicación mediante Decreto Supremo en el Diario Oficial, tienen los mismos caracteres que la ley interna, es decir, su mismo valor –o incluso mayor jerarquía según algunos–[532]. En lo que aquí interesa, se trata de normas, como vimos, muchas de carácter autoejecutables, que pueden ser aplicadas directamente por un tribunal nacional. Entonces, por ejemplo, el juez podrá ordenar la incautación o alguna medida cautelar real sobre bienes que se encuentren en el extranjero en aplicación de la norma sobre congelamiento con miras al posterior decomiso del Art. 13 de la Convención de las Naciones Unidas contra la Delincuencia Organizada Transnacional. Así lo han entendido los tribunales nacionales, al dar curso a solicitudes de congelamiento de bienes ubicados en el extranjero formuladas por fiscales chilenos, para ser acompañadas en requerimientos de asistencia internacional[533]. De todas formas, la entidad o tipo de medida que decreten los tribunales nacionales se circunscribirá a la legislación doméstica, es decir, deberá remitirse a la regulación de la incautación y las medidas cautelares reales del Código Procesal Penal y leyes especiales en su caso.

Si ya existe una sentencia condenatoria firme que ordene el decomiso de las especies, esta deberá remitirse a las autoridades del Estado donde los bienes

---

531   En el Reino Unido, por ejemplo, si no existe una orden judicial local, esto debe ser expresamente señalado en el requerimiento, HOME OFFICE, INTERNATIONAL CRIMINALITY UNIT: (2015) p. 32.

532   Vid., por ejemplo, VARGAS: (2017) pp. 202-205; BENADAVA (1993); LLANOS: (2011) pp. 31 y ss.

533   En este sentido, en investigación RUC N° 1500643330–5, RIT N° 4.064-2016 por delitos de estafa y lavado de dinero –caso Arcano–, a cargo de la Fiscalía Regional Metropolitana Oriente, el 4° Juzgado de Garantía de Santiago decretó el año 2016 medidas cautelares reales sobre una serie de bienes que se encontraban en el extranjero, lo que permitió a la Fiscalía acompañarlas a los pedidos de asistencia que culminaron en el congelamiento de bienes en países como Australia, Reino Unido y Suiza.

se encuentren para su ejecución y devolución. Las autoridades requeridas tratarán el tema de acuerdo a su legislación interna y lo dispuesto en el tratado o convención aplicable, pudiendo pedir que se compartan los bienes antes de su restitución, lo cual será resuelto por regla general mediante un acuerdo bilateral entre las partes. En investigación RUC N° 0800123624–6, RIT 715–2008, por los delitos de fraude de subvenciones y delitos tributarios –caso Corma–, a cargo de la Fiscalía Regional Metropolitana Centro Norte, se solicitó el congelamiento de US 614.912, 24 dólares norteamericanos, que se encontraban ubicados en cuentas bancarias suizas. El 3° Juzgado de Garantía de Santiago, en resolución de fecha 22 de julio de 2010, accede a la petición de la Fiscalía y ordena la medida cautelar real de retención de esos dineros, de acuerdo a lo dispuesto en el Art. 157 del Código Procesal Penal en relación al Art. 290 N° 3 del Código de Procedimiento Civil. Dicha resolución fue remitida a través de un requerimiento internacional, en virtud del cual las autoridades suizas congelaron los fondos. Previo a la restitución, ambos Estados suscribieron un acuerdo bilateral según el cual se devolvería el 50% de los montos retenidos, lo cual ocurrió finalmente. Una vez restituidos, se dará a los activos el tratamiento que disponga la ley interna según el estado en que se encuentre el procedimiento.

Las solicitudes de asistencia mutua así descritas serán tramitadas conforme al procedimiento establecido en el tratado o convención respectivos. En términos generales, todos ellos incorporan la exigencia de que cada Parte designe a una Autoridad Central para estos efectos, que son aquellas instituciones que válidamente pueden transmitir y recibir pedidos de asistencia desde y hacia otros Estados[534]. En Chile, para todos los tratados y convenciones internacionales que demanden la designación de autoridades centrales para la asistencia mutua en materia penal, este rol lo ejerce, desde el 1° de febrero del año 2018, el Ministerio Público a través de la Unidad de Cooperación Internacional y Extradiciones (UCIEX) de la Fiscalía Nacional[535]. Ante la ausencia de tratado o convención, es decir, para los requerimientos formulados bajo el principio de reciprocidad o respecto de tratados bilaterales en los que se hubiera designado a la Autoridad en el mismo

---

534 Al respecto, NACIONES UNIDAS, UNITED NATIONS OFFICE ON DRUGS AND CRIME (UNODC): (2012a) pp. 29 y ss.

535 Luego del traspaso que de estas funciones hiciera el Ministerio de Relaciones Exteriores, y que derivó en la comunicación formal del Estado a todos los depositarios de las convenciones de esta situación, por ejemplo puede verse, respecto de la Convención Europea de Asistencia Mutua (EUROPEAN CONVENTION ON MUTUAL ASSISTANCE IN CRIMINAL MATTERS, Estrasburgo (20 de abril de 1959), en: https://rm.coe.int/chiletemplatemla25–05–2019/1680973939

instrumento[536], la Autoridad Central se mantiene en el Ministerio de Relaciones Exteriores a través de la Dirección General de Asuntos Jurídicos. La Autoridad Central transmite directamente a sus pares las solicitudes de asistencia y luego mantiene las comunicaciones que se requieran para dar curso al pedido.

ii) Requerimientos pasivos

Las solicitudes de Estados extranjeros también deberán ser transmitidas a través de Autoridades Centrales. De acuerdo a lo dispuesto en el Art. 20 bis del Código Procesal Penal, estas deberán ser ejecutadas directamente por el Ministerio Público, el que deberá pedir la intervención del juez de garantía que corresponda, para solicitar las medidas de congelamiento o incautación o promover la ejecución de una sentencia que decrete el comiso.

En el caso de que se soliciten medidas de aseguramiento patrimonial, los tribunales deberán resolver conforme los estatutos vigentes, es decir, aplicando las normas sobre incautación o medidas cautelares reales contenidas en el Código Procesal Penal o las leyes especiales[537], y en tanto se cumplan los requisitos

---

536 Como ocurre, por ejemplo, en el Tratado de Extradición entre la República de Chile y la República Italiana, Roma (27 de febrero de 2002). En su Art. IV dispone: "Para los fines del presente Tratado, todas las comunicaciones serán efectuadas por escrito y por vía diplomática; por la República de Chile por el Ministerio de Relaciones Exteriores y por la República Italiana por el Ministerio de Gracia y Justicia". La Autoridad Central viene entonces individualizada en el mismo tratado, por lo que cualquier cambio al respecto implicaría modificar el tratado y volver a tramitarlo internamente. No ocurre lo mismo con aquellas convenciones, como las multilaterales, que simplemente señalan la exigencia de establecer una Autoridad Central, lo que es informado mediante un procedimiento de declaraciones que pueden ser actualizadas. Así, por ejemplo, en relación al Convenio Europeo sobre Cibercrimen, Convention on Cybercrime, Budapest (23 de noviembre de 2001), la República de Chile formuló la declaración que para efectos de asistencia mutua la Autoridad Central la ejercería el Ministerio Público de Chile a través de la Unidad de Cooperación Internacional y Extradiciones: *"The Republic of Chile declares that, as regards to Article 27 "Procedures pertaining to mutual assistance requests in the absence of applicable international agreements", paragraph 2.a, the central authority responsible for sending and answering requests for mutual assistance, the execution of such requests or their transmission to the authorities competent for their execution is: The Office of Public Prosecution of Chile International Cooperation and Extradition Unit General Mackenna 1369, Santiago Chili"*, en: https://www.coe.int/en/web/conventions/full–list/ /conventions/treaty/185/declarations?p_auth=woNNt9ua&_coeconventions_WAR_coeconventionsportlet_enVigueur=false&_coeconventions_WAR_coeconventionsportlet_searchBy=state&_coeconventions_WAR_coeconventionsportlet_codePays=CHI&_coeconventions_WAR_coeconventionsportlet_codeNature=3

537 Una norma novedosa en este sentido es la del Art. 37 de la Ley N° 19.913, de 2003, última modificación del año 2020, sobre lavado de dinero, que incluyó no solo una fórmula para

exigidos para cada caso. Se podrán solicitar, en este sentido, antecedentes adicionales a los Estados requirentes que permitan completar el requerimiento de congelamiento ante el tribunal de garantía que corresponda.

Sin embargo, para proceder a la devolución propiamente tal, en principio se debiera contar con una sentencia que decrete el comiso o, al menos, una resolución judicial que ordene la restitución, en la medida que nuestra legislación no permite, salvo contadas excepciones[538], la devolución de bienes congelados previo a la existencia de una orden judicial en tal sentido. Cabe agregar que las sentencias penales extranjeras tienen pleno efecto en nuestro país de acuerdo con lo dispuesto en el Art. 13 del Código Procesal Penal, cuyo inciso final dispone que su ejecución "(...) se sujetará a lo que dispusieren los tratados internacionales ratificados por Chile y que se encontraren vigentes". En consecuencia, podría ejecutarse una sentencia extranjera en lo que dice relación con el comiso de los bienes, para darles el destino que dispongan las convenciones invocadas en la restitución. En otros términos, si un Estado solicita a nuestro país ejecutar una sentencia penal que ordena el decomiso para que los bienes o su valor sean reintegrados al Estado requirente en cumplimiento de su normativa interna, y

---

incautar, congelar y decomisar bienes por valor equivalente, sino que además un estatuto especial en materia de cooperación internacional, en los siguientes términos: "Artículo 37.– Durante la investigación de los delitos contemplados en los artículos 27 y 28 de esta ley, en aquellos casos en que como consecuencia de actos u omisiones del imputado no pudiera decretarse la incautación o alguna medida cautelar real sobre los bienes que sean objeto o producto de los mismos, el tribunal con competencia en lo penal que corresponda podrá decretar, a solicitud del fiscal y mediante resolución fundada, la incautación o alguna de las medidas cautelares reales establecidas en la ley, sobre otros bienes que sean de propiedad del imputado por un valor equivalente a aquel relacionado con los delitos, con excepción de aquellos que declara inembargables el Art. 445 del Código de Procedimiento Civil. Asimismo, ante una solicitud de autoridad competente extranjera, realizada en virtud de un requerimiento de asistencia penal internacional por alguno de los delitos señalados en el inciso anterior, se podrá decretar, en los mismos términos expresados en el inciso precedente, la incautación o medidas cautelares reales de bienes por un valor equivalente a aquellos relacionados con el delito investigado. En el evento de dictarse sentencia condenatoria, y no habiéndose incautado o cautelado bienes relacionados con el delito sino solo aquellos de un valor equivalente, el tribunal con competencia en lo penal que corresponda podrá, en la misma sentencia, decretar el comiso de aquellos bienes incautados o cautelados de conformidad a lo establecido en el inciso primero".

538 Por ejemplo, la devolución anticipada a los dueños de las especies a que hace mención el Art. 189 inciso 2° del Código Procesal Penal: "Lo dispuesto en el inciso precedente no se extenderá a las cosas hurtadas, robadas o estafadas, las cuales se entregarán al dueño o legítimo tenedor en cualquier estado del procedimiento, una vez comprobado su dominio o tenencia por cualquier medio y establecido su valor".

esta posibilidad está regulada por las convenciones invocadas, según vimos precedentemente, tales disposiciones convencionales, en virtud de lo dispuesto en el Art. 13 y en las propias convenciones, serían fundamento jurídico suficiente para que el tribunal retorne los bienes al Estado requirente, a través de los procedimientos de cooperación a los que hemos hechos mención.

Así, por ejemplo, ante la petición de restitución de activos provenientes de actos de corrupción cometidos en la República de Honduras, dicho país solicitó el congelamiento, comiso y devolución de aquellos que se encontraran en nuestro país. Los bienes fueron en una primera etapa congelados en el marco del proceso de extradición seguido en contra de una ciudadana chilena a quien se requería para ser juzgada por su presunta participación en calidad de autora de un delito de lavado de dinero. Sin embargo, como vimos precedentemente, la Corte Suprema ordenó su juzgamiento en Chile, rechazando la entrega de la requerida[539]. Los tribunales nacionales la condenaron, y ordenaron el decomiso de los bienes que se encontraban en territorio nacional y que se acreditó que estaban vinculados al proceso, ordenando, en virtud de la petición de las autoridades hondureñas, su restitución. Así, en resolución de fecha 8 de marzo de 2016, que rectificaba la sentencia definitiva dictada, en relación a la correcta individualización de los bienes, se declaró: "Que, asimismo, se ordena al Consejo de Defensa del Estado, efectuar y /o requerir cada una de las inscripciones que sean pertinentes para que los inmuebles incautados queden a nombre del Fisco, para efectos que la Dirección de Crédito Prendario pueda proceder a su liquidación en pública subasta. Del mismo modo, se ordena, a esta última institución que el producto de la liquidación de los bienes incautados sea puesto a disposición de la República de Honduras, vía transferencia bancaria a la cuenta corriente titular "Embajada de Honduras", Banco Santander-Chile, cuenta corriente Nro. Xxxxxxxx" (RUC N° 1500260473–3, RIT N° 3490–2015). Similar, recientemente, el Juzgado de Garantía de Viña del Mar, frente a una solicitud de restitución de bienes precedida por un decreto de comiso dictado por autoridades judiciales belgas, resolvió dar curso a la petición (RUC N° 1700338117–K, RIT N° 5701–2017).

De esta forma, nuestra legislación permite dar curso a los pedidos de asistencia mutua activos y pasivos cuyo objetivo sea la identificación, localización, congelamiento, decomiso y restitución de bienes. Dicha situación, sin embargo,

---

[539] Utilizando para ello el principio general del *aut dedere aut judicare*: se estima que el pedido de extradición es procedente, pero por razones de nacionalidad u otras –nuestro país no prohíbe en ningún caso la entrega de nacionales en extradición–, se dispone su juzgamiento en Chile.

es posible en gran medida gracias a que el Estado ha suscrito las principales convenciones internacionales que regulan esta materia, pues las normas internas siguen siendo escasas y desactualizadas. Como apuntáramos precedentemente, lo anterior podría derivar en dificultades para ejecutar de manera exitosa pedidos de asistencia que tengan como base instituciones jurídicas desconocidas para nosotros, como la figura de decomiso sin condena o la extinción de dominio. En este sentido, una actualización normativa de los estatutos domésticos referidos a bienes, y también de cooperación internacional, aparecen como necesarios para hacer frente a los cada vez más complejos desafíos que el abordaje de la criminalidad transnacional nos demanda. La reciente modificación a la Ley N° 19.913, que incorporó entre otras normas el Art. 37 al que ya se ha hecho referencia, parecen ir en la dirección correcta.

IV. CONCLUSIONES

La preocupación que ha generado en la comunidad internacional el impacto negativo que pueden ocasionar los patrimonios criminales, ha derivado en la adopción de una serie de medidas que permitan quitarlos de circulación. Con ello, se pretende por una parte impedir que el crimen se vuelva lucrativo, desincentivando su comisión, y por otra evitar que flujos de dinero ilícito sean redestinados a perpetuar actividades criminales. En el ámbito internacional, dichas medidas han derivado en la adopción de un importante grupo normativo de convenciones internacionales que abordan, desde distintas ópticas, tal problemática.

Desde la perspectiva de la cooperación internacional, en sentido amplio, se han concluido estatutos cada vez más completos e integrales destinados a ayudar a los países a rastrear activos criminales cuando estos han sido trasladados hacia el extranjero, con la finalidad de congelarlos, decomisarlos y restituirlos al Estado donde se cometió el delito o desde donde dichos bienes fueron producidos. Así, podemos encontrar normas que regulan el rastreo, congelamiento, decomiso y restitución de bienes en tratados sobre extradición y en aquellos referidos a la asistencia mutua internacional en materia penal.

Ahora bien, tales estatutos son aplicados por referencia a los ordenamientos jurídicos locales que participan en los procesos de recuperación concretos, por lo que buena parte del éxito del mismo dependerá de la robustez normativa que muestren los Estados involucrados. Un somero análisis de nuestras propias reglas en la materia permite concluir que, si bien es posible llevar adelante procedimientos de recuperación de activos, tanto desde el punto de vista activo como pasivo, bajo los tratados de extradición y asistencia mutua analizados, se perciben bastantes espacios de mejora que permitan completar y actualizar nuestra normativa en estas materias.

BIBLIOGRAFÍA CITADA

Acuerdo sobre Extradición entre los Estados Parte del MERCOSUR y la República de Bolivia y la República de Chile, Río de Janeiro (10 de diciembre de 1998).

Additional Protocol to the European Convention on Mutual Assistance in Criminal Matters, Estrasburgo (17 de marzo de 1978).

Aguado, Teresa (2013): "Decomiso de los productos de la delincuencia organizada, garantizar que el delito no resulte provechoso", en: *Revista Electrónica de Ciencia Penal y Criminología* 15–.05 (2013). Disponible en: http://criminet.ugr.es/recpc/15/recpc15–05.pdf. Fecha de consulta: 10 de marzo de 2020.

Ambos, Kai (2012): "Creatividad judicial en el Tribunal Especial para El Líbano: ¿Es el Terrorismo un Crimen Internacional?", *Revista de Derecho Penal y Criminología*, 3ª Época, N° 7, UNED: pp. 143–173.

Ambos, Kai (2013): "Internacionalización del Derecho penal: el ejemplo del 'lavado de dinero'", en Ambos, Kai, *Derecho Penal y Procesal Penal Internacional y Europeo* (Santiago, LegalPublishing).

Asociación Iberoamericana de Ministerios Públicos (AIAMP) (2019): "Guía de Uso del Acuerdo de Cooperación Interinstitucional entre los Ministerios Públicos y Fiscales Miembros de la AIAMP". Disponible en: http://www.aiamp.info/index.php/grupos–de–trabajo–aiamp/cooperacion–juridica–internacional. Fecha de consulta: 12 de marzo de 2020.

Bassiouni, M. Cherif (2014): *Introduction to International Criminal Law* (Leiden–Boston, Martinus Nijhoff Publishers, segunda edición revisada).

Benadava, Santiago (1993): *Derecho Internacional Público*, (Santiago, Editorial Jurídica Conosur, cuarta edición).

Blanco, Isidoro (2007): "La aplicación del comiso y la necesidad de crear organismos de recuperación de activos". Disponible en: http://www.penal.org/sites/default/files/files/BlancoA1.pdf. Fecha de consulta: 12 de marzo de 2020.

Blanco, Isidoro (2012): "Recuperación de activos de la corrupción mediante el decomiso sin condena (comiso civil o extinción de dominio)", en: Fabián, Eduardo; Ontiveros, Miguel; Rodríguez, Nicolás (eds.), *El Derecho penal y la política criminal frente a la corrupción* (México D.F., UBIJUS Editorial), pp. 337–371.

Boister, Neil (2003): "Transnational Criminal Law?", *European Journal of International Law*, Vol. 14 N° 5, pp. 953-976.

Boister, Neil (2018): *An Introduction to Transnational Criminal Law* (Oxford, Oxford University Press, segunda edición).

Brun, Jean–Pierre; Gray, Larissa; Scott, Clive; Stephenson, Kevin M. (2011): "Manual para la recuperación de activos. Una guía orientada a los profesionales" (Stolen Asset Recovery Initiative (StaR). Banco Mundial – UNODC). Disponible en: http://documentos.bancomundial.org/curated/es/507781468151491581/pdf/594640PUB0SPAN00Box379863B00PUBLIC0.pdf. Fecha de consulta: 11 de marzo de 2020.

Cárdenas, Claudia (2006): "Los crímenes del Estatuto de la Corte Penal Internacional en el derecho chileno, necesidad de una implementación", *Polít. crim.* n° 2, A1: pp. 1-17.

Cárdenas, Claudia (2013): "La aplicabilidad del derecho internacional por tribunales chilenos para interpretar la Ley N° 20.357", *Revista de Derecho Universidad Católica del Norte*, Año 20 - N° 2, pp. 121-145.

Carnevali, Raúl; Artaza, Osvaldo (2016): "La naturaleza pluriofensiva y transnacional del fenómeno de la corrupción. Desafíos para el Derecho penal", *Revista Ius et Praxis*, Año 22, N° 2: pp. 58-65.

Cassese, Antonio (2013): *Cassese´s International Criminal Law* (revisado por Cassese, Antonio; Gaeta, Paola; Baig, Laurel; Fan, Mary; Gosnell, Christopher; Whiting, Alex); (Oxford, Oxford University Press, tercera edición).

Convención de Derecho Internacional Privado, La Habana (20 de febrero de 1928).

Convención de las Naciones Unidas contra el Tráfico Ilícito de Estupefacientes y Sustancias Sicotrópicas, Viena (20 de diciembre de 1988).

Convención de las Naciones Unidas contra la Corrupción, Nueva York (31 de octubre de 2003).

Convención de las Naciones Unidas contra la Delincuencia Organizada Transnacional y sus Protocolos contra el Tráfico Ilícito de Migrantes por Tierra, Mar y Aire, y para Prevenir, Reprimir y Sancionar la Trata de Personas, especialmente mujeres y niños, Nueva York (15 de noviembre de 2000).

Convención de las Naciones Unidas contra la Tortura y Otros Tratos o Penas Crueles, Inhumanos o Degradantes, Nueva York (10 de diciembre de 1984).

Convención Interamericana de Asistencia Mutua en Materia Penal, Nassau (23 de mayo de 1992).

Convención sobre extradición, Montevideo (26 de diciembre de 1933).

Convention on Cybercrime, Budapest (23 de noviembre de 2001).

Cordini, Nicolás (2018): "Derecho penal transnacional: hacia una dogmática jurídico-penal regional", *Polít. crim.* Vol. 13, N° 26 (diciembre 2018), pp. 1140-1169.

CRYER, Robert; FRIMAN, Hakan; ROBINSON, Darryl; WILMSHURST, Elisabeth (2014): *An Introduction to International Criminal Law and Procedure* (Cambridge, Cambridge University Press, tercera edición).

CURY, Enrique (2005): *Derecho Penal Parte General* (Santiago, Ediciones Universidad Católica de Chile, séptima edición ampliada).

DE LONDRAS, Fiona (2013): "Terrorism as an international crime", en: SCHABAS, William; BERNAZ, Nadia (eds), *Routledge Handbook of International Criminal Law* (Abingdon, Routledge).

ESTATUTO DE ROMA DE LA CORTE PENAL INTERNACIONAL, Roma (17 de julio de 1998).

EUROPEAN CONVENTION ON EXTRADITION, París (13 de diciembre de 1957).

EUROPEAN CONVENTION ON MUTUAL ASSISTANCE IN CRIMINAL MATTERS, Estrasburgo (20 de abril de 1959).

GILMORE, W. (2004): *Dirty Money. The evolution of international measures to counter money laundering and the financing of terrorism* (Estrasburgo, Council of Europe Publishing, tercera edición).

GRUPO DE ACCIÓN FINANCIERA (GAFI): "Las 40 Recomendaciones. Estándares internacionales sobre la lucha contra el lavado de activos, el financiamiento del terrorismo y el financiamiento de la proliferación de armas de destrucción masiva" (diciembre 2019).

HOME OFFICE, INTERNATIONAL CRIMINALITY UNIT (2015): "Requests for Mutual Legal Assistance in Criminal Matters Guidelines for Authorities Outside of the United Kingdom" (12° ed.). Disponible en: https://assets.publishing.service.gov.uk/government/uploads/system/uploads/attachment_data/file/415038/MLA_Guidelines_2015.pdf. Fecha de consulta: 11 de marzo de 2020.

LEVI, Michael (2003): *Controlling the International Money Trail: A Multi–level Cross–national Public Policy Review, Full Report of Research Activities and Results* (Cardiff, Future Governance Research Initiative).

LLANOS, Hugo (2011): *Teoría y práctica del Derecho internacional público. Las relaciones entre el Derecho internacional y el Derecho interno. Tomo IV.* (Santiago, Editorial Jurídica de Chile).

NACIONES UNIDAS, UNITED NATIONS OFFICE ON DRUGS AND CRIME (UNODC) (2004): "Informal Expert Working Group on Effective Extradition Casework Practice Report". Disponible en: https://www.unodc.org/pdf/ewg_report_extraditions_2004.pdf. Fecha de consulta: 5 de marzo de 2020.

NACIONES UNIDAS, UNITED NATIONS OFFICE ON DRUGS AND CRIME (UNODC) (2012): "Manual de asistencia judicial recíproca y extradición". Disponible en: https://www.unodc.org/documents/organized–crime/Publications/Mutual_Legal_Assistance_Ebook_S.pdf. Fecha de consulta: 6 de marzo de 2020.

NACIONES UNIDAS, UNITED NATIONS OFFICE ON DRUGS AND CRIME (UNODC) (2012): "Guías legislativas para la aplicación de la Convención contra la Corrupción", segunda edición revisada. Disponible en: https://www.unodc.org/documents/mexicoand-centralamerica/publications/Corrupcion/Guia_legislativa.pdf. Fecha de consulta: 9 de marzo de 2020.

O´KEEFE, Roger (2015): *International Criminal Law* (Oxford, Oxford University Press).

PROTOCOLO ADICIONAL DEL TRATADO DE EXTRADICIÓN ENTRE LA REPÚBLICA DE CHILE Y LA REPÚBLICA ITALIANA, Santiago (4 de octubre de 2012).

SADOFF, David A. (2016): *Bringing International Fugitives to Justice. Extradition and Its Alternatives* (Cambridge, Cambridge University Press).

SECOND ADDITIONAL PROTOCOL TO THE EUROPEAN CONVENTION ON MUTUAL ASSISTANCE IN CRIMINAL MATTERS, Estrasburgo (8 de noviembre de 2001).

SEGOVIA, Antonio (2014): "Marco jurídico internacional en materia de terrorismo", *Revista Jurídica del Ministerio Público* N° 60 (septiembre 2014), pp. 211.246.

SEGOVIA, Antonio (2018): "Los equipos conjuntos de investigación como herramienta de cooperación internacional", *Revista Jurídica del Ministerio Público* N° 72 – Septiembre 2018: pp. 69–93.

SOUTH, Nigel (2007): "Drugs, Alcohol, and Crime", en MAGUIRE, Mike; MORGAN, Rod; REINER, Robert (eds.), *The Oxford Handbook of Criminology* (Oxford, Oxford University Press, cuarta edición), pp. 810-840.

STEPHENSON, Kevin M.; GRAY, Larissa; POWER, Ric; BRUN, Jean–Pierre; DUNKER, Gabriele; PANJER, Melissa (2014): "Barreras para la Recuperación de Activos". Stolen Asset Recovery Initiative (StaR). Banco Internacional de Reconstrucción y Fomento (BIRF)/ El Banco Mundial – UNODC). Disponible en: https://star.worldbank.org/sites/star/files/barriers_spanish_final_0.pdf. Fecha de consulta: 10 de marzo de 2020.

TRATADO DE ESTRADICIÓN CELEBRADO ENTRE LOS GOBIERNOS DE CHILE I LA REPÚBLICA ORIENTAL DEL URUGUAI, Montevideo (10 de mayo de 1907).

TRATADO DE EXTRADICIÓN ENTRE CHILE Y EL PERÚ, Lima (5 de noviembre de 1932).

TRATADO DE EXTRADICIÓN ENTRE CHILE Y PARAGUAY, Montevideo (22 de mayo de 1897).

TRATADO DE EXTRADICIÓN ENTRE EL GOBIERNO DE LA REPÚBLICA DE CHILE Y EL GOBIERNO DE ESTADOS UNIDOS DE AMÉRICA, Washington D.C. (5 de junio de 2013).

TRATADO DE EXTRADICIÓN ENTRE LA REPÚBLICA DE CHILE Y LA REPÚBLICA ITALIANA, Roma (27 de febrero de 2002).

TRATADO DE EXTRADICIÓN Y ASISTENCIA JUDICIAL EN MATERIA PENAL ENTRE LA REPÚBLICA DE CHILE Y EL REINO DE ESPAÑA, Santiago (14 de abril de 1992).

VAN DUYNE, Petrus C.; DE ZANGER, Wouter S.; KRISTEN, Francois H.G. (2014): "Greedy of crime–money. The reality and ethics of asset recovery" en: VAN DUYNE, Petruc C.;

HARVEY, Jackie; ANTONOPOULOS, Georgios A.; VON LAMPE, Klaus; MALJEVIC, Almir; MARKOVSKA, Anna (eds.), *Corruption, Greed and Crime Money. Sleaze and shady economy in Europe and beyond* (Oisterwijk, Wolf Legal Publishers) pp. 235-266.

VAN DUYNE, Petrus. C.; LEVI, Michael (2005): *Drugs and Money. Managing the drug trade and crime–money in Europe* (Londres, Routledge).

VARGAS, Edmundo (2017): *Derecho internacional público* (Santiago, editorial El Jurista, segunda edición actualizada).

WERLE, Gerhard (2011): *Tratado de Derecho penal internacional* (Valencia, Tirant lo Blanch, segunda edición).

NORMAS CITADAS

LEY N° 7.421 (09/07/1943, ÚLTIMA MODIFICACIÓN PUBLICADA 07/02/2020), Código Orgánico de Tribunales.

LEY N° 19.696 (12/10/2000, ÚLTIMA MODIFICACIÓN PUBLICADA 04/03/2020), establece Código Procesal Penal.

LEY N° 19.913 (18/12/2003, ÚLTIMA MODIFICACIÓN PUBLICADA 29/05/2020), crea la Unidad de Análisis Financiero y modifica diversas disposiciones en materia de lavado y blanqueo de activos.

LEY N° 20.000 (16/2/2005, ÚLTIMA MODIFICACIÓN PUBLICADA 21/04/2015), sustituye la Ley N° 19.366, que sanciona el tráfico ilícito de estupefacientes y sustancias sicotrópicas.

JURISPRUDENCIA CITADA

Corte Suprema. Sentencia de fecha 21 de enero de 2020, Rol N° 37.016-2019 (apelación en procedimiento de extradición pasiva).

Corte Suprema. Sentencia de fecha 6 de marzo de 2018, Rol N° 1.174-2018 (nulidad y apelación en procedimiento de extradición pasiva).

Corte Suprema. Sentencia de fecha 10 de enero de 2012, Rol N° 9.471-2011 (sentencia de primera instancia en procedimiento de extradición pasiva).

Corte Suprema. Sentencia de fecha 2 de mayo de 2016, Rol N° 37.531-2015 (sentencia de primera instancia en procedimiento de extradición pasiva).

§ 7. EL DELITO DE NEGOCIACIÓN INCOMPATIBLE DE DIRECTORES Y GERENTES DE SOCIEDADES ANÓNIMAS

Miguel Schürmann Opazo*

RESUMEN: A partir de la comprensión del delito de negociación incompatible como un modo de ataque en contra de intereses ulteriores definidos por las distintas hipótesis previstas en el Art. 240 del Código Penal chileno, este artículo propone una reconstrucción del fundamento penal de la criminalización de la intervención interesada de directores y gerentes de sociedades anónimas. Lo hace, a partir de la garantía de imparcialidad en la toma de decisiones de la administración de capital, garantía asumida como presupuesto básico de la participación igualitaria de todo potencial inversor en sociedades de capital, y cuyo menoscabo afecta las condiciones de seguridad de la disposición patrimonial en dicho ámbito y, en tal medida, constituye un delito de peligro abstracto que protege al patrimonio como bien jurídico. A partir de ello, se analizan los presupuestos típicos del delito, el efecto de un eventual consentimiento hipotético sobre la operación y algunas particularidades de la imputación subjetiva.

ABSTRACT: Starting from a view of the crime of "incompatible dealings" as a means of attack against a set of interests defined by Section 240 of the Chilean Criminal Code, the present paper proposes a new comprehension

* Abogado, magíster en Derecho Penal Alemán en la Universidad de Bonn, Alemania. Profesor asistente del Departamento de Ciencias Penales de la Universidad de Chile. Correo electrónico: mschurmann@derecho.uchile.cl. Una versión preliminar de este documento fue presentada en las XVI Jornadas Chilenas de Derecho Penal y Ciencias Penales llevadas a cabo en la Universidad de los Andes entre los días 6 y 8 de noviembre de 2019. Agradezco los comentarios que en dicho contexto fueron formulados y, especialmente, la generosa revisión de un borrador de este documento por parte de la profesora Alejandra Olave A. Agradezco también la colaboración editorial del ayudante ad honorem del Departamento de Ciencias Penales de la Universidad de Chile, Felipe Bonzi R.

of the grounds of the criminalization of the interested intervention of directors and officers, based upon the principle of impartiality in the in the management of the company's assets as a requirement of equal participation of any potential investor, whose detriment affects the security conditions of the investments. To that extent, the incompatible dealings constitutes an abstract endangerment crime that protects assets as a legal interest. Out of this framework, we analyze the elements of the offense, the eventual effect of a hypothetical consent over the operation by an effected party and some particularities of the mens rea elements.

Palabras clave: negociación incompatible, corrupción privada, conflictos de interés, Ley N° 21.121, consentimiento hipotético.

Key words: "Incompatible dealings", private corruption, conflict of interests, Statute 21.121, hypothetical consent.

I. INTRODUCCIÓN

Como ha sido resaltado en distintas instancias, la Ley N° 21.121 significó el cambio más profundo llevado a cabo en los últimos años para el Derecho penal y, en especial, para el Derecho penal económico. Una de las modificaciones que trajo consigo fue la criminalización de los conflictos de interés de los directores y gerentes de sociedades anónimas, lo cual fue previsto en el nuevo numeral 7° del Art. 240 del Código Penal, que tipifica el delito de negociación incompatible. Si bien el delito de negociación incompatible es preexistente para otros supuestos de conflictos de interés, y los conflictos de interés de gerentes y directores de sociedades anónimas ya se encontraban regulados y sancionados por el Derecho societario, la criminalización de esta conducta plantea preguntas en relación tanto al alcance de la regla de comportamiento como de su legitimidad y fundamento.

El Art. 240 del Código Penal que tipifica el delito de negociación incompatible, previo a la modificación legal, se encontraba previsto como un delito especial propio, estableciendo como círculo de autores al empleado público que directa o indirectamente se **interesare o tome interés** en cualquier clase de contrato u operación en que deba intervenir por razón de su cargo. El inciso segundo tenía por finalidad extender la regla de comportamiento precedente a peritos, árbitros, liquidadores comerciales, guardadores y albaceas respecto de los bienes o cosas que –en razón de sus cargos– interviniesen como tasadores, adjudicadores, partidores, administradores o tenedores, respectivamente. Tanto antes como ahora, el interés puede ser propio o referido a personas relacionadas con ellos por consanguinidad o afinidad, ya sea en tanto personas naturales o mediante personas jurídicas en las que se tenga un interés social determinado.

La Ley N° 21.121 modificó el Art. 240, manteniendo –en términos generales– la conducta jurídico-penalmente relevante (interesarse, dar o dejar tomar interés), pero realizando una reordenación de los supuestos típicos, enumerándolos en atención a las particularidades tanto del autor como del tipo de operación en la que puede recaer el conflicto de interés penalmente relevante. Junto a ello, incluyó tres nuevos casos: (i) veedor o liquidador del procedimiento concursal (N° 3); (ii) administrador del patrimonio de una persona afectada por un impedimento (N° 6); y (iii) gerente y directores de una sociedad anónima (N° 7). Pese a que el delito de negociación incompatible se encuentra previsto dentro del título V del Código Penal, denominado "[d]e los crímenes y simples delitos cometidos por empleados públicos en el desempeño de sus cargos", históricamente ha incluido a particulares encargados de la administración, adjudicación o apreciación del patrimonio ajeno, y es por ello que la inclusión de otros particulares está lejos de constituir una anomalía para dicha disposición legal.

El nuevo numeral 7° del Art. 240 dispone que se sancione al "director o gerente de una sociedad anónima que directa o indirectamente se interesare en cualquier negociación, actuación, contrato, operación o gestión que involucre a la sociedad, incumpliendo las condiciones establecidas por la ley, así como toda persona a quien le sean aplicables las normas que en materia de deberes se establecen para los directores o gerentes de estas sociedades". Tal como se hizo presente en el proceso de formación de la ley, la Ley de Sociedades Anónimas no prohíbe que se realicen operaciones con conflictos de interés, sino que las permite, condicionándolas a la satisfacción previa de los requisitos previstos en el Art. 44, si se trata de una sociedad anónima cerrada, y 147, si se trata de una sociedad anónima abierta, ambas de la Ley N° 18.046. De este modo, la inclusión de este numeral en el Art. 240 del Código Penal pretende –en principio– ser estrictamente accesorio al Derecho comercial[540].

El delito de negociación incompatible de directores y gerentes comparte tanto la sanción como un núcleo típico común con las descripciones típicas de los otros numerales del Art. 240, diferenciándose en aspectos propios del

---

540 Para una mirada general del tratamiento de los conflictos de interés en el Derecho privado, ver REVECO: (2007) pp. 75 y ss.

tratamiento condicionado de los conflictos de interés para las sociedades anónimas. Los objetivos de este trabajo son analizar (II) el fundamento penal de la tipificación; (III) el contenido básico del delito de la negociación incompatible de directores y gerentes de sociedades anónimas, para concluir con unas breves notas sobre la imputación subjetiva de este delito (IV).

II. EL CONFLICTO DE INTERÉS COMO MENOSCABO A LOS PRESUPUESTOS NORMATIVOS DE LEGITIMIDAD DE LA TOMA DE DECISIONES EN LA ADMINISTRACIÓN DE SOCIEDADES DE CAPITAL

1. El delito de negociación incompatible como un supuesto de corrupción en la toma de decisiones

Tal como ha sido destacado entre nosotros por Mañalich[541], siguiendo en esto a Kindhäuser[542], el delito de negociación incompatible es un delito de corrupción, entendiendo por ella una determinada forma de agresión que puede vulnerar diversos intereses penalmente relevantes.Así entendida, no puede existir un delito general de corrupción, sino que la corrupción constituye un **modo de ataque** en contra de un ulterior bien jurídico, el cual debe ser determinado y digno de protección penal en sí mismo. La corrupción es caracterizada como la vinculación contraria a intereses de una ventaja con el ejercicio de un poder de decisión transferido, de modo que constituye requisito de todo acto de corrupción una relación trilateral, en la que a una persona se le debe haber confiado la tarea de actuar en interés de un tercero, y el ofrecimiento o solicitud de una ventaja que esté referida precisamente a dicha posición de deber del encargado, lo que es usualmente caracterizado como un acuerdo. Esto, sin perjuicio de que el delito admita ser tipificado como uno de emprendimiento, previendo las conductas de ofertas y aceptación como delictivas en sí mismas[543].

Si bien dicha estructura ha sido utilizada tradicionalmente para criminalizar a los representantes del poder estatal, la comprensión de la corrupción como medio de ataque permite tipificar esta conducta para proteger otros bienes jurídicos,

---

541 MAÑALICH: (2015) p. 94.

542 KINDHÄUSER: (2007) p. 2.

543 KINDHÄUSER: (2007) pp. 6 y ss.

como ha sido realizado recientemente entre nosotros mediante la tipificación (parcial) de la corrupción entre particulares[544]. De acuerdo a la teoría dominante, la legitimidad de las reglas de comportamiento depende de la identificación de un bien jurídico digno de protección penal[545]. Ese es precisamente el desafío para la expansión de dichas figuras de corrupción para el ámbito privado.

El delito de negociación incompatible, en términos equivalentes al de cohecho, hace referencia a un **modo de ataque** –contra de bienes jurídicos ulteriores– que ha sido resumido bajo la idea de una "autocontratación delictiva", en tanto la misma operación es doblemente sometida a consideración del sujeto[546]. El carácter incompatible de la negociación surge del desdoblamiento de los intereses a los que atiende el sujeto activo del delito, tanto los pertenecientes al cargo que detenta como aquellos propios, de sus cercanos o de sus personas jurídicas relacionadas. Este es un conflicto de interés cuya desatención mediante la intervención en la operación, como parte en la misma, es lo que constituye precisamente la conducta punible[547]. Así, la conducta típica **interesarse** está referida –tanto antes como ahora– al condicionamiento del autor por un interés diverso al del patrimonio afecto a su decisión, de modo que el autor concurre simultáneamente custodiando tanto un patrimonio ajeno como uno propio (o de una persona natural o jurídica relacionada). Dicho interés, de acuerdo con la opinión unánime de la doctrina nacional, debe ser de carácter patrimonial[548], sin perjuicio de que el tipo penal no requiere que se infiera un perjuicio para que se entienda consumado; más bien, al no ser parte de él, resulta simplemente irrelevante[549].

---

544 Artículos 287 bis y 287 ter del Código Penal, recientemente incorporados por la Ley N° 21.121. La referencia a la tipificación parcial de la corrupción entre particulares se debe a que, en comparación con la corrupción pública punible, su ámbito de aplicación es sustancialmente menor.

545 Kindhäuser: (1989) pp. 166 y ss.

546 Soler: (1946) p. 216, y Mañalich: (2015) pp. 96 y s. En un sentido parcialmente divergente, Rodríguez-Cano y Cueto (2019), p. 12, al indicar a la infracción al deber de lealtad como forma de agresión al patrimonio.

547 De modo que no es la existencia del conflicto de interés lo que prohíbe la regla de comportamiento, sino que la intervención en la operación pese a la existencia de dicho conflicto. Correctamente, Mañalich: (2015) p. 99, y Soler: (1946) p. 215. En términos equivalentes, Acuña: (2009) p. 40.

548 Por todos, ver Rodríguez y Ossandón: (2008) p. 424. En el mismo sentido, Soler: (1946) p. 214.

549 Esta característica explica que Soler lo califique como un delito formal, en tanto no requiere la producción de un daño. Soler: (1946) p. 216.

Es por ello que se suele calificar como un delito de peligro abstracto que protege anticipadamente la lesión de intereses ulteriores ante acciones que abstractamente representan un peligro para él[550]. En este sentido, se ha sostenido que el delito de negociación incompatible constituye una protección anticipada del patrimonio afecto a la decisión negocial, de modo que existiría una vinculación necesaria espacio-temporal entre la conducta constitutiva de negociación incompatible, como puesta en peligro del patrimonio, y de administración desleal, como lesión del mismo[551].

Ahora bien, la forma de **interesarse** es más precisa aún. No se refiere a cualquier forma de abogar por una determinada decisión del titular del patrimonio, sino a la intervención en la operación respectiva portando simultáneamente la representación plena o compartida de dos partes con intereses incompatibles, de modo que el sujeto activo se hace beneficiario o contraparte de la operación de disposición del bien o patrimonio sobre el que tiene una obligación especial de resguardo o decisión[552]. Es por ello que la figura de la "autocontratación" es pertinente para explicarla. Este conflicto de interés constituye –fenomenológicamente– una especie de corrupción, en tanto erosiona los principios en los que se funda la toma de decisiones en las instituciones, tanto públicas como privadas. Debido a ello, desde un punto de vista sistemático, la inclusión de esta figura es consistente con la inclusión simultánea de la corrupción entre privados en el Código Penal. Sin embargo, tal como en la corrupción entre privados, el delito de negociación incompatible no sanciona penalmente todo conflicto de interés, sino que solo algunos y de forma fragmentaria.

---

550   Esta calificación ha traído una serie de malentendidos, básicamente por su dependencia a la compresión de esta clase de delitos bajo con el paradigma de la agresión. KINDHÄUSER: (1989) pp. 163 y ss., y KINDHÄUSER: (2009) pp. 7 y ss.

551   La correcta identificación del fin de protección (autónomo) de la regla de comportamiento permite descartar esta primera aproximación, tal como se ve en el siguiente subapartado. Por cierto, el principal argumento en contra de esta interpretación es la falta de previsión del perjuicio patrimonial (o peligro de ocasionarlo) como requisito típico. KINDHÄUSER: (2009) pp. 9 y ss.

552   En este sentido, el profesor Héctor Hernández en HISTORIA DE LA LEY N° 21.121: "Informe de Comisión Mixta Boletín 10.739-07", p. 26.

2. El origen y fundamento de la propuesta de la criminalización de la negociación incompatible de directores y gerentes de sociedades anónimas

Para el caso paradigmático del funcionario público, lo delictivo radica precisamente en la intervención en la operación representando tanto el interés propio (o de sus relacionados) como el estatal, dado que ello afectaría –y aquí viene el problema de la determinación del bien jurídico protegido– el fiel y debido desempeño de las funciones de la administración en sentido amplio o el correcto ejercicio de la función pública o administrativa, el cual se encuentra condicionado por el respeto a los principios de objetividad, imparcialidad y honestidad y cuyo menoscabo puede ser calificado como uno de peligro abstracto, en tanto la consumación no requiere afectación concreta (lesión) del bien jurídico en cuestión[553]. Es precisamente esta propiedad a la que se dirigen las críticas en relación a su legitimidad, dado que un delito de estas características no sería más que una norma de flanqueo que castiga la mera sospecha de que se producirá una malversación o fraude al fisco[554].

La pregunta que debe ser formulada ahora es si se justifica o es legítimo criminalizar la intervención en operaciones mediando conflictos de interés en el ámbito privado y, en especial, para la administración de sociedades de capital. Dicha pregunta, por cierto, no se refiere a las condiciones de aplicación de la regla, la cual requeriría que su concreta dañosidad social deba ser acreditada en cada acción particular, sino que apela al contexto de fundamentación de ella[555], de modo tal que pueda ser calificada como una regla de comportamiento legítima en términos generales y abstractos, es decir, como un injusto penal en sentido material[556]. El análisis dogmático de los requisitos típicos del delito de negociación incompatible es, por su parte, el objeto de la siguiente sección.

---

553   Rodríguez y Ossandón: (2008) p. 422.

554   Cury: (1986) pp. 300 y s.

555   Günther: (1995) p. 278. Sin perjuicio de que bajo una comprensión funcional del Derecho penal el contexto de fundamentación tiene relevancia para la elaboración del discurso dogmático. Schurmann: (2019) p. 574.

556   Kindhäuser: (1989) pp. 272 y ss. Las condiciones de aplicabilidad de la regla vienen determinadas por la realización (imputable) del supuesto de hecho previsto en ella, y no por la afectación (acumulada o presumida) del interés que la fundamenta. Para una revisión de la discusión teórica sobre la lesividad de los delitos económicos en general en nuestro medio, ver García (2017), pp. 163 y ss.

Desde su diagnóstico inicial, Consejo Asesor Presidencial contra los conflictos de interés, el tráfico de influencias y la corrupción, conocido como "Comisión Engel", consideró los conflictos de interés como una condición que debilita la confianza en las instituciones, afectando con ello la probidad y transparencia en los negocios, la política y el sector público[557]. Específicamente para el sector privado, la comisión sostuvo que "[…] se trata de que los intereses que persiguen empresas, corporaciones u organizaciones no gubernamentales no sean subvertidos por individuos que, ocupando cargos de responsabilidad en aquellas instituciones, tomen decisiones alejadas del interés corporativo para beneficio personal"[558]. En dicha comisión se propuso establecer una prohibición para los conflictos de interés inaceptables, junto con la disposición de procedimientos efectivos para identificarlos, declararlos y resolverlos. Esta preocupación se reflejó también en las propuestas de fortalecimiento de los gobiernos corporativos que desarrolló la comisión, en orden a evitar el abuso de los controladores en contra de los accionistas minoritarios y los conflictos de interés en la administración de las empresas[559].

Pese a que la evitación de los conflictos de interés constituye un objetivo que puede ser legítimamente perseguido mediante el establecimiento de reglas de comportamiento, la previsión de una sanción penal para asegurar su vigencia en el ámbito de los gobiernos corporativos de las sociedades anónimas en caso alguno resulta algo evidente o trivial. La inclusión del numeral 7° en el Art. 240 del Código Penal tiene su origen directo en una indicación del diputado Ricardo Rincón[560] tramitada en el Boletín número 10.155-07 y que posteriormente se fusionó con los boletines números 9.956-07 y 10.739-07 mediante una indicación sustitutiva realizada en este último proyecto tendiente a recoger los cambios propuestos en todas las iniciativas previamente señaladas[561]. Su origen

---

[557] Ver el decreto de su nombramiento y, en especial, Consejo asesor presidencial contra los conflictos de interés, el tráfico de influencias y la corrupción (2015), pp. 54 y ss.

[558] Consejo asesor presidencial contra los conflictos de interés, el tráfico de influencias y la corrupción (2015), p. 54.

[559] Consejo asesor presidencial contra los conflictos de interés, el tráfico de influencias y la corrupción (2015), p. 87.

[560] Historia de la Ley N° 21.121: "Informe de la Comisión de Constitución, Legislación, Justicia y Reglamento de la H. Cámara de Diputados de los boletines N°s 10.155-07-1 y 9.956-07-1", p. 31.

[561] Historia de la Ley N° 21.121: "Oficio indicaciones del Ejecutivo de 17 de julio de 2017", pp. 3 y ss.

mediato se encuentra en el delito de negociación incompatible previsto en el Art. 343 del Anteproyecto de Código Penal del año 2013, el cual contempla una numeración muy similar a la vigente, y en su número 7° la negociación incompatible del director o gerente de una sociedad anónima[562]. No obstante, la propuesta de criminalización de esta conducta puede reconducirse a un pasado ulterior, desde que una disposición de estas características se ha visto como una protección de flanqueo respecto de una de las mayores ausencias regulativas, o vacío de punibilidad histórico, que existía en nuestro Código Penal y que se vino a remediar precisamente en esta misma Ley N° 21.121: el delito de administración desleal. Tal como destacó en su oportunidad Hernández, el Art. 133 de la Ley N° 18.046 ya contemplaba la posibilidad de que se tipificaran como delito algunas de las infracciones a los deberes de propios de la administración de una sociedad anónima, pese a que hasta antes de la dictación de la Ley N° 21.121 dicha previsión era simplemente inexistente[563].

Sin embargo, desde su proposición y en distintas instancias se discutió tanto la pertinencia de la inclusión como su alcance. Así, en la comisión mixta se discutió tanto la necesidad como la lesividad de esta figura, planteándose la posibilidad de restringirla solo para sociedades anónimas abiertas y especiales[564]. No obstante que en los hechos una empresa familiar u originada por relaciones de confianza pudiese constituirse como sociedad anónima –lo que podría constituir un argumento que, al igualarla con otras formas societarias, obstaría a la criminalización de esta figura o, al contrario, la inclusión de todo tipo de sociedad–, el legislador optó por la consistencia normativa, distinguiendo entre sociedades de capital y de personas, basadas en la confianza. Allí donde las relaciones personales de confianza –constitutivamente– no son relevantes, es necesario un respaldo a la expectativa (confianza)[565] de que los administradores

---

562 ANTEPROYECTO DE CÓDIGO PENAL: (2013) pp. 113 y s. Esto explica también, por cierto, la defensa del profesor Hernández de esta propuesta del diputado Rincón en la fase de discusión de la Ley, HISTORIA DE LA LEY N° 21.121: "Informe de la Comisión de Constitución, Legislación, Justicia y Reglamento de la H. Cámara de Diputados de los boletines 10.155-07-1 y 9.956-07-1", p. 22.

563 HERNÁNDEZ: (2005) p. 205, quien proponía ya en aquella época la criminalización "de determinados conflictos extremos de intereses, que importen un peligro intolerable para el patrimonio administrado" (p. 257). Por su parte, para el concepto y evaluación de legitimidad de las reglas de flanqueo, ver JAKOBS (1997), pp. 314 y ss.

564 HISTORIA DE LA LEY N° 21.121: "Informe de Comisión Mixta Boletín 10.739-07", p. 43.

565 La idea de confianza, en este contexto, apela a la noción, desarrollada por Luhmann, "de reducción de complejidad en procesos de interacción", la cual -así comprendida- es el

no se vean afectados por conflictos de interés o, concurriendo ellos, que dichos conflictos sean procesados de acuerdo con la regulación legal extrapenal.

3. El fundamento de la regla de comportamiento que prohíbe la intervención interesada de directores y gerentes de sociedades anónimas

Habiendo identificado previamente a la conducta propia de la negociación incompatible como la intervención en una operación, estando afecta a un determinado conflicto de interés por representar simultáneamente al interés propio (o de sus relacionados) y el correspondiente al cargo que detenta, ahora queda analizar la legitimidad de criminalizar dicha conducta. Como es sabido, que el respaldo de una regla de comportamiento o la expectativa de cumplimiento de dicho requerimiento venga dado por una sanción penal, supone un cuestionamiento a la idoneidad, necesidad y proporcionalidad del uso de la sanción penal como medio para alcanzar dicho fin. Si bien dicho análisis podría ser llevado adelante mediante el test de proporcionalidad, tradicionalmente dicho examen ha sido entregado en el ámbito del Derecho penal a la teoría del bien jurídico. Si sometemos la discusión a dicho marco, queda pendiente entonces identificar el bien jurídico protegido por la regla de comportamiento y la forma en que dicho bien puede ser dañado o menoscabado[566].

La protección de las condiciones de seguridad para la utilización racional de recursos en el mercado de capitales ya se encuentra garantizada por medio de reglas que prohíben conductas que afectan dichas condiciones y cuya vigencia se encuentra respaldada tanto mediante sanciones administrativas como penales. Resulta paradigmático para estos efectos la referencia a los delitos de mercado de valores y, en especial, la discusión que se ha vertido en nuestro medio para fundar el bien jurídico protegido para el delito de uso indebido de información privilegiada, dado que –en las contribuciones más recientes– ha primado una aproximación institucional para fundar tanto la legitimidad de la regla como la lesividad de la conducta infractora[567].

---

correlato de la idea de expectativa garantizada normativamente. GARCÍA: (2017) pp. 164 y ss. Dicha expectativa puede ser construida normativamente, en base a reglas constitutivas, como todo hecho institucional. KINDHÄUSER: (2009) p. 16.

566 KINDHÄUSER: (1996) pp. 67 y ss.

567 Por todos, ver GARCÍA: (2013) pp. 35 y ss.

La Comisión Engel sostuvo que las operaciones realizadas con conflictos de interés debilitan la confianza en las instituciones, afectando con ello la probidad y transparencia en los negocios, la política y el sector público. Es fácilmente apreciable que la afectación a la que se hace referencia no es al resultado de los negocios, la política y el sector público, sino que a la probidad y la transparencia. La ausencia o tratamiento adecuado de los conflictos de interés constituyen presupuestos de legitimidad del procedimiento de toma de decisiones[568], el cual debe ser entendido como imparcial[569] o conducido únicamente por el interés social, dado que las operaciones realizadas con conflictos de interés graves, en palabras de Soler, afectan y corrompen "el fiel y debido desempeño de las funciones de administración en sentido amplio, de manera que la actuación de los órganos no solo sea plenamente imparcial, sino que se encuentre a cubierto de toda sospecha de parcialidad"[570]. Esta afirmación, realizada en el contexto de la negociación incompatible de funcionario público, es particularmente pertinente para aquellas formas de administración de patrimonio ajeno y de sociedades en las cuales las decisiones de inversión no se encuentran motivadas por la confianza que se tienen entre sí los socios, y entre ellos y los administradores de las mismas, tal como ocurre en la administración del patrimonio estatal o en aquellas otras figuras que contempla en Art. 240 del Código Penal.

La preocupación de la Comisión Engel por las operaciones realizadas con conflicto de interés se explica fundamentalmente por la constitución del mercado nacional, el que se caracteriza por una alta concentración de la riqueza y por la existencia de conglomerados, los que tienen incentivos para maximizar la ganancia del grupo antes que el de los accionistas minoritarios[571]. En un mercado de estas características, resulta evidente que la prohibición de lesión constituye un medio ineficiente para evitar la lesión de un bien jurídico de estas características, ya que cuando dicho estado es lesionado, acabando con la expectativa de que la administración de fondos de terceros no sea administrada mediando conflicto de interés inaceptables, la pena no tendría la aptitud para restablecer la vigencia de la regla de comportamiento que prohíbe la intervención interesada en los actos sociales[572].

---

568   Pardow: (2008) p. 13, especialmente en la nota 36.

569   Sancinetti: (1986) p. 878.

570   Soler: (1946) pp. 212 y s.

571   Marshall: (1987) p. 14.

572   Kindhäuser: (1989) pp. 166 y ss.

De esta forma, la sanción penal compensa normativamente la eventual desestabilización de la referida expectativa, y con ello su validez, la que constituye uno de los presupuestos para que todo potencial inversor de capital –sin mediar relación de confianza– pueda disponer de inversiones y esté libre de, al menos, la preocupación por la administración de sus inversiones por personas afectas a conflictos de interés inadecuadamente tratados[573]. Si bien la administración no condicionada o imparcial de un patrimonio constituye una garantía tendiente a impedir, entre otros supuestos, una administración desleal del mismo, el fundamento penal de la prohibición no se agota allí. Si bien fenomenológicamente este delito puede ser entendido como una protección anticipada del patrimonio ante conductas que abstractamente puedan lesionarlo, el contenido de injusto en caso alguno se reduce a ello, desde que el tipo penal no requiere perjuicio y el objeto de reproche no radica en las condiciones económicas en las que la negociación, actuación, contrato, operación o gestión es realizada, sino que alude a la protección normativa del procedimiento de toma de decisiones de carácter patrimonial de una sociedad de capital, en donde se sanciona la intervención interesada, incumpliendo las condiciones previstas en la ley. Estas, por su parte, no se reducen a las condiciones materiales en las que ellas son celebradas, sino que se fundan principalmente en condiciones procedimentales tendientes a garantizar la legitimidad de la decisión en principio condicionada por el interés ajeno al social. Y ello responde precisamente a uno de los posibles test de legitimidad que podría aplicarse a una tipificación de estas características: la intervención interesada en una operación constituye una conducta externamente perturbadora en sí misma y con independencia de su resultado[574].

La expectativa de todo inversionista de que sus recursos sean administrados únicamente por el interés social o propio del negocio es puesta en peligro abstractamente, menoscabando las condiciones de seguridad de quienes invierten en estos vehículos jurídicos, cuando los inversores no pueden esperar que el procedimiento de toma de decisiones de la administración de la sociedad se encuentre libre de vicios. Ese es precisamente el estado actual del mercado de capitales chileno, en donde el control social de antaño basado en **buenos hombres o prohombres** se ha mostrado fácticamente insuficiente. Asimismo, dado que los deberes de los directores de sociedades anónimas están referidos a la sociedad, y no a los accionistas propiamente tal, no existe una relación de

---

573 Kindhäuser: (1989) pp. 289 y ss.
574 Jakobs: (1997) p. 302.

obligación jurídica directa entre ambos, sino que se encuentra mediada institucionalmente por la sociedad[575]. Al no existir fáctica y normativamente esta relación fiduciaria directa entre accionistas y administradores, el tratamiento de los conflictos de interés necesariamente debe ser profesionalizado por medio de instituciones y reglas[576]. Cuando las sociedades son realmente anónimas (y no solo para beneficios tributarios) los conflictos de interés ya no pueden ser resueltos como problemas personales de los administradores de la empresa, sino que mediante procedimientos que sean debidamente seguidos por los administradores, de modo que la solución ya no dependa de la buena voluntad de **hombres correctos**, sino que de una correcta estructura normativa. La necesidad de la sanción penal para respaldar la vigencia de dichas reglas de justicia procedimental en la toma de decisiones de administración depende tanto de la relevancia de la institución a respaldar como de la incapacidad de respaldar la regla de comportamiento por otros medios menos lesivos. La garantía de imparcialidad (en tanto no condicionada por conflicto de interés) en la toma de decisiones de la administración de capital constituye un presupuesto básico de la participación igualitaria de todo potencial inversor en sociedades de capital, es decir, lo es en donde –normativamente– no median relaciones de confianza personal y, en dicha medida, digno de protección penal, cuyo menoscabo afecta las condiciones de seguridad de la disposición patrimonial en dicho ámbito[577].

Cuando la solución es institucional y no personal, la pregunta no será (únicamente) si el contrato se celebró en condiciones de mercado, sino si se siguió estrictamente el procedimiento para tratar los conflictos de interés en sociedades de estas características. Con ello, la sanción penal tiene por objeto respaldar la vigencia de las reglas que tratan los conflictos de interés para los administradores de sociedades de capital y no el resultado de esas operaciones ni su conveniencia social. Dicho respaldo normativo tiene por objeto evitar una erosión[578] de la expectativa de todo potencial inversionista de que la sociedad no sea administrada por quien no trata adecuadamente los conflictos de interés, dado que dicha erosión tiene por efecto recortar de forma relevante las condiciones generales de seguridad para la inversión de capitales en nuestro país.

---

575 Lyon: (2002) pp. 62 y s.

576 Lyon: (2002) p. 51, y Kindhäuser: (1996) p. 86.

577 Kindhäuser: (1996) p. 68, y pp. 82 y ss.

578 Para algunos, la justificación de la regla viene dada por la aptitud que la erosión acumulada de ella tiene para lesionar el bien jurídico protegido. Particular relevancia tiene la postura de Hefendehl al respecto y que es recogida en García: (2017) pp. 177 y ss.

Por cierto, esta no es la primera norma de sanción penal que respalda expectativas de esta índole en el Derecho penal económico. La capacidad funcional de distintos subsistemas son presupuestos indispensables para proteger el patrimonio y la capacidad de disposición segura de él[579]. Lo importante es renunciar de entrada a satisfacer este análisis con el recurso a nociones generales y abstractas para fundar su legitimidad, como lo sería una referencia a la problemática e inoficiosa noción de Orden Público Económico[580] o alguna otra noción macroinstitucional que renuncie a determinar el fin de protección específico de la regla de comportamiento más allá de una mera desobediencia[581].

III. ANÁLISIS DE LA REGLA DE COMPORTAMIENTO QUE PROHÍBE LA NEGOCIACIÓN INCOMPATIBLE DE LOS DIRECTORES Y GERENTES DE SOCIEDADES ANÓNIMAS

El Art. 240 establece en su primer inciso la pena prevista para el listado de comportamientos que enumera y que son agrupados bajo la denominación de negociación incompatible. En el numeral 7° de dicho artículo se establece que dicha pena se aplicará a: "El director o gerente de una sociedad anónima que directa o indirectamente se interesare en cualquier negociación, actuación, contrato, operación o gestión que involucre a la sociedad, incumpliendo las condiciones establecidas por la ley, así como toda persona a quien le sean aplicables las normas que en materia de deberes se establecen para los directores o gerentes de estas sociedades". En los incisos segundo y tercero del citado artículo se extiende la regla de comportamiento, abarcando con ello los conflictos de interés que, bajo las mismas circunstancias, diere o dejare tomar interés, debiendo impedirlo, respecto de "... su cónyuge o conviviente civil, a un pariente en cualquier grado de la línea recta o hasta el tercer grado de la línea recta o hasta el tercer grado inclusive de la línea colateral, sea por consanguinidad o afinidad", así como las personas asociadas con las previamente referidas o a las sociedades, asociaciones o empresas en las que el autor o sus personas relacionadas administren o tengan interés social, el cual, para el caso de las sociedades anónimas, deberá ser superior al diez por ciento.

---

579 Kindhäuser: (2012) p. 3.

580 Schurmann: (2006) pp. 221 y ss.

581 García: (2017) pp. 156 y ss.

1. El delito de negociación incompatible como delito especial

El citado numeral 7° del Art. 240 circunscribe el círculo de autores idóneos para infringir la regla de comportamiento inicialmente al director o gerente de una sociedad anónima, para luego extenderlo a toda persona a quien le sean aplicables los deberes asociados a dichos cargos. Mientras los deberes asociados a los cargos de directores y gerentes se encuentran regulados en el Título IV de la Ley N° 18.046, denominado "De la Administración de la sociedad", el Art. 50 de la referida ley extiende los deberes previstos para los directores a "los gerentes, a las personas que hagan sus veces y a los ejecutivos principales [...] en lo que sean compatibles con las responsabilidades propias del cargo o función y, en especial, las contempladas en los artículos [...] 44 [...], según el caso". Pese a que la remisión del tipo penal parece estar referida solamente a la regla prevista en el citado Art. 50 de la Ley N° 18.046, dicha remisión también se extiende a los directores o gerentes de las sociedades por acciones (SpA), dado que el Art. 424 del Código de Comercio establece como regulación supletoria para dichas sociedades a las normas previstas para las sociedades anónimas cerradas, entre las cuales se encuentra precisamente el Art. 44 de la Ley N° 18.046 previamente citado[582]. Es decir, los directores y gerentes de las SpA son también personas a las que se les aplican los deberes de los directores de las sociedades anónimas[583]. Junto a la consistencia formal de una interpretación de la remisión en dichos términos, abona a esta tesis que los directores y gerentes de las SpA detenten —en los mismos términos que los administradores de las sociedades anónimas— el deber de protección sobre la vulnerabilidad del patrimonio administrado[584].

Más allá de la extensión de la regla de comportamiento, resulta claro que la autoría del numeral 7° del Art. 240 del Código Penal, al igual que el resto de los numerados de dicho artículo, viene marcada por la existencia de deberes especiales asociados al cargo, lo que permite caracterizarlo como un delito especial[585].

---

582   Conforme RODRÍGUEZ-CANO y CUETO: (2019) p. 59.

583   Esta remisión pasó relativamente desapercibida de la discusión parlamentaria, la que se centró más bien en la conveniencia de restringir esta figura a las sociedades anónimas abiertas y especiales, lo que fue rechazado en Comisión Mixta, ver HISTORIA DE LA LEY N° 21.121: "Informe de Comisión Mixta Boletín 10.739-07", pp. 42 y ss.

584   SCHÜNEMANN: (2018) pp. 103 y ss.

585   La caracterización del delito de negociación incompatible como delito especial es unánime para las figuras previas a la modificación realizada por la Ley N° 21.121, por todos, ver RODRÍGUEZ y OSSANDÓN: (2008) pp. 422 y s.

2. La intervención (directa o indirectamente) interesada del director o gerente de una sociedad anónima, y el dar interés o dejar tomar interés, debiendo impedirlo, respecto de personas naturales o jurídicas relacionadas

Como primera modalidad delictiva se encuentra la previsión del numeral 7° del inciso primero del Art. 240 del Código Penal, el cual contempla como conducta prohibida la expresión **interesarse**. Sin embargo, tal como fue señalado en el apartado II.1, dicha expresión debe ser interpretada como una intervención interesada en cualquier negociación, actuación, contrato, operación o gestión que involucre a la sociedad[586]. Esta intervención interesada, representando simultáneamente dos intereses potencialmente contrapuestos y en cualquier caso diversos en la operación, es precisamente el conflicto de interés al que se hace referencia con la metáfora de la autocontratación delictiva. Dicha intervención interesada se presenta en la representación de la sociedad anónima y, simultáneamente, el interés propio o relacionado, perdiendo las garantías de un juicio y decisión imparcial del director o gerente en relación al interés social involucrado en la operación. Esta modalidad de comisión contempla alternativamente que dicha intervención interesada sea directa o indirecta. La doctrina ha entendido que dicha previsión tiene por finalidad sancionar la conducta tanto si se comete directamente –sin intermediario– como por interpósita persona, como lo sería si el interés propio está oculto por medio de un testaferro o palo blanco[587].

Los incisos segundo y tercero del Art. 240 contemplan como segunda modalidad el dar o dejar tomar interés, debiendo impedirlo para los casos en que el autor interviene en la operación en interés de la sociedad y, simultáneamente, en interés de alguna persona o entidad relacionada con él. Si bien el **dar interés** es preexistente a la reforma legal, el *dejar* **tomar interés, debiendo impedirlo**, constituye una extensión de la regla de comportamiento a un delito de omisión propia dependiente de la preexistencia del deber de impedir, el cual no es constituido mediante la tipificación, sino que requiere que dicho deber sea fundado a partir de la apelación a reglas extrapenales[588].

---

586 Por todos, ver RODRÍGUEZ y OSSANDÓN: (2008) p. 423, y MAÑALICH: (2015) p. 99.

587 MAÑALICH: (2015), p. 99; ETCHEBERRY: (1997) p. 249, y RODRÍGUEZ y OSSANDÓN: (2008) p. 424.

588 La fuente de deberes de los directores y gerentes no se restringe a la legislación. Tanto los estatutos de la compañía como regulaciones complementarias podrían establecer deberes vinculantes en dicho sentido.

Tal como fue señalado previamente, el interés particular –ya sea propio o del relacionado– que interfiere en la toma de decisión de la persona afecta al conflicto se ha entendido mayoritariamente que debe ser de naturaleza patrimonial, sin perjuicio de que la efectiva obtención del interés no se encuentra previsto como presupuesto típico y, por ende, no tiene relevancia para la punibilidad de la conducta[589]. El hecho de que la determinación de la multa prevista como sanción a esta conducta corresponda "de la mitad al tanto del valor del interés que hubiere tomado en el negocio", no cambia los presupuestos de punibilidad de la conducta, dado que la determinación de ella depende del interés que se tome en la operación, sin requerir que él se concrete o materialice. Es precisamente esta irrelevancia del resultado de la operación en la que se interviene interesadamente el que determina su carácter de delito de peligro abstracto[590].

Finalmente, es necesario destacar que el alcance del conflicto de interés relevante para la norma penal y comercial no es simétrico. Mientras en el inciso segundo del Art. 240 se hace referencia a un pariente en cualquier grado de la línea recta o hasta en el tercer grado inclusive de la colateral, los artículos 44 y 146 de la Ley N° 18.046 consideran relevante el conflicto hasta el segundo grado, sin distinguir entre línea recta y colateral. Por su parte, la relación con personas jurídicas también es más amplia en la norma penal. Aquí se quiebra la pretendida accesoriedad prevista en la inclusión de este artículo y, probablemente, generará –de forma fundada– una vez más problemas de aplicación de este delito ante eventuales casos de error de prohibición[591].

3. El objeto de la intervención interesada: cualquier negociación, actuación, contrato, operación o gestión que involucre a la sociedad

Mientras la redacción previa a la reforma legal contemplaba como objeto de la intervención interesada del funcionario a "cualquier clase de contrato u operación en que debe intervenir en razón de su cargo" y la extensión de la conducta típica a las personas y sociedades relacionadas se refería al "negocio u operación", la

---

589 Mañalich: (2015) pp. 99 y s., con ulteriores referencias. De hecho, Etcheberry aclara que "igualmente existe el delito en caso de que resulte un beneficio para el Estado". Etcheberry: (1997) p. 249.

590 Mañalich: (2015) p. 100. En el mismo sentido, Matus y Ramírez: (2015) p. 292.

591 Una breve referencia sobre ello se encuentra en el apartado IV.

Ley N° 21.121 modificó en este aspecto la regulación extendiendo explícitamente la conducta del director o gerente a cualquier negociación, actuación, contrato, operación o gestión que involucre a la sociedad, en términos prácticamente equivalentes a lo dispuesto en el Art. 146 de la Ley N° 18.046 para las sociedades anónimas abiertas[592]. Esta extensión recogió una interpretación amplia de los términos de contrato, negocio u operación que propiciaba la doctrina para abarcar las conductas del funcionario que intervenía en la preparación de uno o más contratos[593].

La negociación, actuación, contrato, operación o gestión objeto de la negociación incompatible, para el caso de los directores y gerentes, debe involucrar a la sociedad. Con ello, a diferencia del funcionario público, quien debe intervenir en la operación en razón de su cargo, para el caso de los directores y gerentes de una sociedad anónima, resulta indiferente si deben intervenir en razón de su cargo. Es suficiente que simplemente lo hagan y, para el caso de las personas naturales o jurídicas relacionadas, si dieren interés o dejaren tomar interés, debiendo evitarlo, en una operación que involucre a la sociedad, sin requerir que la operación cuestionada sea de aquellas que tengan que conocer dentro de sus funciones.

Dado que el interés incompatible con el de la sociedad debe tener naturaleza patrimonial, las operaciones que involucran a la sociedad también deben tener alguna significación económica para que tengan relevancia típica.

Finalmente, dado que la intervención interesada puede concurrir tanto respecto de directores como de gerentes y ejecutivos principales, resulta inequívoco que el tipo penal no exige que el autor del delito tenga plena representación de la sociedad. Es suficiente que intervenga en ella sin cumplir con las condiciones establecidas por la ley[594].

---

[592] Dicha disposición se refiere a toda "negociación, acto, contrato u operación". Dado que es la intervención interesada la conducta punible, el hecho de que dicha intervención pueda ser realizada ya en fase de negociación hace que la referencia a toda actuación o gestión, incorporada en la norma penal, ya se encuentre materialmente incorporada en el Derecho societario. EYZAGUIRRE Y VALENZUELA: (2015) p. 270.

[593] GARRIDO: (2010) p. 458, y MAÑALICH: (2015) p. 101.

[594] Ya se sostenía lo mismo para el caso del funcionario público, por todos ver SOLER: (1946), p. 214.

4. El incumplimiento de las condiciones establecidas por la ley como requisito típico

Pese a que el tenor literal del numeral 7° del Art. 240 del Código Penal da a entender que la intervención del director o gerente de una sociedad anónima en alguna operación que involucre a la sociedad mediando un conflicto de interés –propio o de personas naturales o jurídicas relacionadas– no se encuentra prohibido por la regla de comportamiento, sino que es dependiente de la satisfacción de las **condiciones establecidas por la ley**, cuyo incumplimiento es precisamente el que justifica la sanción penal, un análisis de la regulación prevista para las operaciones con partes relacionadas de sociedades anónimas (tanto abiertas como cerradas) relativiza dicha primera impresión.

En primer lugar, se debe clarificar que el objetivo de la regulación comercial no es establecer las condiciones bajo las cuales los directores y gerentes de las sociedades anónimas pueden legítimamente (es decir, cumpliendo su deber de lealtad[595] con la sociedad) intervenir en una operación sobre la que detentan un conflicto interés, sino que regular las condiciones bajo las cuales se autoriza a las sociedades anónimas a celebrar operaciones con partes relacionadas. Es decir, el sujeto al que se habilita para celebrar las operaciones no es el de las personas naturales que detentan los conflictos de interés, sino que a la persona jurídica (específicamente, a la sociedad anónima) que ellos representan. El objetivo de esta regulación es, por una parte, evitar que la celebración de estas operaciones perjudique a los accionistas minoritarios y a aquellos que no se enfrentan al conflicto de interés subyacente[596] y, por la otra, garantizar que la manifestación de voluntad de la sociedad sea realizada mitigando o tratando adecuadamente

---

595 PARDOW: (2008) pp. 1 y ss., quien recurre para explicar la relación existente entre deber de lealtad y la evitación de los conflictos de interés recurriendo a la parábola bíblica del administrador infiel: "Ningún administrador puede servir a dos señores, porque aborrecerá al uno y amará al otro; o bien se dedicará a uno y desdeñará al otro" (San Lucas 6-13) (p. 3).

596 Islas y Lagos se refieren a la práctica potencialmente perjudicial de la administración en contra de accionistas como *tunneling*, la que "designa genéricamente las formas cuando los controladores de sociedades pueden apropiarse de activos que corresponden a toda una sociedad anónima y, por tanto, a todos los accionistas. Así, se puede hacer *tunneling* en perjuicio de los accionistas en general, o en perjuicio de accionistas minoritarios, pues lo anterior depende de la estructura de control". ISLAS Y LAGOS: (2019) p. 96, especialmente en las notas al pie 1 y 2. La imperfección de este procedimiento ya ha sido destacado por los mismos autores, en especial al contemplar trasladar la decisión a la junta de accionistas, pero sin prever condiciones de validez sustantivas y procedimentales que garanticen que la decisión no será perjudicial para el interés social (pp. 99 y ss.).

los efectos del conflicto de interés, lo que se alcanzaría por medio tanto del pleno conocimiento de la existencia del conflicto como por la no intervención en la operación de los directores y gerentes directa o indirectamente afectados por él[597].

El Art. 44 de la Ley N° 18.046 de Sociedades Anónimas regula las operaciones con partes relacionadas de sociedades anónimas cerradas. Los artículos 146 y siguientes, por su parte, establecen la regulación para las sociedades anónimas abiertas y sus filiales. Dichas normas prevén distintos tipos de autorizaciones, una general referida a montos no relevantes, otra condicionada para montos relevantes y, finalmente, la previsión de una autorización general de este tipo de operaciones por tener, por ejemplo, el carácter de habituales[598]. Mientras que en las primeras no se prohíbe al director o gerente intervenir en la operación, a pesar del conflicto de interés, en la segunda no se permite al director o gerente sobre el que recae el conflicto de interés intervenir en la operación. Las autorizaciones generales, como política de habitualidad, pueden tener el efecto de reducir la aplicabilidad de la regulación penal a la intervención interesada de directores o gerentes de sociedades anónimas, en la medida que se cumplan las condiciones que la propia autorización establezca[599].

Para las operaciones entre partes relacionadas referidas a montos relevantes, se exige, como requisito de legalidad de la operación por parte de la sociedad anónima, que los directores y gerentes deban informar del conflicto de interés que padecen, expresar su opinión sobre la operación y abstenerse de participar en la votación o, bajo otra forma de redacción, se deben excluir sus votos para la consideración del quórum necesario para la aprobación de la operación, entre otras condiciones procedimentales. Constituyen **condiciones** (materiales) **mínimas**[600] de la aprobación de dichas operaciones que ellas contribuyan al interés social y "se ajusten a condiciones de equidad similares a las que habitualmente prevalecen en el mercado"[601].

---

597   Eyzaguirre y Valenzuela: (2015) p. 268.

598   El inciso final del Art. 147 c) de la Ley N° 18.046 prevé como excepción adicional para sociedades anónimas abiertas que la sociedad cuyo interés genera el conflicto (sociedad relacionada) posea al menos el 95% de la propiedad de la contraparte relacionada.

599   Islas y Lagos: (2019) p. 98.

600   Eyzaguirre y Valenzuela: (2015) pp. 273 y ss.

601   Art. 44 de la Ley N° 18.046. El Art. 147, previsto para sociedades anónimas abiertas, establece como requisitos para la aprobación de las operaciones con partes relacionadas que ellas "… tengan por objeto contribuir al interés social, se ajusten a precio, términos y condiciones a aquellas que prevalezcan en el mercado al tiempo de su aprobación".

Por cierto, **las condiciones establecidas por la ley** son más exigentes para las sociedades anónimas abiertas, las que detallan un procedimiento regulado para su aprobación dado que se entiende que es precisamente la observancia del procedimiento regulado lo que permite resguardar el cumplimiento de las **condiciones** (materiales) **mínimas** previamente referidas. El procedimiento exige, como presupuesto, que se cumpla con la obligación de revelar la existencia del conflicto, como emanación del deber de lealtad del director o gerente con la sociedad. Una vez que es detectado el conflicto, la ley "(i) obliga a que la operación tenga que ser aprobada expresamente; (ii) excluye a los directores y ejecutivos involucrados en la toma de decisión sobre dicha operación; y (iii) en caso que la decisión sea sometida a conocimiento de los accionistas, exige que estos cuenten con información suficiente (informe de evaluadores, del comité de directores y de los directores individualmente considerados) y logren un acuerdo de 2/3 de las acciones con derecho a voto para aprobar la operación"[602].

Dado que uno de los requisitos procedimentales más relevantes para que la sociedad anónima pueda aprobar una operación entre partes relacionadas –que involucre un monto relevante y no se encuentre autorizada previamente en términos generales por el estatuto social o el acuerdo de directores– consiste en la exclusión del director, gerente y ejecutivo sobre el que recae el conflicto de interés en la toma de decisión sobre la operación, cualquier intervención interesada del director o gerente de la sociedad en este tipo de operación será incumpliendo **las condiciones establecidas por la ley.**

Pese a que la regla hace depender a la sanción penal del incumplimiento de las **condiciones establecidas por la ley,** dicho condicionamiento no permite calificar a la regla como estrictamente accesoria a la regulación comercial. Esta dependencia explicita que el objetivo de la nueva regulación penal es respaldar la vigencia de las reglas de comportamiento preexistentes para el tratamiento de las operaciones entre partes relacionadas, las que con anterioridad a la creación de este delito solo se encontraban respaldadas por sanciones de carácter civil (indemnización de perjuicios), sin perjuicio de la posibilidad de aplicar sanciones administrativas por entes fiscalizadores especializados, como lo es, por ejemplo, la Comisión para el Mercado Financiero (CMF).

Si bien las reglas de comportamiento son semejantes –mas no simétricas, como se ha argumentado–, las reglas de sanción de ambos sistemas no lo son. Más allá de las conocidas diferencias existentes entre los criterios de imputación

---

602   Eyzaguirre y Valenzuela: (2015) p. 274.

propios de los sistemas de responsabilidad civil y penal, existe otra diferencia de relevancia en lo que a sanciones se refiere: el régimen civil, a diferencia del penal y administrativo, requiere que se verifique un daño indemnizable para que proceda la acción de indemnización de perjuicios, tal como lo reconoce expresamente el inciso quinto del Art. 44 de la Ley N° 18.046 al contemplar como requisito que la operación o contrato sea **perjudicial** para los intereses de los accionistas o de la sociedad, algo que los otros sistemas no establecen como requisito. De esta forma, mientras la sanción civil, por presupuestos de procedencia de la acción de indemnización, solo puede respaldar el cumplimiento de las **condiciones mínimas** materiales de las operaciones entre partes relacionadas[603], la sanción penal tiene la aptitud necesaria para respaldar la vigencia de las reglas procedimentales establecidas por la regulación comercial para garantizar la imparcialidad de las decisiones de los directores y gerentes de las sociedades anónimas en las operaciones entre partes relacionadas, o al menos de aquellas que permiten la participación de los directores o gerentes afectos al interés incompatible con el ejercicio de su cargo en una operación determinada. Esta asimetría es precisamente la que confirma que el objetivo principal de la previsión de este delito es asegurar el respeto al procedimiento establecido por la ley para las operaciones entre partes relacionadas[604]. Es por ello que la sanción penal aparece de forma anticipada y más amplia que la sanción civil, ante infracciones a una regla de comportamiento esencialmente similar.

---

[603] Pese a que se ha establecido como requisito de evaluación del cumplimiento de las **condiciones mínimas** que el director o gerente afecto al conflicto haya al menos declarado (*ex ante*) la existencia del conflicto, porque "si el mero beneficio al interés social fuera suficiente, podría existir el incentivo perverso de apostar a que la operación sea favorable y no declarar *ex ante* el interés. Lo anterior, como es natural, atentaría severamente contra el cumplimiento del deber de lealtad exigible a los directores". EYZAGUIRRE Y VALENZUELA: (2015) p. 292. Probablemente es la incapacidad estructural del sistema de responsabilidad civil para garantizar el incumplimiento de reglas procedimentales lo que hace necesario recurrir a sanciones de otro tipo.

[604] Pardow da cuenta de que en la administración de sociedades anónimas concurren tanto finalidades públicas como privadas para evitar los conflictos de interés y que, para desincentivar a los directores a realizar operaciones infringiendo las reglas de tratamiento para las operaciones entre partes relacionadas, es preferible recurrir a sanciones administrativas, en tanto ellas no se limitan a criterios de justicia correctiva dependientes del daño, sino que permiten ofrecer una garantía de respeto a reglas de justicia procedimental. PARDOW: (2008) p. 23. Este argumento es estructuralmente equivalente para las sanciones penales.

5. ¿Autorización o consentimiento hipotético en la infracción de las condiciones establecidas por la ley?

El procedimiento de aprobación de las operaciones entre partes relacionas –cumpliendo **las condiciones establecidas por la ley**– constituye precisamente la forma en virtud de la cual la sociedad puede válidamente consentir en celebrar un contrato de estas características[605]. Sin perjuicio de ello, es posible anticipar que se planteará con seguridad la pregunta por un posible consentimiento hipotético, la cual podría tomar la siguiente forma: ¿será punible una operación que, pese a propender al interés social y haberse celebrado bajo condiciones de mercado (es decir, cumpliendo las **condiciones** materiales **mínimas**), no siguió con el procedimiento establecido en la Ley de Sociedades Anónimas para su aprobación por el directorio?

La determinación de la necesidad del desarrollo del procedimiento de autorización –ya sea de carácter administrativo, judicial o por particulares– para la justificación de una conducta, excluyendo el injusto asociada a ello, es una pregunta habitual para el Derecho penal económico. En general, este problema se ha planteado como la necesidad de reconocer una ausencia o escasa antijuridicidad material de comportamientos que, de haberse sometido a la consideración de la autoridad administrativa o judicial, habrían obtenido o tenían el derecho a haber obtenido la autorización respectiva. La desatención a la reserva de autorización, como pura desobediencia de reglas procedimentales, no alcanzaría a fundar la punibilidad de un comportamiento[606].

Sin perjuicio de que una respuesta requiere ulteriores precisiones, es necesario destacar desde ya que la aceptación de una autorización hipotética para

---

605   Esta afirmación, por cierto, no desconoce la complejidad de la discusión que implica la afirmación de un consentimiento para bienes jurídicos colectivos, especialmente para el ámbito de los delitos económicos, en donde compiten posturas institucionalistas y contractualistas que le otorgan distinta relevancia a la voluntad de los socios en el acto de disposición. Particularmente interesante resulta para este análisis el carácter vinculante del proceso y las formas previstas por el Derecho societario para el Derecho penal y, en especial, el requisito de unanimidad para consentir válidamente y con efecto absoluto sobre la legitimidad de la operación, lo que no es exigido por la regulación societaria tanto para directores como para accionistas en junta. Para un análisis especialmente pertinente del consentimiento en este ámbito, ver Coca: (2017) pp. 5 y ss.

606   Böse: (2018) p. 16. Böse desarrolla un modelo de análisis crítico de la legitimidad de decisiones hipotéticas a partir de la institución del consentimiento hipotético reconocido para la práctica médica, como si fuese una institución de la parte general del Derecho penal.

estas operaciones por parte de los operadores judiciales tendrá como consecuencia desvalorar o, derechamente, provocar la inaplicabilidad por irrelevancia de la regulación para la aprobación de las operaciones entre partes relacionadas. Es así, ya que cuando la conducta cause perjuicio patrimonial será sancionada como administración desleal y cuando no, podría ser entendida como autorizada hipotéticamente, concentrando la valoración de la operación en las condiciones materiales mínimas y desconociendo con ello la relevancia de las reglas procedimentales de aprobación de la operación, lo que desde ya constituye un poderoso argumento para rechazar una solución de estas características dado que el reconocimiento de actos de autorización hipotéticos tiene por efecto no solo trasladar la competencia sobre la evaluación de la operación desde el directorio al juez (quien evaluará *ex post* la situación), sino que también ignorar el valor intrínseco de la legitimación a través del proceso, el cual se nutre del respeto a las competencias, formas y transcurso del mismo[607].

Dicho rechazo resulta plenamente coincidente con la interpretación que se ha sostenido tradicionalmente para el delito negociación incompatible, declarando como irrelevante el resultado o el contenido de la decisión en la que intervino quien detenta simultáneamente tanto el interés correspondiente al cargo como aquel propio (o de persona relacionada), dado que lo que se protege entonces son las condiciones del proceso de toma de decisión[608], el cual no debe estar afecto a un interés incompatible con él.

IV. IMPUTACIÓN SUBJETIVA

Dado que el nuevo tipo penal no innova en relación al estándar de conocimiento o pronóstico de riesgo exigido por la regla de comportamiento para que le sea atribuido a un sujeto la infracción de dicha regla a título de dolo, es suficiente a este respecto el dolo eventual como forma básica de dolo[609]. El objeto de este conocimiento, como es sabido, radica en los elementos del tipo objetivo previamente reseñados y que Soler radica en "el conocimiento de la condición del negocio en que se interviene como doblemente sometido a la consideración del

---

607 Böse: (2018) pp. 18 y s.

608 Pardow: (2008) p. 3.

609 Mañalich: (2015) p. 102.

mismo sujeto"[610], esto es, el conocimiento de que se interviene en la operación bajo esa doble representación de intereses que condiciona la imparcialidad y el cumplimiento del deber de lealtad con la representación del interés social de la sociedad anónima. Específicamente, dado que el tipo penal no hace referencia alguna al carácter perjudicial de la operación ni a un ánimo específico en relación con el contenido de la operación en la que se interviene interesadamente, se debe descartar como exigencia subjetiva especial un propósito de defraudar o de lucro.

Por otra parte, si bien la regla –por cierto– tampoco presenta una modificación al requisito general de conocimiento de la antijuridicidad de la conducta, históricamente ha sido criticado el delito de negociación incompatible como uno de características extremadamente artificiosas, cuya existencia es ignorada hasta por muchos letrados[611]. Para dichos efectos, la jurisprudencia de la Corte Suprema ha desarrollado criterios para reconocer un error de prohibición invencible para imputaciones realizadas por el delito de negociación incompatible de funcionario público, los cuales se encuentran referidos al nivel educacional del imputado, el contexto cultural en el que es cometido el delito y cómo es percibido esta clase de hechos[612]. La pregunta que se formulará ahora es la compatibilidad de dichos criterios para evaluar el conocimiento de la antijuridicidad de los directores y gerentes de sociedades anónimas. Dado que las operaciones comerciales llevadas adelante por este tipo de sociedades suelen ser realizadas por sujetos socializados, con asesoría legal específica y con deberes especiales propios del cargo, la plausibilidad de una alegación de estas características difícilmente podrá derribar la presunción simplemente legal de conocimiento de la antijuridicidad de la conducta. Solo las asimetrías existentes (y previamente señaladas en el apartado III) entre la regulación comercial y penal podría fundar un error de prohibición relevante para excluir o atenuar la responsabilidad penal.

---

610 SOLER: (1946) p. 216.

611 CONTRA GALLARDO PEREIRA (1999), considerando 16°. Sentencia redactada por el profesor Enrique Cury.

612 MAÑALICH: (2015) pp. 103 y s., con ulteriores referencias.

BIBLIOGRAFÍA CITADA

Acuña Silva, Marcelo (2009): "La concreción del interés en el delito de negociación incompatible. Análisis a partir de dos situaciones supuestas", *Revista Jurídica del Ministerio Público*, N° 40, pp. 33- 40.

Anteproyecto de Código Penal (2013)

Böse, Martin (2018): "¿Exclusión del injusto a través de disposiciones hipotéticas del bien jurídico protegido? Sobre la relación de los requisitos formales y materiales de la justificación", *Revista de Estudios de la Justicia,* N° 29, pp. 1-24.

Coca Vila, Ivó (2017): "El consentimiento en el Derecho penal económico. Un estudio a propósito de los delitos de administración desleal (Art. 252 CP) y corrupción en los negocios (Art. 286 Bis CP)", *Revista General de Derecho Penal*, Vol. 28, pp. 1-39.

Consejo asesor presidencial contra los conflictos de interés, el tráfico de influencias y la corrupción (2015): "Informe final". Disponible en: http://consejoanticorrupcion. cl/informe/

Cury Urzúa, Enrique (1986): "Contribución político-criminal al estudio de los delitos funcionarios (Descriminalización y Administrativización)", *Revista Chilena de Derecho,* Vol. 13, pp. 295-304.

Etcheberry, Alfredo (1997): *Derecho Penal parte especial,* tomo IV (Santiago, Editorial Jurídica de Chile, tercera edición).

Eyzaguirre, Cristián y Valenzuela, Ignacio (2015): "Las operaciones con partes relacionadas en las sociedades anónimas abiertas", *Revista Actualidad Jurídica,* N° 31, pp. 267-310.

García, Gonzalo (2013): "Modelo de protección en normas administrativas y penales que regulan el abuso de Información Privilegiada en la legislación chilena", *Política criminal,* Vol. 8, N° 15, pp. 23-63.

García, Gonzalo (2017): "Equivalentes funcionales en los delitos económicos. Una aproximación de solución ante la falta de lesividad material en delitos de presentación de información falsa al mercado de valores", *Política criminal,* Vol. 12, N° 23, pp. 151-206.

Garrido, Mario (2010): *Derecho Penal Parte Especial,* tomo III (Santiago, Editorial Jurídica de Chile, cuarta edición).

Günther, Klaus (1995): "Un concepto normativo de coherencia para una Teoría de la Argumentación Jurídica", *Doxa -Cuadernos de Filosofía del Derecho,* N° 17-18, pp. 271-302.

Jakobs, Günther (1997): "Criminalización en el estadio previo a la lesión de un bien jurídico", en Jakobs, Günther, *Estudios de Derecho penal* (Madrid, Civitas), pp. 293-324.

HERNÁNDEZ, Héctor (2005): "La administración desleal en el Derecho penal chileno", *Revista de Derecho de la Pontificia Universidad Católica de Valparaíso*, Vol. XXVI, Semestre I, pp. 201-258.

HISTORIA DE LA LEY N° 21.121 (2018)

ISLAS, Gonzalo y LAGOS, Osvaldo (2019): "La política de habitualidad y su efecto en la regulación de las operaciones con partes relacionadas", *Revista de Derecho (Valdivia)*, Vol. XXXII, N ° 1, pp. 95-115.

KINDHÄUSER, Urs (1989): *Gefährdung als Straftat* (Frankfurt am Main, Klostermann).

KINDHÄUSER, Urs (1996): "La protección de los bienes jurídicos por medio de las prohibiciones de lesión y exposición al peligro", en LÓPEZ DÍAZ, Claudia (trad.), *Derecho penal de la culpabilidad y conducta peligrosa* (Bogotá, Universidad Externado de Colombia), pp. 63-89.

KINDHÄUSER, Urs (2007): "Presupuestos de la corrupción punible en el Estado, la economía y la sociedad. Los delitos de corrupción en el Código Penal alemán", *Política Criminal*, Vol.2, N° 3, pp. 1-18.

KINDHÄUSER, Urs (2009): "Estructura y legitimación de los delitos de peligro del Derecho penal", *InDret*, 1/2009, pp. 1-19.

KINDHÄUSER, Urs (2012): "Cuestiones fundamentales del Derecho penal económico", *Revista Argentina de Derecho Penal y Procesal Penal*, Vol. LXVI, pp. 1-10.

LYON, Alberto (2002): "Conflicto de intereses en las sociedades", *Revista chilena de Derecho*, Vol. 29, N° 1, pp.47-93.

MAÑALICH, Juan Pablo (2015): "La negociación incompatible como delito de corrupción: estructura típica y criterios de imputación", *Revista de Estudios de la Justicia*, N° 23, pp. 93-105.

MARSHALL, Jorge (1987): "Relación agente-principal y comportamiento de los conglomerados económicos", *Contribuciones científicas y tecnológicas Universidad de Santiago de Chile*, Núm. 79, pp. 13-18.

MATUS, Jean Pierre y RAMÍREZ, María Cecilia (2015): *Lecciones de Derecho penal chileno*, tomo II (Santiago, Thomson Reuters La Ley).

PARDOW, Diego (2008): "La parábola del administrador infiel: un estudio sobre los conflictos de intereses y el deber de lealtad", en GUZMÁN BRITO, Alejandro (dir.), *Estudios de Derecho Civil III* (Santiago, Legal Publishing), pp. 567-582.

REVECO, Ricardo (2007): "Una aproximación al conflicto de interés en el Código Civil chileno", *Revista del Magister y Doctorado en Derecho*, Núm. 1, pp. 75-119.

RODRÍGUEZ, Luis y OSSANDÓN, María Magdalena (2008): *Delitos Contra la Función Pública* (Santiago, Editorial Jurídica de Chile, segunda edición).

Rodríguez-Cano, Antonia y Cueto, Fernanda (2019): *El delito de negociación incompatible en la reforma legal*. Memoria para optar al grado de Licenciado en Ciencias Jurídicas y Sociales de la Universidad de Chile.

Sancinetti, Marcelo (1986): "Negociaciones incompatibles con el ejercicio de funciones públicas", *Anuario de Derecho penal y Ciencias Penales,* Vol. XXXIX, pp. 877-889.

Schünemann, Bernd (2018): "Dominio sobre la vulnerabilidad del bien jurídico o infracción del deber en los delitos especiales", *Revista de la Facultad de Derecho PUCP,* N° 81, pp. 93-112.

Schurmann, Miguel (2006): "Orden Público Económico y principio de subsidiariedad, argumentos para una crítica", *Derecho y Humanidades,* N° 12, pp. 217-229.

Schurmann, Miguel (2019): "¿Es científico el discurso elaborado por la dogmática jurídica? Una defensa de la pretensión de racionalidad del discurso dogmático elaborado por la ciencia del derecho penal", *Política criminal,* Vol. 14, N° 27, Art. 16, pp. 549-598.

Soler, Sebastián (1946): *Derecho Penal Argentino*, tomo V (Buenos Aires, Tea, segunda edición).

JURISPRUDENCIA CITADA

Contra Gallardo Pereira (1999): Corte Suprema, 23 de marzo de 1999 (recurso de casación en el fondo en materia penal), Rol N° 2.133-98, en *Fallos del Mes*, N° 484, pp. 187-203.

www.ingramcontent.com/pod-product-compliance
Lightning Source LLC
Chambersburg PA
CBHW081315150726
48001CB00022B/3210